CAMBRIDGE LIBR,

Books of endurin

History

The books reissued in this series include accounts of historical events and movements by eye-witnesses and contemporaries, as well as landmark studies that assembled significant source materials or developed new historiographical methods. The series includes work in social, political and military history on a wide range of periods and regions, giving modern scholars ready access to influential publications of the past.

Études et Leçons sur la Révolution Française

Alphonse Aulard (1849–1928) was the first French historian to use nineteenth-century historicist methods in the study of the French Revolution. Pioneered by German historians such as Leopold van Ranke, this approach emphasised empiricism, objectivity and the scientific pursuit of facts. Aulard's commitment to archival investigation is evidenced by the many edited collections of primary sources that appear in his extensive publication record. In these eight volumes of papers analysing the French Revolution (published 1893–1921), Aulard sought to apply the principles of historicism to reveal the truth. The work draws on earlier journal articles and lectures which Aulard delivered as Professor of the History of the French Revolution at the Sorbonne, a post he had held since 1885. Volume 5 (1907) covers the separation of church and state and the Concordat of 1801 which redefined the status of the Roman Catholic Church in France, giving more power to the state.

Cambridge University Press has long been a pioneer in the reissuing of out-of-print titles from its own backlist, producing digital reprints of books that are still sought after by scholars and students but could not be reprinted economically using traditional technology. The Cambridge Library Collection extends this activity to a wider range of books which are still of importance to researchers and professionals, either for the source material they contain, or as landmarks in the history of their academic discipline.

Drawing from the world-renowned collections in the Cambridge University Library, and guided by the advice of experts in each subject area, Cambridge University Press is using state-of-the-art scanning machines in its own Printing House to capture the content of each book selected for inclusion. The files are processed to give a consistently clear, crisp image, and the books finished to the high quality standard for which the Press is recognised around the world. The latest print-on-demand technology ensures that the books will remain available indefinitely, and that orders for single or multiple copies can quickly be supplied.

The Cambridge Library Collection will bring back to life books of enduring scholarly value (including out-of-copyright works originally issued by other publishers) across a wide range of disciplines in the humanities and social sciences and in science and technology.

Études et Leçons sur la Révolution Française

VOLUME 5

ALPHONSE AULARD

CAMBRIDGE
UNIVERSITY PRESS

CAMBRIDGE UNIVERSITY PRESS

Cambridge, New York, Melbourne, Madrid, Cape Town,
Singapore, São Paolo, Delhi, Tokyo, Mexico City

Published in the United States of America by Cambridge University Press, New York

www.cambridge.org
Information on this title: www.cambridge.org/9781108035019

© in this compilation Cambridge University Press 2011

This edition first published 1907
This digitally printed version 2011

ISBN 978-1-108-03501-9 Paperback

ÉTUDES ET LEÇONS

SUR LA

RÉVOLUTION FRANÇAISE

AUTRES OUVRAGES DE M. A. AULARD

Études et leçons sur la Révolution française.
Première Série, 4e édition, 1905, 1 vol. in-16 de la
Bibliothèque d'histoire contemporaine, 3 fr. 50. (Félix
Alcan, éditeur.)
Deuxième Série, 2e édition, 1902, 1 vol. in-16 de la
Bibliothèque d'histoire contemporaine, 3 fr. 50. (Félix
Alcan, éditeur.)
Troisième Série, 2e édition, 1906, 1 vol. in-16 de la
Bibliothèque d'histoire contemporaine, 3 fr. 50 (Félix
Alcan, éditeur).
Quatrième Série, 1904, 1 vol. in-16 de la *Bibliothèque
d'histoire contemporaine*, 3 fr. 50. (Félix Alcan, éditeur.)

**Le Culte de la Raison et le Culte de l'Être Suprême, 1793-
1794.** *Essai historique*, 2e édition, 1904, 1 vol. in-16 de
la *Bibliothèque d'histoire contemporaine*, 3 fr. 50 (Félix
Alcan, éditeur).

Histoire politique de la Révolution française, 3e édition,
1905, 1 vol. in-8 raisin. (Armand Colin, éditeur.)

La Société des Jacobins, 1889-1897, 6 vol. in-8 (L. Cerf,
éditeur.)

**Paris pendant la réaction thermidorienne et sous le
Directoire,** 1898-1902, 5 vol. in-8. (L. Cerf, éditeur.)

Paris sous le Consulat, 1903-1905, 3 vol. in-8. (L. Cerf,
éditeur.)

Recueil des actes du Comité de salut public, 1889-1906,
17 vol. in-8. (E. Leroux, éditeur.)

La Révolution française et les Congrégations, 1903, 1 vol.
in-12. (E. Cornély, éditeur.)

Polémique et Histoire, 1904, 1 vol. in-12 (E. Cornély,
éditeur.)

Les Orateurs de la Révolution : l'Assemblée constituante,
nouvelle édition, 1905, in-8, (E. Cornély, éditeur.)

**Les Orateurs de la Révolution : la Législative et la
Convention,** tome Ier, nouvelle édition, 1906, in-8
(E. Cornély, éditeur.)

ÉTUDES ET LEÇONS

SUR LA

RÉVOLUTION FRANÇAISE

PAR

ALPHONSE AULARD

Professeur à l'Université de Paris

___

Cinquième Série

LA RÉACTION THERMIDORIENNE
LES ORIGINES DE LA SÉPARATION DES ÉGLISES
ET DE L'ÉTAT
SOUS
LA CONSTITUANTE, LA LÉGISLATIVE, LA CONVENTION
NOTES SUR L'HISTOIRE DU CONCORDAT
LE TEXTE DES DISCOURS DE DANTON
DANTON ET L'AVOCAT LAVAUX

PARIS

FÉLIX ALCAN, ÉDITEUR

LIBRAIRIES FÉLIX ALCAN ET GUILLAUMIN RÉUNIES

108, BOULEVARD SAINT-GERMAIN, 108

—

1907

TABLE DES MATIÈRES

ÉTUDES ET LEÇONS

SUR LA

RÉVOLUTION FRANÇAISE

I

LA RÉACTION THERMIDORIENNE A PARIS

On a souvent esquissé, et avec agrément, le
tableau de l'esprit public à Paris pendant la réaction thermidorienne, c'est-à-dire depuis la chute de
Robespierre jusqu'à la fin de la Convention, et il y
a sur cette époque une quantité d'anecdotes amu-
santes ou émouvantes, toute une littérature élégante, comme dans le livre de M. de Barante sur la
Convention, ou tragique, comme dans les deux derniers volumes, d ailleurs si estimables et sérieux,
de Louis Blanc. Mais il ne semble pas que la physionomie de Paris, à ces moments de réaction politique et sociale, ait été encore marquée de traits
assez nets, assez vrais, assez authentiques pour
qu'un historien se la puisse représenter utilement,
et cela vient à coup sûr de ce que tous les récits de

la réaction thermidorienne à Paris ont eu pour
principale source des mémoires rédigés longtemps
après les événements, sur des souvenirs forcément
inexacts, surtout quant à la chronologie des impres-
sions successives, et non pas sous le coup des sensations du jour.

Ces sensations quotidiennes, dont la notation est
indispensable pour décrire véridiquement les vicissitudes de l'esprit public dans cette ville de Paris,
qui était alors vraiment une ville et une capitale, il
n'est guère possible d'en trouver une image authentique que dans deux sortes de témoignages, trop
peu consultés par les historiens jusqu ici, à savoir
les journaux quotidiens et les rapports de police ou
administratifs. Sans doute les journaux sont autant
de pamphlets, et le *fait divers* y est rare, surtout au
lendemain du 9 thermidor ; mais, peu à peu, la
liberté de la presse devenant enfin une réalité, les
gazetiers, sans se faire déjà *reporters*, mêlent plus
de récits et de descriptions à leurs diatribes, et, si
l'on est patient, on arrive à entrevoir, dans les articles trop belliqueux et dans les narrations trop
académiques des « papiers-nouvelles », la figure, le
costume et les gestes des Parisiens de 1794 et de
1795, l'aspect de la rue, le Palais-Royal, les cafés,
les salons, les faubourgs. Les rapports de police
n'ont presque rien de *policier*, en ce sens qu'ils
n'ont pas pour objet de moucharder bêtement et
calomnieusement des ennemis du gouvernement, et
aussi ne sont-ils pas l'œuvre de mouchards. D'hon-

nêtes gens les rédigent, à savoir les membres de la
« Commission de police administrative de la Commune de Paris ». Cette Commission a été nommée
par la Convention, pour remplacer la municipalité
élue, guillotinée comme robespierriste. Remplacer,
c'est trop dire : elle n a pr sque aucun pouvoir, les
Comités de gouvernement ayant reçu la charge
d'administrer directement Paris. Ses fonctions sont
principalement d'observer et de noter ce qu'elle
observe. C'est une agence de renseignements, et elle
remplit ce rôle avec un zèle, non seulement civique,
mais impartial et (semble-t-il) perspicace. Les inspecteurs de police et les officiers de paix, dont les
bulletins lui servent à faire son rapport général
quotidien, ont tout l'air de braves gens qui cherchent à bien voir tout ce qui se passe, à saisir et à
transmettre tous les éléments de l'esprit public,
sans flatter ni un homme ni une idée. Au milieu des
passions déchaînées, ces agents se forment une
sorte d'esprit critique, et ce n'est pas seulement au
gouvernement d'alors, c'est aussi à l'histoire qu'ils
se trouvent rendre un précieux service, par leurs
récits patients et minutieux du train quotidien de
la vie parisienne. Ils rectifient et complètent les
gazettes, et celles-ci peuvent servir à colorer leurs
récits par des traits de passion, par une image
plus vive de la lutte des partis. Je n'ai pas du
tout l'intention, en ces quelques pages, de dégager
de ces deux sources, rapports et journaux, le tableau
du Paris thermidorien qu'elles contiennent : je vou-

drais seulement montrer, par des exemples, quel profit un historien habile en pourrait tirer.

I

Dans les anciens récits de la réaction thermidorienne à Paris, on voit surtout la rixe quotidienne des montagnards et des modérés, les muscadins, les collets verts et noirs, les cadenettes retroussées, la belle Cabarrus. Dans les sources que je signale, on voit aussi ces choses et ces personnes, et je les y montrerai, mais on y voit d'abord et surtout la famine. Paris a faim, Paris ne mange pas à sa suffisance, Paris se meurt d'inanition : voilà, dans les journaux et les rapports, le fond de l'histoire de Paris depuis la chute de Robespierre. Paris se résignera-t-il à mourir de faim ? Paris se révoltera-t-il pour avoir du pain ? C'est le problème qu'agitent les journaux et les rapports. C'est la grande question, l'obsédante et perpétuelle question : toutes les autres sont présentées comme en dérivant, ou comme y étant subordonnées.

Ainsi, d'après les rapports, pourquoi les ouvriers parisiens avaient-ils laissé faire le 9 Thermidor ? Pourquoi n'avaient-ils pas défendu victorieusement ce Robespierre, leur idole ? Parce que, le 5 thermidor, la commune robespierriste avait publié un tarif du maximum des journées de travail, tarif

injuste, impopulaire, en ce qu'on ne l'avait pas
établi sur le maximum du prix des comestibles et
des objets de première nécessité. Quand les municipaux passèrent en charrette pour aller à la
guillotine, les ouvriers les huèrent en criant :
F... maximum ! Le 13 thermidor, le Comité de salut
public fit une proclamation pour dire « qu'il allait
s'occuper des moyens propres à rectifier cette opé-
ration, afin que le prix de la journée de travail
puisse être proportionné à celui des subsistances ».
Cette promesse, qui d'ailleurs ne fut pas tenue,
suffit à tranquilliser les faubourgs Saint-Antoine et
Saint-Marceau.

La patience des ouvriers fut très grande, et ils
ne témoignèrent nulle hostilité au gouvernement
thermidorien, tant qu'ils eurent du pain. Ils se
soumirent sans trop de murmures au décret du 4 fructidor an II, qui supprimait l'allocation de quarante
sous par jour accordée, sous Robespierre, aux
citoyens indigents pour leur permettre d'assister
aux assemblées de section. Quand, le 16 frimaire
an III, le Comité de salut public, en arrêtant que
la fabrication et la réparation des fusils à Paris
seraient entièrement à l'entreprise, jeta sur le pavé
les nombreux ouvriers que la République employait
à cet effet dans ses ateliers, on craignit une sédition,
et des patrouilles nombreuses parcoururent les rues.
Une partie des ouvriers congédiés se réunirent pour
protester ; mais leur protestation ne fut pas écoutée,
et ils se soumirent avec un calme parfait sans écouter

les muscadins, qui voulaient les rallier à leurs bandes militantes Les lois qui interdisaient aux ouvriers toute coalition, toute grève, furent appliquées sans difficulté, comme le montre l'échec, au milieu de l'indifférence publique, des tentatives de grève des garçons boulangers (fructidor an II et vendémiaire an III), des ouvriers des messageries (vendémiaire an III), des allumeurs de réverbères (ventôse an III). Les inspecteurs signalent tous un bon esprit gouvernemental dans le peuple laborieux, pendant les six premiers mois qui suivirent la chute de Robespierre.

Pourquoi cet esprit des ouvriers, si docile, si résigné, si soumis à la Convention et aux Comités à la fin de 1794, se changea-t-il, presque brusquement, au début de l'année 1795, en un esprit d'opposition, de rébellion, sinon chez tous, du moins chez quelques-uns, qui vont, à deux reprises, entraîner les autres ? Sont-ce les robespierristes qui prennent leur revanche ? Le *Courrier républicain* dit que, le 27 ventôse an III, les bons citoyens dispersèrent, aux Tuileries, des goupes où « des tricoteuses de Robespierre parlaient du règne de leur bon ami, qu'elle trouvaient très salutaire, et où des hommes à grands sabres, qui leur avaient sans doute servi de souteneurs dans quelques lieux que la décence ne permet pas de nommer, appuyaient ou partageaient les discours de ces femelles carnivores ». Mais ce n'est pas dans les faubourgs que se montrent ces prétendues tricoteuses, et les inspecteurs de police ne notent, à cette époque, aucune propagande robespierriste parmi les ouvriers. Non, ce ne sont pas les prédications jacobines qui rendirent impopulaires la Convention thermidorienne : ce fut la disette qui désaffectionna le peuple, et cette disette commence presque à une date précise ; en tout cas, elle a une cause précise : je veux parler de la suppression du maximum, décrétée le 4 nivôse an III.

Tant que le maximum avait duré, la situation matérielle avait été tolérable à Paris. Sans doute, on se plaignait de la mauvaise qualité du pain et surtout des infractions au maximum : des citoyens murmuraient d'avoir dû payer le beurre quarante sous la livre, un chou dix à quinze sous, le lard cinquante sous et le petit-salé quarante sous. On souffrait de la pénurie de bois et de charbon. On souffrait aussi de la disparition de la petite monnaie. Mais enfin on pouvait vivre. Le maximum est supprimé : aussitôt la vie matérielle renchérit. Le bœuf se vend trente-quatre sous la livre; le mouton, vingt-six sous; le porc frais, quarante à quarante-cinq sous; les œufs, cinq livres dix sous le quarteron; les pommes de terre, quarante sous à trois livres dix sous le boisseau; le bois monte jusqu'à quarante-deux livres la voie, à un moment de grand froid (1).

(1) Le 23 janvier 1795 (4 pluviôse an III), le thermomètre descendit à quinze degrés et demi au-dessous de zéro. Ces froids de l'hiver de 1794-1795, par leur durée et leur intensité, surpassèrent peut-être ceux des grands hivers de 1709,

et les charretiers demandent vingt à vingt-cinq
livres pour le conduire; les porteurs d'eau prennent
trente sous par voie; un de ces petits fagots appelés
falourdes coûte cinquante sous au lieu de onze; le
charbon, trois livres le boisseau; le savon, dix
livres la livre; le sucre, onze livres; l'huile, trois
livres; la chandelle, cinq ou six livres. Le discrédit
des assignats augmente en proportion : le louis vaut
cent quarante livres. On se plaint qu'il faille payer
tout six fois plus cher qu'avant la Révolution, et
on commence à comparer la République à l'ancien
régime, au détriment de celle-là.

Je n'ai pas parlé du prix du pain : c'est qu'il resta
taxé à trois sous la livre. Depuis la suppression du
maximum, les communes suburbaines venaient
acheter leur pain à Paris. Cette exportation fut
interdite, à la fin de nivôse an III, mais continuée
clandestinement. Aussi Paris, dont l'approvision-
nement était d'ailleurs le grand souci du pouvoir
central, s'alarma-t-il, et en effet le pain manqua
chez quelques boulangers. Un décret du 26 ventose
an III fixa la portion de chaque individu à une livre
de pain, avec cette exception que chaque ouvrier
chef de famille aurait droit à une livre et demie. Ce
rationnement fit murmurer : *Point de pain, point
de travail!* disaient les ouvriers (rapport du 27 ventôse), mais ils ne songeaient pas à se soulever. Les

1740, 1776 et de 1788 à 1789, d'après une communication du
citoyen Messier, de la ci-devant Académie des sciences,
dans la *Vedette* du 7 pluviôse an III

femmes les y excitaient, au contraire, provoquaient
des rassemblements bruyants, où on déblatérait
contre la Convention. Elles se plaignaient d'avoir
à faire queue dès minuit (5 germinal). Bientôt,
malgré la loi, on ne distribua plus qu'une demi-
livre de pain, et tout le monde n'en reçut pas. Sous
cette Terreur maudite, du moins on avait du pain,
d'où ce cri : *Du pain et la Constitution de* 1793 ! que
vint pousser, le 7 germinal, une députation de
femmes à la barre de la Convention. On accorda un
peu de riz à deux liards l'once : mais on n'avait ni
bois ni charbon pour le faire cuire. Une pétition
menaçante des Quinze-Vingts (faubourg Saint-
Antoine) répéta devant la Convention, le 11 germinal, le vœu des femmes. On lit dans un rapport
du même jour : « L'effervescence causée par la
diminution de la quantité de pain accordée à chaque
citoyen et par la peine qu'on a à s'en procurer fait
l'objet des rapports de tous les inspecteurs qui ont
surveillé les distributions de pain. Tous ont entendu,
de la part des femmes et de la part de quelques
hommes, des menaces et des injures; d'autres
femmes pleuraient et donnaient des marques de
désespoir. Plusieurs boulangers n'avaient pas reçu
leurs farines à huit heures du matin, ceux entre
autres des sections de la Réunion, de l'Homme-Armé
et de l'Indivisibilité. De là de vives inquiétudes... »
D'autre part, le travail manquait aux charrons,
menuisiers, serruriers.

Le 12 germinal au matin, la viande vaut sept

AULARD, Études. — V.   1.

livres dix sols la livre, et le beurre huit livres. C'est
ce jour-là, et pour ces motifs, qu'eut lieu cette première et célèbre insurrection de là faim, que la
Convention vainquit assez aisément, je dirai tout à
l'heure pourquoi.

II

Cette insurrection amena cependant la Convention
à décréter que les ouvriers seraient favorisés dans
les distributions de pain, de préférence aux autres
citoyens. Mais la disette n'en continua pas moins.
Un inspecteur écrit, à la date du 21 germinal :
« Aux portes des boulangers des sections de la Fidélité et des Droits-de-l'Homme, beaucoup de murmures contre le gouvernement ; plusieurs particuliers, qui paraissaient très échauffés, disaient : *Que
l'on f... un roi, et qu'on nous donne du pain* ! Chacun,
mécontent d'attendre, paraissait les applaudir. »
Le 24 floréal, « une femme, désespérée de n'avoir
reçu que trois onces de pain, a dit hautement qu'il
fallait un roi, et qu'elle voulait se tuer, ainsi que
ses enfants ». Elles restent cependant républicaines
en général, et on les a entendues dire (26 germinal) :
« Donnez-nous du pain ou la mort ; tuez nous
plutôt que de nous faire languir ! Voudrait-on nous
forcer à demander un roi ? Eh bien, f..., nous n'en
voulons point ! » C'est le grand grief des faubourgs

contre les conventionnels, traités de royalistes
masqués : ils nous rendent malheureux pour nous
dégoûter de la République.

Les étrangers qui arrivent à Paris ne peuvent, à
première vue, croire à la réalité de cette famine.
Les étalages des pâtissiers sont remplis de beaux
petits pains dorés, appétissants ; on vend du pain
partout, chez les coiffeurs, chez les merciers, sur
des tables en plein vent, au Palais-Royal et dans les
rues. Oui ; mais si la livre de pain coûte trois sols
chez les boulangers, elle coûte dix livres chez les
autres marchands (18 floréal). Quelques jours plus
tard, il arrive qu'on n'a plus que deux ou trois
onces de pain par personne (*Gazette française* du
28 floréal). Sans doute, c'est là une exception, un
accident ; mais, le 4 prairial an III, la distribution
n'est partout que d'un quarteron de pain avec du
riz. Au *Qui vive ?* des sentinelles, on répond tantôt :
Sans pain ! tantôt : *Ventre creux !* On lit dans le
Messager du soir du 27 floréal : « Le nombre des
suicides est véritablement effrayant dans cette mal-
heureuse commune ; il ne se passe guère de jour
que des hommes ou des femmes au désespoir ne se
précipitent dans la rivière. Le peuple est cependant
assez tranquille ; tous les bons citoyens sont persuadés qu'une émeute tournerait entièrement au
profit des terroristes, et, loin de procurer du pain,
nous mettrait de nouveau obstacle à l'arrivage des
subsistances. »

Mais les femmes n'étaient pas de cet avis ; elles

« criaient contre la Convention en disant que les hommes étaient des f... c... d'endurer la faim, et qu'avec la même lâcheté, ils avaient laissé guillotiner bien des innocents sous leurs yeux ». Les femmes furent écoutées, et on vit les tumultueuses journées de prairial an III, où la démocratie fut vaincue et terrassée pour tant d'années. On ôta leurs armes aux ouvriers, on emprisonna les plus ardents, et tout recours à la force devint impossible au peuple.

Paris, dès lors, semble calme : « Point de groupes, ni de rassemblements, si ce n'est autour des marchands de chansons, opérateurs et autres baladins. Calme parfait aux portes des boulangers, soumission entière aux lois de la Convention, respect des hommes, silence des femmes... » Mais on dit « que le nombre de gens qui se jettent à la rivière est si considérable qu'aux filets de Saint-Cloud, à peine peut-on suffire pour les en retirer ». (Rapport du 11 messidor an III.) C'est que la famine continue et s'aggrave. La ration de pain n'est plus (23 prairial) que de 4 à 6 onces par tête, et, si on veut acheter du pain ailleurs que chez les boulangers, c'est 16 livres que coûte la livre, et ce pain, inabordable au pauvre, s'étale partout, insultant à la misère et à la faim.

La dépréciation des assignats et l'enchérissement de toutes choses deviennent incroyables. La *Gazette française* du 3 vendémiaire an IV publie malignement le tableau qu'on va lire, et dont les détails

sont en partie confirmés par les rapports de
police :

	PRIX DES MARCHANDISES ET DES DENRÉES		
	en 1790.		en 1795.
	liv.	sols	livres
Un boisseau de farine	2	»	225
Un boisseau d'orge	»	10	50
Un boisseau d'avoine	»	18	50
Un boisseau de haricots.	4	»	120
Un boisseau de pois ou de lentilles.	4	»	130
Demi-queue de vin d'Orléans. . .	80	»	2.400
Une voie de bois flotté	20	»	500
Un boisseau de charbon	»	7	10
Une livre d'huile d'olive	1	16	62
Une livre de sucre	»	18	62
Une livre de café	»	18	54
Une livre de savon de Marseille . .	»	18	41
Une livre de chandelle	»	18	41
Une livre de cassonade	»	8	41
Une botte de navets, carottes, etc .	»	2	4
Un beau chou	»	8	8
Une paire de souliers.	5	»	200
Une paire de sabots	»	8	15
Une paire de bas	3	»	100
Un chapeau propre	14	»	500
Une aune de toile	4	»	180
Une aune de drap d'Elbeuf. . . .	18	»	300
Un.quarteron d'œufs.	1	4	25
Une livre de beurre	»	18	30
Total. . .	164	11	5.448

Ces prix vont augmenter encore. Les inspecteurs
de police rapportent qu'on n'a plus « que l'espoir de

la mort », et cependant on se résigne. Les estomacs se font, semble-t-il, à cette diète. La promesse d'une distribution d'une demi-livre de pain et de trois onces de riz remplit les Parisiens de joie. En fructidor an III, on arrive à donner trois quarterons de pain ; bien qu'on supprime la distribution du riz, le peuple se montre satisfait et, à la veille de l'insurrection royaliste, ne se plaint plus que de la mauvaise qualité du pain. Cette insurrection du 13 vendémiaire, toute politique, n'est point causée par la pénurie des subsistances, et les ouvriers y soutiennent la Convention contre les sections. Bientôt un décret ôte aux riches la ration de pain, et, au moment où la Convention se sépare, la distribution du pain est de douze à quatorze onces. On ne voit plus dans les rues autant de ces malheureux émaciés et titubants, de ces squelettes ambulants, dont les journaux et les inspecteurs de police parlaient naguère avec pitié et effroi. Quand le Directoire s'installe, la vie matérielle à Paris est encore difficile, mais la famine a provisoirement cessé, du moins pour les ouvriers.

Les ouvriers, en effet, n'étaient pas, parmi les habitants, les plus à plaindre. Aucun document ne nous donne les chiffres exacts de leurs salaires, mais plusieurs témoignages semblent indiquer que ces salaires s'étaient élevés en proportion du prix des choses, ou peu s'en faut. Les plus malheureux étaient les petits rentiers des deux sexes, âgés, infirmes, incapables de travailler de leurs mains.

Ceux-là, touchant leur rente en assignats, connurent la plus extrême misère, et, une fois leurs habits et leurs meubles vendus, n'ayant pas la force physique nécessaire pour faire queue toute la nuit aux portes des boulangers, furent réduits au désespoir. Il en est qui moururent de faim. D'autres se donnèrent la mort. La plupart se livrèrent à l'agiotage, cet agiotage que le peuple maudissait comme la cause de la dépréciation des assignats et de tous les maux, mais qui fit vivre tout une partie de la population, celle qui n'avait pas de métier manuel. Et, par agiotage, on n'entendait pas seulement le jeu de Bourse ou le commerce du louis d'or, qu'on arriva à vendre trois ou quatre mille livres en assignats ; on entendait aussi et surtout ce commerce de tous objets nécessaires à la vie auquel tant de gens se livraient pour vivre. Ainsi on lit dans la *Gazette française* du 17 thermidor an III : « Il s'est formé, au milieu de cette grande ville, une petite république d'agioteurs qui s'est accrue insensiblement et qui marche aujourd'hui de conquête en conquête. En ce moment, la République française est aux prises avec la république agiotante, sa mortelle ennemie, et le conflit est assez acharné pour qu'on doive penser qu'il s'ensuivra une catastrophe. C'est ce que chacun craint, et c'est à quoi chacun travaille. Le nombre est incalculable de ceux qui se sont mis au service de la république ennemie, parce que, en effet, elle paie amplement. Tel perruquier s'est fait marchand de sucre et de café ; tel cordon-

nier en chambre vend de la farine ; telle portière,
de l'huile, et tel tailleur a un magasin de chandelles.
Les denrées et les étoffes sont en partie montées du
rez-de-chaussée au quatrième. Voilà une des nombreuses raisons du discrédit des assignats, de la
cherté excessive de tout ce qui se consomme et de
la misère publique. » On voit de petits bourgeois
brocanter des montres et des bijoux dans les cafés
et au Palais-Royal ; d'autres vendent du pain sur
une table dans la rue. Quiconque n'est pas ouvrier
agiote et trafique : il n'y a plus pour lui d'autre
gagne-pain.

III

Des historiens s'indignent des insurrections de
germinal et de prairial. La lecture des journaux et
des rapports fait, au contraire, qu'on admire la
patience du peuple de Paris qui, souffrant de la
faim dans une ville qui regorgeait de denrées éta-
lées, résista à la tentation du pillage. Et si la disette
explique les deux insurrections qu'il se permit, si
la question du pain quotidien est pour lui la question capitale, la faim n'étouffe pas en lui tout sentiment noble, tout instinct immatériel. Il déblatère
contre le gouvernement, contre la Convention ; il
perd, on l'a vu, quelques-unes de ses illusions sur
l'efficacité du principe républicain à le préserver
aussitôt de toute misère, mais il s'obstine, on l'a vu

aussi à préférer la république à la monarchie. Surtout, il est patriote. S'il ne se révolte pas, ou si ses révoltes s'apaisent vite, c'est parce qu'il apprend la nouvelle de victoires qui lui gonflent le cœur de joie et lui font tomber les armes des mains. Si l'insurrection du 12 germinal an III avorta, c'est qu'à ce moment-là la République conclut avec le roi de Prusse un glorieux traité. La paix avec l'Espagne, la pacification de la Vendée, la France agrandie et redoutable à l'Europe, tant de gloire acquise ou promise parlent plus haut que les violents et bas conseils de la faim. Même quand le Parisien n'a mangé que deux onces de pain dans sa journée, il se sent ragaillardi par l'acquisition de la rive gauche du Rhin. Pendant la réaction thermidorienne, comme dans toute l'histoire de France depuis 1789, la situation extérieure domine la situation intérieure.

Est-il vrai de dire que l'opinion royaliste ait prévalu à Paris pendant la réaction thermidorienne? J'ai noté avec soin, dans les journaux et les rapports, les manifestations royalistes, et j'ai déjà dit que le manque de pain avait amené quelques individus à se demander si un roi n'en donnerait pas. Le premier cri de *vive le roi!* qui ait été noté fut proféré dans un café, à la fin de brumaire an III, par « un jeune garçon pris de vin ». (*Courrier universel* du 3 frimaire.) Quelques jours plus tard, une femme se fit arrêter pour avoir crié *vive Louis XVII!* dans la rue, et on trouva une affiche manuscrite royaliste placardée dans une des salles du Palais de Justice (rapport du 21 frimaire an III). Après la suppression du maximum, quand la famine commença ou s'annonça, il est sûr que les manifestations royalistes furent plus fréquentes. Ainsi, « le citoyen Desrosiers, acteur au théâtre de la République, a été rencontré par des citoyens qui lui ont demandé combien font quinze et deux, et, sur sa réponse qu'ils font dix-sept, ils ont répliqué : *C'est ce que nous demandons* ». (Rapport du 27 nivôse.) Un autre inspecteur rapporte que, le 20 ventôse an III, « un jeune homme étant chez Vellony, Maison-Égalité, s'approcha d'un citoyen qu'il ne connaissait pas, et lui demanda combien deux fois huit et demi faisaient; le citoyen répondit : dix-sept, et souffletant ensuite le jeune homme : *Et celui-là, dix-huit.* Le jeune homme se retira, un peu honteux de la réplique ». Le 29 ventôse, « à la porte d'un boulanger, rue Greneta, une femme qui n'avait point eu de pain a été tellement égarée par la colère qu'elle a arraché sa cocarde, l'a foulée aux pieds en criant: *vive le roi!* et : *au f... la République!* En floréal, des femmes disent que, pour avoir du pain, il faut prendre *le numéro* dix-sept (rapport du 5 floréal). On dénonce (8 fructidor) des tabatières sur lesquelles on voit les insignes de la royauté. A la fin de fructidor, le *Journal du bonhomme Richard* signale des chanteurs qui chantent dans les rues des couplets sur « le retour de Louis XVIII ». Il y a quantité d'autres traits analogues. Mais ce sont des mani-

festations individuelles, isolées, qui n'ont pas d'écho
dans le peuple, et le peuple en rit ou s'en indigne,
selon son humeur du jour. Il n'y a pas de courant
public d'opinion en faveur de la royauté. Le cri de
vive le roi ! n'est entendu ni dans les journées de
germinal, ni dans celles de prairial, toutes démocratiques, ni même, que je sache, dans l'insurrection du 13 vendémiaire. Est-ce à dire qu'il faille
croire sur parole le *Courrier français* du 2 vendémiaire an IV ? « A la Convention, dit-il, on ne parle
que de royalistes.. Jamais peut-être, dans cet
antique palais des rois, il n'a été tant question de
rois que depuis qu'il n'y en a plus. Eh bien, moi,
la lanterne de Diogène à la main, je cherche partout un royaliste, et je n'en puis rencontrer. Deux
numéros de la *Sentinelle* (1), francs de port, sont
offerts à celui qui me fera voir un royaliste, mort
ou vif... » Et en effet il n'y a dans les journaux
thermidoriens aucune profession de foi royaliste.
On dirait presque que la réaction ne s'exerce que
contre les personnes, et non contre les idées, et que
tout l'idéal de ces gazetiers si ardents contre les
républicains de l'an II, c'est seulement de *girondi-
niser* la République. Les sectionnaires du 13 vendémiaire ne parlent pas de roi : c'est contre la Convention qu'ils se sont soulevés, contre cette Conven-

---

(1) C'était le nom d'une gazette d'opinion gouvernemen-
tale, et subventionnée par le gouvernement, que rédigeait
le conventionnel Louvet.

tion qui veut perpétuer au pouvoir les deux tiers
de ses membres (1). Mais c'est une tactique, c'est un
masque. Les partisans des Bourbons sont nombreux à Paris ; ce sont eux qui rédigent la plupart
des journaux ; ce sont eux qui excitent les sections
contre les jacobins, les anarchistes, les « exclusifs »,
c'est-à-dire contre les républicains démocrates ; ce
sont eux qui déconsidèrent les républicains, morts
ou vivants, pour mieux détruire cette République
qu'ils affectent de vouloir seulement modérer,
humaniser. Mais le soin même qu'ils prennent de
se déguiser ainsi suffit à montrer qu'ils n'ont pas
le peuple pour eux. Le peuple a toujours horreur
des rois, non pas peut-être par principe philosophique, mais par patriotisme, parce que les rois
d'Europe se sont ligués avec le roi de France contre
la patrie nouvelle, contre la Révolution.

Que les Bourbons ne reviennent pas, qu'on fasse
la paix avec l'Angleterre et l'Autriche, après les
avoir vaincues à plate couture, qu'on ait du pain et
du travail, voilà ce que désire le peuple de Paris, au
lendemain de la paix de Bâle, à la fin de la période
thermidorienne. Mais, après tant de *journées* con-
tradictoires, après tant de sang français versé, après
tant d'impeccables héros brusquement signalés
comme traîtres, il est devenu sceptique aux systèmes

(1) Voir l'intéressante étude de M. H. Zivy sur la journée
du 13 vendémiaire, 1898, in-8° (Bibliothèque de la Faculté
des lettres de l'Université de Paris).

politiques, parce qu'il est devenu sceptique aux
hommes. La querelle des montagnards et des modérés
ne l intéresse plus, et c'est avec une froide indifférence qu'il voit périr Goujon, Romme, Soubrany, ces
nobles et héroïques démocrates qui se sont montrés
ses amis aux journées de prairial. C'est en badaud
amusé, et non en citoyen passionné pour une cause,
que l'ouvrier de Paris assiste aux fêtes du 10 août,
de Jean-Jacques, des Victoires, etc., ou qu'il voit
panthéoniser, puis dépanthéoniser ce Marat, qu'il
avait tant aimé, et qui, assassiné, avait personnifié
la patrie à ses yeux. Il faut dire que le procès de
Carrier, celui de Fouquier-Tinville, n'ont pas seulement déconsidéré la « tyrannie décemvirale », mais
la démocratie elle-même. Voilà que la Convention,
revenant à la politique bourgeoise de la Constituante, s'apprête à détruire ce suffrage universel
dont Robespierre avait été le promoteur et dont
elle-même était sortie. Eh bien, l'annonce et le
vote des articles de la Constitution de l'an III qui
rétablissent le régime censitaire, qui rendent à la
bourgeoisie son privilège politique, qui excluent
les ouvriers de la cité et leur ôtent leur bulletin de
vote des mains, pour les reléguer de nouveau dans
la classe inférieure des citoyens passifs, cette spo-
liation n'arrache aux ouvriers parisiens aucun cri
d'indignation, et les inspecteurs de police, si
attentifs aux moindres propos tenus dans les groupes,
ne notent rien qui dénote, chez les spoliés, un
mouvement quelconque, je ne dis pas de colère,

mais de déplaisir, ou seulement même que les ouvriers s aperçoivent qu'on vient de les priver d'un droit. C'est uniquement dans les cafés (1) que quelques beaux esprits critiquent cette suppression du suffrage universel : dans la rue, dans les ateliers, dans les guinguettes, pas un mot là-dessus (2).

Pour que les ouvriers parisiens sortissent de leur indifférence, il faudrait qu'ils se sentissent menacés du retour des Bourbons. Ce sentiment même n'aurait pas ému la bourgeoisie, plus sceptique encore, que le peuple, et qui, comme en 1790, n'avait de préférence que pour le régime qui la défendrait le plus sûrement contre la démocratie. Puisque la

(1) Rapport du 17 messidor an III : « Compère rapporte que, dans des cafés, on s'y occupait de la Constitution, et qu'on improuvait les articles qui motivent les qualités requises pour être citoyen et pour être élu représentant du peuple. »

(2) Les journaux antidémocrates sont tout surpris et ravis de cette indifférence du peuple au sujet de sa propre souveraineté, et ils s'exagèrent l'insensibilité des ouvriers : « Quant au peuple proprement (lit-on dans le *Courrier français* du 1ᵉʳ fructidor an III), il semble être privé de l'usage de la pensée, pour ne s'occuper que de la grande affaire des besoins animaux; il a l'air encore étourdi de la souveraineté sans bornes, qu'il a si bizarrement exercée; et l'on serait tenté de trouver en tout ceci quelque ressemblance avec la métamorphose de Nabuchodonosor. Si les malheurs de la Révolution n'ont pas encore établi une opinion publique, ils ont du moins détruit parmi la classe ignorante quelques préjugés révolutionnaires, ne fût-ce que l'intolérance politique, et la chimère de l'égalité absolue; et n'est-ce pas l'occasion de dire en soupirant : *A quelque chose malheur est bon ?* »

République existe et qu'elle est devenue bourgeoise,
la bourgeoisie ne conspire pas avec la branche aînée
ni même avec la branche cadette. Mais si la République démocratique l'emportait, elle n'aurait pas
de répugnance à y substituer une monarchie constitutionnelle. Cet état de demi-scepticisme de la bourgeoisie, ou d'indifférentisme, comme on disait alors,
est assez bien caractérisé par ces réflexions du
Censeur des Journaux du 29 vendémiaire an IV, qui
formeraient encore aujourd'hui le *credo* politique
de bien des gens : « Le *Journal des Patriotes de 89*
se demande aujourd'hui si l'on est républicain,
parce qu'on n'est pas royaliste. La réponse est simple,
et nul n'était peut-être plus en état de la fournir que
l'auteur de la question. Les trois quarts des hommes
ne sont rien, parce qu'ils sont tout ce qu'on veut
qu'ils soient. Dans l'autre quart, les trois cinquièmes
sont des fripons ou des hermaphrodites. Reste un
neuvième d'hommes prononcés pour ou contre l'opinion dominante, en état de la combattre ou de la
défendre de leurs bras et de leur tête. C'est cette
classe qui gouverne en résultat ; c'est elle qui, par la
force de la raison, comprime et subjugue celle du
nombre ; c'est elle qui régénère ou qui perd les
nations C'est donc dans cette classe qu'il faut aller
chercher les royalistes et les républicains. Tous les
autres ne sont que des moutons, dont on ne parle
pas, ou des fripons qu'il faut livrer à la surveillance
des lois. Prétendre que tous les hommes éclairés
doivent être républicains serait aussi absurde qu'il

serait candide de les y contraindre. Le canon a
commencé la guerre, la raison la finira. Éclaircis-
sons-nous de bonne foi ; discutons sans passion, s'il
est possible ; avisons aux moyens de nous réunir, et
peut-être finirons-nous par nous apercevoir qu'entre
les républicains et les royalistes, il n'y a qu'un mot
de différence. Cela posé, voici donc notre réponse
à la question ci-dessus énoncée. Dans un État monarchique, quiconque aime son pays et les lois ne doit
pas être républicain. Dans un Etat républicain, quiconque aime son pays, les lois et l'humanité ne saurait être royaliste. Dans ces deux États, il faut être
républicain ou royaliste, quand on est honnête
homme. »

IV

Voilà les traits les plus généraux par lesquels les
contemporains caractérisaient, dans les témoignages
que j'analyse, l'état d'esprit des Parisiens pendant
la réaction thermidorienne. Ils étaient aussi frappés
du contraste entre les pauvres et les riches, qui,
peut-être, en effet, ne fut jamais plus visible qu'à
cette époque : « En général, dit le *Courrier français* du 4 fructidor an III, on croirait au premier
coup d'œil la population de cette grande cité divisée
en deux nations distinctes, aussi différentes par le
vêtement et par le langage que par les mœurs et
les sentiments. Contemplez, au lever du soleil,

dans les rues de certains quartiers, ces figures
hâves, ces teints livides, ces habits déguenillés, ces
queues pressées aux portes, et tout cela vous offrira
le spectacle d'une peuplade de mendiants et d'infirmes. Le soir, parcourez nos jardins, nos monuments, nos spectacles où l'on applaudit tant ; et,
certes, ces joyeux brouhahas, ces éclats de rire, cet
or, ces diamants, ces élégantes étoffes, ces figures
brillantes de santé, vous présenteront la douce image
d'un peuple de Crésus. Allez surtout, allez chez le
glacier Garchy ; c'est là l'école du bon ton et des
jolies manières. Vous verrez comme on y voltige,
comme on y papillonne : c'est une fureur ; et, grâce
à la mode, l'industrieux glacier fait fortune.

On ne déserte point son heureuse boutique.

« Mais, parmi le *peuple du matin* et parmi le *peuple
du soir*, l'indifférence politique est la même... »
Sur le luxe des nouveaux parvenus, le *Courrier
républicain* du sixième jour complémentaire an III
fait ces réflexions : « On se plaignait, il y a une
année, de la vaste solitude qui régnait au faubourg
Saint-Germain. Je me rappelle que Villette comparait
à la Thébaïde ce quartier autrefois si fréquenté. On
ne peut plus se plaindre aujourd'hui : tous les hôtels
que ce faubourg renferme sont habités ; des voitures
brillantes brûlent le pavé ; l'odeur des cuisines attire
comme autrefois les gourmets. Les grands seigneurs
sont donc revenus, m'allez-vous demander ? Non,

ce sont leurs valets, devenus membres d'une
grande assemblée. Au reste, ne vous fâchez pas :
insolence, crapule. mépris du peuple, ils ont tout
pris avec les biens; les demoiselles de l'Opéra ont
même retrouvé leurs anciens boudoirs. »

La patronne des thermidoriens, la reine de la
vie élégante des bourgeois d'alors, c'est bien,
d'après les contemporains comme d'après les mé-
morialistes, la belle Cabarrus, l'épouse du conventionnel Tallien. C'est en janvier 1795 que les
journaux saluent. non sans ironie, l'apparition de
cet astre nouveau. On lit dans l'*Abréviateur universel* du 19 nivôse an III : « Un luxe énorme, les
concerts, le chanteur Garat et la belle citoyenne
Cabarrus, femme Tallien, voilà ce qui occupe ici,
beaucoup plus que les subsistances et nos quatorze
armées, une classe de personnes des deux sexes, que
le reste du public envie, tâche d'imiter, flatte ou
dénigre, selon les passions et les circonstances. La
belle Cabarrus a ses admirateurs, ses adorateurs,
ses détracteurs et ses émules. Arrive-t-elle? on
applaudit avec transport, comme si c'était sauver
la République française que d'avoir une figure à la
romaine ou à l'espagnole, une superbe peau, de
beaux yeux, une démarche noble, un sourire où
l'amabilité tempère la protection, un costume à la
grecque et les bras nus. Quelques journaux ont
multiplié les copies littérales du même portrait de
Thérésia Cabarrus, portrait en plusieurs colonnes,
où l'on voit successivement Orphée, Eurydice,

Duhem, Cambon, la *nouvelle Antoinette* des uns, la *déesse* des autres, Phidias, Praxitèle, Anacréon, Tibulle, Parny, ces mots de Virgile : *Et vera incessu patuit dea*, la démence liberticide et l'honneur de l'échafaud des deux partis, la *probité politique* de Tallien, et l'*Amour* de Boucher, mutilé dans le ci-devant parc de Trianon par un vandale... Quel goût ! que d'esprit ! et quelles mœurs républicaines ! »

Plus tard, les ironies contre Mme Tallien devinrent plus aigres : « Dimanche dernier (lit-on dans le *Courrier français* du troisième jour complémentaire an III), Son Altesse Sérénissime Mme Cabarrus a honoré de sa présence les heureux habitants de Saint-Cloud. Son. auguste époux, M. Tallien, l'accompagnait. Un feu d'artifice, une collation galante étaient préparés. On a dîné dans les appartements. Après la collation, les deux époux, accompagnés d'une suite brillante, se sont rendus au parc, d'où, assis sur la molle pelouse, ils ont été à portée de voir jouer les eaux. La fête a paru faire plaisir à Leurs Altesses; M. de Tallien a même paru moins rêveur qu'à l'ordinaire. Il a même accueilli avec beaucoup de complaisance une supplique, qui lui a été adressée par les habitants de Saint-Cloud, tendant à obtenir une once de pain de plus par jour. M. de Tallien a renvoyé les suppliants à l'*office*, en attendant qu'il ait fait droit à leurs très humbles remontrances. »

L'opinion parisienne, plutôt antiféministe (comme nous dirions), et qui, sous la Terreur, avait sifflé les clubs de femmes révolutionnaires, éprouvait alors et exprimait les mêmes antipathies pour les Égéries de la République que naguère pour les favorites de Louis XV. Marat, si populaire, s'était cruellement moqué, en 1793, de l'admirable Mme Roland. Celle qu'on a appelé Notre-Dame de Thermidor impatienta l'opinion, et quand Mme de Staël, pourtant discrète et ne paraissant guère sur la scène, voulut avoir un salon politique, où elle favoriserait les projets de république modérée, le *Messager du Soir* du 11 vendémiaire an IV ne crut pas déplaire à ses lecteurs en publiant, contre une femme d'un tel talent, cette cynique épigramme intitulée : *La réunion de tous les partis* :

> St... à tous les partis commande en souveraine;
> Toutes les factions assistent à sa cour;
> Chez elle on voit s'assembler nuit et jour,
> Le Ventre, le Marais, la Montagne et la Plaine;
> Le matin, clandestinement,
> Elle reçoit royaliste et feuillant;
> Puis, à dîner, sans craindre qu'on la fronde,
> Elle reçoit messieurs les gouvernants;
> Lorsqu'on vient à sabler le champagne à la ronde,
> Arrivent les indépendants;
> Elle admet au dessert messieurs de la Gironde.
> Lorsqu'on sert le thé, des louvetains (1)
> Elle reçoit la troupe immonde;
> Au souper sont reçus messieurs les Jacobins;
> Le soir, les Montagnards, et la nuit... tout le monde.

(1) Il s'agit des partisans du conventionnel Louvet, qui alors, dans sa *Sentinelle*, combattait les excès de la réaction thermidorienne et démasquait le royalisme.

V

On a beaucoup parlé de la licence des mœurs, au moins chez les riches ou les enrichis, pendant la réaction thermidorienne. Je ne vois pas que les contemporains aient eu la sensation que la morale publique s'altérât. Sans doute, les rapports et les journaux constatent que les filles de joie reparaissent au Palais-Royal et dans la rue, d'où le vertueux et vigilant Chaumette les avait naguère chassées. On joue beaucoup au loto dans les cafés, surtout dans les derniers mois de l'année 1794. Il y a du luxe au concert de la rue Feydeau. Le *Messager du Soir* publie, contre Mme de Staël, les vers indécents qu'on a lus. Certains journaux commencent à donner de ces annonces que nous appelons pornographiques. Ainsi on lit, dans l'*Abréviateur universel* du 6 ventôse an III : « Nos mœurs publiques contractent une tournure romanesque expéditive d'un courtage d'un genre assez singulier. Les *Petites Affiches* sont peuplées de jolies filles de dix-huit à vingt-deux ans, du caractère le plus liant, du *physique* le plus agréable, qui savent heureusement *un peu de tout*, et qui demandent à se placer auprès *d'un homme seul*. Dernièrement, dans le *Journal des nouvelles, d'indications et annonces pour Paris et les départements*, une femme de cinquante ans s'offrait, avec la touchante ingénuité de cet âge,

AULARD, Études. — V.   2.

comme ayant des écus, des quartiers, et comme
n'étant pas *trop déchirée*. Le 2 ventôse, une citoyenne
de vingt et un ans, âge qui dure longtemps pour
certaines belles, promit, par la voie des affiches, ni
plus ni moins que *son cœur* au citoyen qui pourra le
mériter; et le 4 ventôse, déjà, trois citoyens donnaient, par la même voie confidentielle, chacun leur
adresse, afin d'être mis à portée de mériter ce
tendre cœur. On croit assister à une foire entre
Abdère et les bords du Lignon. »

Des filles publiques dans les rues, des joueurs de
loto, du luxe au concert, une épigramme cynique
dans un journal réactionnaire, des annonces galantes
dans des feuilles non politiques, voilà presque tous
les traits d immoralité que j'ai relevés dans les
témoignages quotidiens, journaux et rapports, dont
j'analyse les plus curieux. Qu'est-ce au prix du
dévergondage des mœurs sous l'ancien régime et
même sous la monarchie constitutionnelle de 1789 à
1792? Qui ne sait ce qu'avait été le Palais-Royal
jusqu'à l'époque où la commune robespierriste l'as-
sainit ? Et quant au jeu, c'était alors un goût effréné.
Et la presse avant le 10 août ! Avez-vous feuilleté les
journaux qui défendaient le plus ardemment le
trône et que lisait Marie-Antoinette, comme les
Actes des Apôtres et le *Journal général de la cour et
de la ville*? Il y a là, presque à chaque page, des
ordures, dont beaucoup défient toute citation. Et
les pamphlets que les « conservateurs » de 1789 et
1790 publiaient contre les partisans de la Révolu-

tion? Il en est de si obscènes que la Bibliothèque
nationale a dû les cacher dans son enfer. En réalité,
la presse thermidorienne, de droite ou de gauche,
passionnée, mais décente, marque un progrès sensible de moralité par rapport à la presse d'avant la
République. C'est par rapport aux mœurs « spar-
tiates » de la république robespierriste que les
mœurs thermidoriennes paraissent relâchées. Il y
avait détente, après un si grand effort, et presque
surhumain, de volonté et de vertu. Les inspecteurs
de police, si attentifs à s'informer de tout, rencon-
trent chez les ouvriers parisiens une bonne volonté
d'être honnêtes, qui résulte de presque tous leurs
rapports. Et, quant à la bourgeoisie, si on remarque
que ceux qui avaient beaucoup d'assignats font de
bons dîners chez les restaurateurs à la mode, je
ne vois pas qu'aucun trait authentique signale une
décadence morale ou intellectuelle des hommes
cultivés et aisés qui avaient présidé à la Révolution de 1789. Un peu trop heureux de vivre, après
les angoisses de la Terreur, un peu trop dégoûtés
de la politique, voilà l'attitude des bourgeois de
1795. L'ouvrier a faim et souffre, mais il travaille et
ne se corrompt point. Ce n'est pas là une ville, si
j'en crois les témoins que je cite, dont la santé
physique et morale soit en train de s'altérer profondément et qui se déprave pour l'irrémédiable
décadence.

VI

Ce qui est en décadence, ce sont les usages républicains. Il serait amusant, mais assez peu instructif
en somme, de noter les occasions et les dates de
cette décadence, à l'aide des journaux et des rapports. C'est pendant la réaction thermidorienne que
le tutoiement disparaît peu à peu (1), et que le *vous*
reparaît, jusque dans les rapports officiels. Le
bonnet rouge est proscrit. Le port de la cocarde
continue à être légalement obligatoire ; mais les
femmes arrivent à la frapper de discrédit, et l'usage
va cesser d'en être général, au moins chez les particuliers. On continue cependant à s'appeler *citoyen*,
citoyenne ; les mots de *monsieur*, de *madame* ne
reparaissent que dans quelques salons. Le mot
sans culotte n'est plus employé en bonne part. Le
mot de *mort*, accolé sur les monuments à celui de
fraternité, commence à offusquer les regards, comme
terroriste. Le 16 ventôse an III, il est effacé partout
dans l'arrondissement de la section du Théâtre-

(1) Sous le Consulat, il subsistait quelques traces du
tutoiement, et Chateaubriand raconte plaisamment que, rue
de Grenelle-Saint-Germain, près de l'hôtel du Bon-La-Fon-
taine, on lisait encore sur la loge du concierge de Ginguené:
*Ici on s'honore du titre de citoyen, et on se tutoie. Ferme la
porte, s'il vous plaît.* (Voir les *Mémoires d'Outre-Tombe*, édit.
Biré, t. II, p. 238.)

Français (*Courrier républicain* du 19 ventôse). Bientôt
un arrêté du Département généralise cette mesure, et
ordonne de substituer aux mots : *ou la mort*, les
mots : *humanité, justice*, « pour rajeunir, dit le *Messager du soir* du 30 germinal, la légende bizarre que
l'anarchiste Momoro contraignait, sous peine
d'amende et de prison, les bons habitants de Paris
de placarder sur leur porte (1) ».

Plus de carmagnoles, plus de sabots, presque plus
de cheveux longs et plats. Mais les modes thermidoriennes sont trop connues pour que je les décrive
à nouveau. D'ailleurs mes sources sont assez pauvres
en renseignements à cet égard. On voit seulement
dans les rapports de journaux, que les collets verts
ou noirs et les cadenettes retroussées des muscadins (2) irritaient les républicains, comme un signe
de royalisme, et, le 8 messidor an III, le Comité de
sûreté générale dut faire cette proclamation, en
faveur de la liberté du costume : « Le Comité de
sûreté générale, averti que plusieurs citoyens ont

(1) Quelques-unes de ces inscriptions, mal effacées, avaient
reparu sous le Consulat. C'est encore Chateaubriand qui
nous l'apprend, dans le récit de son voyage de Calais à
Paris : « Sur les murailles, dit-il, étaient barbouillées ces
inscriptions républicaines déjà vieillies : *Liberté, égalité, fraternité, ou la mort*. Quelquefois, on avait essayé d'effacer le
mot *mort*, mais les lettres noires ou rouges reparaissaient
sous une couche de chaux ». Au lendemain de la révolution
du 4 septembre 1870, j'ai vu reparaître toute cette inscription sur la façade de l'École de droit.

(2) C'est-à-dire qu'ils « retroussaient leurs cheveux nattés
avec un peigne ». (Rapport du 2 germinal an III.)

été insultés dans un jardin public, parce qu'ils portaient des collets et des cravates vertes, considérant que ce genre de costume n'est défendu par aucun décret de la Convention nationale, par aucun arrêté des Comités de gouvernement, que la nécessité où la police s'est trouvée de faire arrêter quelques hommes ainsi vêtus tient aux individus et non pas au costume, invite les bons citoyens à étouffer ce nouveau germe de discorde que l'on voudrait semer entre eux, et à maintenir de tout leur pouvoir la tranquillité si nécessaire dans un moment ou la Convention nationale s'occupe sans relâche de donner au peuple français une Constitution sage, qui doit faire cesser à jamais l'anarchie, fermer les plaies de la patrie, faire respecter les personnes et les propriétés, et assurer sur des bases durables le gouvernement républicain. »

Ces muscadins à collets verts, qu'on appela d'abord *la jeunesse dorée de Fréron*, on voit dans les rapports de police que c'étaient des jeunes gens réfractaires au service militaire, qui s'étaient soustraits à la première réquisition. D'abord, ils furent les agents de Fréron et des thermidoriens de droite contre les thermidoriens de gauche. Puis, s'étant royalisés, mais gardant le masque républicain, ils s'attaquèrent à tous les républicains suspects d'opinions démocratiques, et enfin même aux républicains modérés et bourgeois. A la fin de la période thermidorienne, sans se dire royalistes, ils opéraient si visiblement au profit des Bourbons que les patriotes considéraient la victoire de Quiberon et la paix avec l'Espagne comme une défaite pour ces *incroyables*. Voici comment Louvet se moqua d'eux à ce sujet, dans la *Sentinelle* du 13 thermidor an III : « Ces beautés qui dansaient doivent avoir reçu maintenant la *grande nouvelle* (celle de l'affaire de Quiberon), et n'avoir pas plus envie de danser que n'avaient envie de rire, le soir du 9 thermidor, quelques détachements du Royal-Cravate, qui tristement groupés dans les foyers des différents spectacles, disaient entre eux : « Impossible, la nouvelle ! impossible, « inventée ! les thé-midoriens ! pour leu-fête ! Inc-« oyable, ce petit M. Tallien ! inc-oyable ! Un homme « de-ien ! té-o-iste aussi ! de la faction ! Faut pou-tant « a-êter ça ! Faud-a ben ! La jeunesse aux a-mes ! sans « quoi la té-eur ! pa-ole panachée ; la té-eur. Ces « b-aves déba-qués se se-aient jamais rendus sans « la té-eur ! C'est la té-eur que ça ! la té-eur que ça ! « la té-eur ! ». Aujourd'hui ils disent: « L'Espagne ! « la paix ! enco-e une fable ! Un Bou-bon ! la paix, un « Bou-bon ! impossible... ou bien ce se-ait donc enco-e « la té-eur ! faut pou-tant voir ! la jeunesse ! Faut « a-êter ça ! Car enfin nous ne voulons pas de la « té-eur ! »

C'est au café des Canonniers, ci-devant café de Chartres, que cette jeunesse dorée, que ces muscadins s'assemblaient pour se concerter. Ils s'organisaient presque militairement. « Les bataillons de la jeunesse dorée, dit l'*Ami du peuple* du 29 pluviôse an III, se divisent en trois armées : l'une parcourt les sections ; l'autre se tient dans les lieux publics, et la troisième se rend dans les tribunes de la Convention. » Les voilà qui s'arrogent et exercent un droit de police dans Paris. Le rapport du 28 ventôse montre bien comment ils opéraient : « Les jeunes gens du café de Chartres sont venus en nombre, par deux fois différentes, pour dissiper les rassemblements du Jardin national (Tuileries). A quatre heures après dîner, ils les ont traversés ; quelques-uns d'entre eux ont harangué le public sur la nécessité de se résigner à la loi, attendu les circonstances ; beaucoup ont applaudi ; d'autres, continuant à se plaindre, ont été conduits par eux au Comité de sûreté générale. Les rapports des officiers de paix annoncent que cette démarche a été suivie de quelques coups de bâtons. Sur les sept heures, les mêmes jeunes gens sont revenus, ont parcouru de même les groupes. et, se tenant en file et par quatre de front, les ont traversés en chantant et faisant retirer les femmes ; les groupes se sont dissipés, et les jeunes gens se sont retirés. Ils se sont rendus de suite au café de Chartres, où il a été lu un projet d'adresse à la Convention, qui doit être porté aujourd'hui. »

Le gouvernement se laisse intimider, parfois même protéger, par cette bande de jeunes réfractaires au devoir militaire. De temps en temps il les menace de les envoyer à l'armée, et puis il n'ose exécuter sa menace. En réalité, la jeunesse dorée est maîtresse de Paris, qu'elle terrorise. Elle brûle les

journaux jacobins, elle maltraite et parfois assomme
les républicains démocrates, elle provoque par ses
violences la fermeture du club des Jacobins, elle
détruit les bustes de Marat, et elle obtient que les
cendres de l'Ami du peuple soient honteusement
expulsées du Panthéon. Elle pénètre dans les cafés
d'opinion montagnarde, et en expulse les habitués.
Elle force les Parisiens à chanter *le Réveil du peuple*,
cette Marseillaise de la réaction, et elle proscrit les
chants républicains, non seulement l'hymne de
Rouget de Lisle, mais le *Ça ira*, le *Chant du départ*.
Il n'est guère douteux qu'elle travaillât au profit du
roi ; mais, habilement, elle désavouait toute manifestation royaliste. Le 13 germinal an III, au café
de Chartres, un royaliste ayant dit « que la France
est quatre fois trop grande pour être en république
et que l'on ne pourrait se passer d'un roi », il dut
sortir aussitôt et se cacher dans la foule pour éviter
d'être arrêté. Il suffit aux projets des muscadins de
s'immiscer dans les discordes des républicains
pour ébranler la République, de déconsidérer un à
un les hommes de l'an II, de ridiculiser ou de vio-
lenter les usages et les institutions pour exercer, au
profit du trône et de l'autel, une véritable tyrannie,
qui ne prend fin qu'au 13 vendémiaire.

VII

Toutes ces querelles entre muscadins et jacobins,
les rapports et les journaux ne nous les montrent

pas seulement dans les cafés et dans la rue, mais aussi au théâtre, qui n'avait jamais cessé d'être, même sous la Terreur, non seulement le lieu de divertissement des Parisiens, mais une sorte de forum où ils exprimaient, par des applaudissements ou des sifflets, leurs opinions politiques, surtout quand ils n'étaient pas libres de les exprimer ailleurs.

Le genre aristophanesque, qui avait été si florissant de 1789 à 1792, et qui n'avait produit, pendant la dictature robespierriste, qu'un petit nombre d'œuvres gouvernementales, sans force et sans vie, reprend toute sa fécondité pendant la réaction thermidorienne. Il paraît sur la scène d'innombrables caricatures des jacobins, et il serait possible d'en dresser une liste complète à l'aide des annonces de spectacles publiées par les *Petites Affiches* et par le *Journal de Paris*. Chose curieuse, ces pièces politiques ne semblent pas passionner toujours le public. Ainsi c'est sans succès que, le 18 fructidor an II, le théâtre de la Cité-Variétés joue un drame en deux actes et en vers, intitulé *la Chute du dernier tyran ou la Journée du 9 thermidor*, et dont le premier acte était de Pigault-Lebrun, et le second de Dumaniant. L'*Abréviateur universel* fait observer que « ce drame, pour les spectateurs imbus de faits si récents, est absolument dénué de toute péripétie ». Cependant, à l'Ambigu-Comique, un drame intitulé *le Douze thermidor* eut un assez grand nombre de représentations, et c'est aussi l'époque où on applaudissait à l'Opéra, devenu Théâtre des Arts, une « sans-culottide en cinq actes », *la Réunion du 10 août ou l'Inauguration de la République française*. En germinal an III, *le Souper des Jacobins*, « pièce (dit la *Vedette*) où l'on peint assez bien leurs forfaits », donna lieu, au théâtre de la rue Saint-Martin, à des incidents tumultueux.

La plupart de ces pièces anti-jacobines manquent à la Bibliothèque nationale, et on ne les connaît guère que par les analyses qu'en donnent parfois les journaux. Voici, par exemple, comment les *Annales patriotiques* du 30 germinal an III analysent *les Jacobins du 9 thermidor et les Brigands démasqués ou les Synonymes*, dont la première représentation eut lieu au théâtre de la Cité, le 15 germinal : « Les Jacobins, obligés de fuir, vont chercher un asile dans la forêt de Fontainebleau ; ils y trouvent une caverne, qui sert de repaire à une troupe de brigands. Lorsqu'ils arrivèrent, les brigands étaient allés attaquer la diligence de Dijon. Pendant leur absence, les Jacobins prennent possession du local. Le président ouvre la séance, et un honorable membre, le citoyen Guelebordet, propose de passer à une épuration, afin de chasser les faux frères. Chaque jacobin fait valoir ses titres : l'un est assassin ; l'autre, banqueroutier ; celui-ci, massacreur du 2 et 3 septembre ; celui-là empoisonneur, etc. Lorsque chacun a fini sa *confession politique et révolutionnaire*, la Société chante en chœur :

Bon ! bon ! c'est un coquin !
C'est un excellent Jacobin !

« Ce refrain vaut un certificat de civisme. Nous
ne suivrons pas les divers incidents qui allongent
cette pièce, sans lui donner aucun intérêt dramatique : elle doit tout à la circonstance. Plusieurs
situations sont très plaisantes, mais on n'y trouve
ni plan ni conduite. Les auteurs de cette nouveauté
l'ont composée sans prétention ; il faut la juger avec
indulgence. »

On applaudissait ces inepties, parce qu'elles flat-
taient la passion du jour (et l'impopularité des Jacobins était telle que personne n'osait prendre leur
défense), mais on s'en dégoûtait vite (1). Le public
se plaisait davantage aux allusions, aux « applications », comme disent les rapports, que lui offraient
les pièces non politiques. Ainsi, la *Virginie* de La
Harpe, qui avait échoué en 1788, et qui fut reprise
avec succès au Théâtre de la République le 25 thermidor an II, amena des manifestations que la *Gazette
française* du 27 raconte en ces termes : « La situation
où se trouvait Rome sous les décemvirs avait

(1) Parmi les pièces aristophanesques et politiques dont
les journaux et les rapports parlent le plus, citons *la
Rosière républicaine, le Retour à Bruxelles, le Mariage de
Jean-Jacques,* et les nombreux drames intitulés *Cange,* où
l'on retraçait les services héroïques rendus par un com-
missionnaire aux détenus de Saint-Lazare. En prairial an III,
le Tartufe révolutionnaire, au Théâtre de la République, est
signalé comme ayant excité du tumulte.

beaucoup de rapports avec la situation où s'est trouvée la République française sous la domination de Robespierre et de ses complices. Les nombreux spectateurs ont saisi tous les rapprochements qui pouvaient rappeler le renversement de la tyrannie. Les applaudissements ont redoublé au troisième acte, dans la plus belle scène entre le tribun Icilius (Talma) et le décemvir Appius. L'auteur, qui avait été incarcéré par ordre des tyrans, y avait ajouté quelques vers qui ont excité dans la salle le plus vif enthousiasme. Appius, qui parle de vertu, de patriotisme, de conspiration, de raison, comme Robespierre, menace aussi, comme Robespierre, d'employer la force contre ses ennemis; Icilius répond avec fierté :

La force ! Hé ! qui t'a dit que tu l'auras toujours ?
. . . .
Un tyran démasqué n'est plus qu'un vil coupable;
Il invoque la force, et la force l'accable.
. . . .
La vengeance publique insulte à son trépas;
Il mourra dans la fange, on ne le plaindra pas (1).

« Ces deux derniers vers surtout ont rappelé la situation du moderne Appius, qui a été arraché à

(1) Ce n'est pas la seule fois que les auteurs mirent eux-mêmes des *allusions* dans leurs pièces non politiques. Ainsi, en germinal an III. on donna, au théâtre de la rue Feydeau, une tragédie de *la Mort de Pausanias*, qui n'avait d'historique que le titre. C'était un récit rimé de la mort de Robespierre. (*Gazette française* du 11 germinal.)

sa puissance, et qui n'a fait qu'un pas de la tribune à l'échafaud qu'il avait fait dresser pour faire périr ses ennemis. »

De même, quand on joua le *Timoléon* de Marie-Joseph Chénier (25 fructidor), les spectateurs découvrirent Robespierre dans Timophane.

Le soir du jour où Marat fut mis au Panthéon (5e sans-culottide an II), la tragédie de *Guillaume Tell* (où jouait Larive) attira une foule immense au théâtre de l'Égalité. « La nouvelle d'une victoire remportée sur les Autrichiens, lit-on dans le *Sans-Culotte*, avait électrisé toutes les âmes, et la tragédie a excité le plus vif enthousiasme. » Après cette pièce patriotique, on joua, le même soir et sur le même théâtre, « une sans-culottide en trois actes », *l'Éducation de l'ancien et du nouveau régime*, où les élèves du conventionnel Léonard Bourdon, qui exerçait la profession de maître de pension et s'entendait à la réclame, « associant à leurs jeux le célèbre Préville, montrèrent au public quelle avait été l'éducation sous l'ancien régime et ce qu'elle pouvait être sous celui de la liberté ».

Quelques jours plus tard, encore au même théâtre, on souligna par d'enthousiastes applaudissements ces vers de *Mahomet* :

Exterminez, grands Dieux, de la terre ou nous sommes
Quiconque avec plaisir répand le sang des hommes !

Le *Mariage de Figaro* donna aussi matière à des

allusions malignes, comme on le voit par le *Courrier républicain* du 4 thermidor an III : « On jouait hier *Figaro* au théâtre de la rue Feydeau. Toutes les allusions sur le machiavélisme des gouvernements et sur la tyrannie des gouverneurs ont été saisies et couvertes des plus nombreux applaudissements. Il est un endroit de la pièce où l'un des personnages dit : « Les jeunes gens sont bien malheu- « reux (1). » A peine cette phrase a-t-elle été entendue, qu'à trois reprises différentes les applaudissements, les acclamations ont empêché l'acteur de poursuivre. »

Le 14 germinal, au même théâtre, dans *Tartufe*, « au moment, dit le *Messager du soir*, où Fleury est emmené par un officier de paix, on a crié : *C'est un Jacobin! Au château de Ham !* »

Il ne faudrait pas croire que toutes ces manifestations au théâtre fussent anti-jacobines, réactionnaires. Les pièces de Voltaire provoquèrent souvent un enthousiasme républicain. « Hier, lit-on dans le rapport du 18 frimaire an III, au théâtre de l'Égalité, la représentation de la *Mort de César* a prouvé cette vérité (que l'opinion est d'aplomb et très prononcée). Le rôle de Brutus a été applaudi dans toutes ses parties, et la haine pour la tyrannie s'est fait sentir dans toute la salle. Les applaudissements ont été souvent universels et réitérés, lorsqu'en

---

(1) On trouvait les jeunes gens ou muscadins *malheureux*, parce que le gouvernement voulait les forcer à se rendre aux armées.

parlant des tyrans, Brutus dit ces mots : *Jurons
d'exterminer tous ceux qui voudraient l'être.* L'éloge
du gouvernement monarchique, qui, par opposition, se trouve dans la pièce, a excité de l'impa-
tience, et des applaudissements donnés au talent de
l'acteur ont même été improuvés. » A une reprise
de *Timoléon* (rapport du 22 floréal), « un particulier
a applaudi à Timophane; le public l'a improuvé et
a dit : *Que ce citoyen qui paraît désirer un roi sache
que nous n'en voulons pas.* »

Je ne vois pas qu'aucune manifestation en faveur
de la religion catholique ait eu lieu au théâtre pendant la réaction thermidorienne. Au contraire : il y
eut des manifestations anti-cléricales. Ainsi on lit
dans le rapport du 27 frimaire an III : « L'opinion
publique se soutient toujours dans le sens de la
Révolution. *Sapho*, drame lyrique, joué au théâtre
des Amis de la Patrie, a du succès; les prêtres y
sont peints avec leurs vices, particulièrement fana-
tisant le peuple. L'indignation contre eux s'est
manifestée, et les applaudissements ont accompagné
leur punition. »

Ce n'est pas seulement par des applaudissements
et des sifflets que les spectateurs expriment leur
opinion. Ils se plaisent à jeter sur la scène des bil-
lets contenant des épigrammes politiques, et à forcer les acteurs à les lire. C'est un usage déjà ancien,
et qui, malgré la police, durera jusque sous le Consulat. On chante furieusement et victorieusement
le *Réveil du peuple*, et il est rare que la *Marseil-*

laise ose ou puisse riposter. On force les acteurs à chanter aussi. Et à ce propos, on se querelle, on se bat. Il y a comédie et quelquefois drame dans la salle, bien plus que sur la scène.

Ce n'est plus pour leur talent qu'on préfère les acteurs, mais pour les opinions politiques qu'on leur prête. C'est comme victimes de la « tyrannie décemvirale » que les comédiens français, sortis de prison après le 9 thermidor, sont applaudis sans fin. Les acteurs jacobins, Trial, Fusil, sont bafoués, menacés. Le girondinisme de Talma, d'abord applaudi par les muscadins, finit par leur être suspect. Vallière, artiste au théâtre de la rue Feydeau, fut tellement sifflé comme jacobin qu'il cessa de jouer pendant de longs mois. Le 1er fructidor an III, il reparut dans *le Club des bonnes gens*, où il jouait un rôle de curé. Aussitôt on s'étonne, on s'indigne, on crie : *A bas le Jacobin! A bas le terroriste!* « Après une heure à peu près de lutte et d'injures, dit la *Gazette française* du 3 fructidor, Vallière a disparu; un autre camarade a pris sa place, et le spectacle a pris la physionomie la plus tranquille. » Le même journal ajoute, dans son numéro du 9 : « Nous avons eu notre guerre des *Gluckistes*, des *Sacchinistes*, etc. En voilà une petite qui commence entre les *indulgents*, qui veulent que les comédiens fassent leur métier, et les *rigoristes*, qui prétendent qu'on soit pur même sur les planches. Ce n'est pas qu'il n'y ait dans nos salles turbulentes beaucoup d'auditeurs bénévoles qui ne sont ni *Valliéristes* ni

anti-Valliéristes, mais qui sont bonnement ébé-
nistes. Au reste, c'est une remarque bien frappante
que le rôle joué dans la Révolution par la classe
des comédiens. C'est elle, sauf les exceptions, qui
y a le plus souvent figuré. Faut-il s'étonner, d'après
cela, si la Révolution n'a été trop souvent qu'une
farce triviale, une pièce à tiroirs ou une horrible
tragédie? Le haut comique n'a guère paru que pour
être sifflé. »

VIII

La réaction thermidorienne est l'époque de la
résurrection du culte catholique, amenée par l'application du régime libéral de la séparation de
l'Église et de l'État. J'ai déjà dit, à plusieurs reprises, comment fonctionna ce régime. C'est une chose
curieuse de constater, d'après les rapports et les
journaux, combien peu de place tiennent les préoc-
cupations religieuses dans l'esprit du peuple de
Paris pendant les six mois qui suivent la chute de
Robespierre. Parmi tant de griefs ressassés contre
le gouvernement terroriste, ni un journal ni un
rapport de police ne relèvent une seule plainte rela-
tive à la fermeture des églises. La religion catholique semble oubliée par le peuple de Paris. La loi
du 3 ventôse, qui organise la liberté du culte, n'est
d'abord considérée, d'après un rapport du 4, dans

les groupes, que comme un moyen pour pacifier les départements de l'Ouest. Mais il y a aussi, d'après les journaux réactionnaires, des « transports de joie ». Les cérémonies catholiques recommencent avec éclat et affluence. « Nos églises, dit l'*Abréviateur universel* du 24 ventôse, ne sont pas assez vastes pour contenir tous ceux qui s'empressent d'aller entendre la messe, devenue, comme l'observe un journaliste avec plus de justesse que de sérieux, un objet de première nécessité, pour lequel on se met *à la queue*, ainsi que pour le pain, la viande, etc. » « Ceux qui ne savent pas, dit le *Messager du soir* à la date du 25, que c'est aujourd'hui dimanche, en sont avertis par les nombreuses queues que l'on remarque à la porte des anciennes églises. » La fête de Pâques en 1795 (16 germinal) fut célébrée « avec une grande affluence de citoyens et surtout de citoyennes, dans plusieurs endroits de Paris, sans confusion et sans trouble ». L'agiotage s'exerce sur les livres de piété, et partout on accapare, sûr de les revendre cher, les *Missels*, les *Heures*, les *Évangiles*.

Le gouvernement n'a qu'à s'applaudir d'abord de sa politique libérale : tout se passe avec décence dans les églises, d'après les inspecteurs, et il ne s'y fait pas de politique. On loue surtout l'attitude civique des ci-devant prêtres constitutionnels. Mais survient bientôt la querelle entre le décadi et le dimanche ; celui-ci semble l'emporter : on ferme généralement les boutiques le jour du repos catholique, pour les rouvrir le jour du repos républicain. Les journaux réactionnaires applaudissent, non par piété (le royalisme est encore à demi voltairien), mais par hostilité contre une institution républicaine.

Le clergé songe aussitôt à pousser ses avantages. On lui a rendu l'église : il veut déjà redevenir maître de l'enseignement du peuple. Une des gazettes à la solde du gouvernement jette le cri d'alarme. « J'ai vu, dit le *Journal du Bonhomme Richard* du 27 thermidor an III, j'ai vu les prêtres qui desservent la chapelle des Filles-du-Calvaire se préparer à ouvrir une petite école : oh ! si le fanatisme et les millions de préjugés n'allaient pas s'y professer, je leur applaudirais ; ils pensent du moins à la génération qui se lève. C'est un fier soufflet qu'ils vous donnent, Comité d'instruction publique! Le malheur, c'est que la nation en reçoit le contre-coup. »

Des prêtres se hasardent, malgré la loi, à se montrer dans la rue en costume ecclésiastique. Le *Bonhomme Richard* du 24 thermidor dénonce cette audace : « Hier, en passant dans la rue Antoine, je fus tout étonné de voir un petit abbé, d'un certain âge, ayant le manteau court, ondoyant, le rabat, les cheveux ronds et l'habit noir. Enfin, il ne lui manquait qu'une calotte luisante pour être tout à fait en petit abbé de cour, un petit chérubin. Tout le monde montrait au doigt ce nouveau et ridicule personnage, désobéissant à la loi qui défend de

porter le costume ecclésiastique autre part que
dans l'église. Je crus d'abord que c était un acteur
de quelque spectacle voisin, qui, venant de jouer le
rôle de Tartufe, avait trouvé commode de s'en
retourner chez lui en habit de théâtre : mais point
du tout : c'était un vrai prêtre. J'aurais alors été
très fâché, pour l'honneur de la religion dont il est
ministre, qu'on l'insultât. Les voies de fait sont
bonnes pour quiconque aime le désordre et l'anarchie. Mais si cependant quelques polissons, car il
y en avait qui le suivaient, s'étaient avisés de crier :
Haro sur monsieur l'abbé! de couvrir de boue son
manteau, de déchirer son rabat, il se serait donc
attiré ces injures, et les bigots auraient jeté les
hauts cris, en disant : *Voyez comme on tolère la
liberté des cultes !* »

Même dans les journaux violemment anti-jaco-
bins, on peut trouver trace de quelque inquiétude
inspirée par les progrès si rapides du catholicisme
à Paris. Ainsi le *Messager du soir* du 1er fructidor,
dont les rédacteurs sont plutôt monarchistes, s'écrie
avec irrévérence : « Cessez vos jérémiades, ô vous
qui pleuriez sur la destruction de la religion et les
ruines de Sion ! Jérusalem renaît plus brillante et
plus belle ; jamais le culte ne fut mieux observé ;
jamais on ne fut plus dévot. Vous souvient-il du
temps où le lieutenant de police ne pouvait, avec
tous ses espions, obtenir des épiciers qu'ils fermas-
sent leur boutique le fameux jour où l'on promenait
dans les rues le Saint-Sacrement ? Vous souvient-il

que certains ministres, revêtus de leurs ornements
sacrés, allaient boire sur le comptoir la goutte de
consolation ? Alors nos marchands n'étaient pas plus
chrétiens que des Arabes. Que les temps sont
changés ! Allez maintenant, un jour de fête ou de
dimanche, chez ces catholiques désintéressés pour
acheter quelques provisions : dussent-ils vous voir
expirer de besoin à leur porte, ils seront sourds à
vos demandes. Pour la planche aux assignats, ils ne
souilleront point leur conscience par des œuvres
serviles ; leurs portes sont barricadées ; toute la
maison est à l'office. Y eût-il trente fêtes de suite,
ils se feraient plutôt guillotiner que de ne pas les
chômer toutes (1). »

Pendant que les inspecteurs de police, dans leurs
rapports, affectent un optimisme imperturbable et
vantent la sagesse des catholiques, le *Messager du
soir* dénonce ce que nous appelons le péril clérical :

« Le bon temps va revenir, dit-il ; on chante la
messe à Notre-Dame ; on rencontre dans les rues
des prêtres en soutane ; aux portes des églises, des
pénitents, couverts d'un sac, font amende honorable, se donnent la discipline et implorent la pitié
des pieux fidèles qui ne sont pas, comme eux,
excommuniés pour avoir juré d'observer les lois de
leur pays. La dîme et le casuel vont bientôt enrichir

---

(1) Ces ironies du *Messager du soir* seront plus claires, si
on se rappelle que le renchérissement de toutes choses
était alors si rapide, d'un jour à l'autre, qu'il semblait aux
marchands avantageux de fermer provisoirement boutique.

de nouveau ces religieux prélats, obligés aujour-
d'hui de vivre d'aumônes, comme Jésus-Christ, leur
maître. Déjà les messes sont à vingt-cinq livres ;
déjà on excommunie tous les acquéreurs de biens
nationaux ; bientôt on les brûlera comme hérétiques,
s'ils ne restituent pas à l'Église les biens dont on l'a
dépouillée. Déjà on montre au doigt celui qui n'en-
voie point sa famille à l'église et ne contribue point
aux frais du culte ; c'est un ennemi de Dieu, un
antéchrist que les élus doivent abhorrer, comme
devant brûler éternellement avec les démons.
Ah ! n'était-ce pas assez de ces divisions politiques,
sans ce nouveau germe de discorde ? La tolérance
et la vertu ne prendront-elles jamais la place de la
superstition et des vaines grimaces ? »

Mais le *Messager du soir* est à peu près seul, dans
la presse, à s'effrayer ainsi des progrès du cléri-
calisme. Les journaux républicains, même démocrates,
n'en parlent guère : ils se bornent en général à
recommander l'observation du décadi. On ne peut pas
dire que, sous la réaction thermidorienne, la question religieuse soit à l'état aigu à Paris, comme elle
l'est alors dans les départements : les cultes divers
se font contre-poids dans la liberté, et la sage politique de la Convention pacifie les esprits, en relé-
guant les religions dans les consciences et dans les
temples.

IX

Je n'ai parlé ni des caricatures, ni des pamphlets, ni même des clubs, dont il est si souvent question dans les documents contemporains : il me semble que, sur ce sujet, les rapports et les journaux n'ajoutent pas grand'chose à ce qu'on savait déjà, sauf pour le club des Cordeliers, qui renaît de ses cendres et qui végète quelque temps après le 9 thermidor. Les vrais clubs sont les sections ; mais, depuis que la suppression de l'indemnité de quarante sols par jour en a éloigné les ouvriers, elles se *modérantisent* au point de devenir, pour la plupart, les ennemies de la Convention, et l'on sait que l'insurrection du 13 vendémiaire an IV fut une insurrection sectionnaire. Les rapports et les journaux sont pleins de détails sur ce qui se disait et se faisait dans les sections, et certes, dans une étude méthodique et complète de la réaction thermidorienne, il y aurait à tenir un grand compte de l'attitude politique des sections, notée au jour le jour par les gazetiers et surtout par les inspecteurs de police. Il y aurait, de plus, à faire une bibliographie vraiment critique des journaux, dont on n'a guère jusqu'ici donné que les titres et la description extérieure. Il y a aussi bien des anecdoctes célèbres et piquantes que je n'ai pas rappelées, parce que je ne les ai pas trouvées dans les documents qu'on

peut seuls appeler vraiment contemporains. Je le
répète : je n'ai pas voulu tracer à mon tour un
tableau de la réaction thermidorienne, mais seulement faire entrevoir, par des exemples aussi
probants et aussi vifs que possible, comment les
Parisiens de 1794 et de 1795 furent et se dirent,
au jour le jour et sur l'heure même, affectés par les
conditions politiques et sociales où les jeta la chute
tragique et brusque du gouvernement robespierriste (1).

15 décembre 1898.

---

(1) Voir en outre mon ouvrage : *Paris sous la réaction thermidorienne et sous le Consulat, recueil de documents pour
l'histoire de l'esprit public à Paris*, Paris, libr. L. Cerf, 1898-
1902, 5 vol. in-8.

II

LES ORIGINES DE LA SEPARATION DES ÉGLISES ET DE L'ÉTAT : L ASSEMBLÉE CONSTITUANTE

Pendant l'année classique 1904-1905, dans mon cours public à la Sorbonne, j'ai traité de la politique religieuse de la Convention pendant la période thermidorienne.

C'est un sujet que j'avais déjà abordé plus d'une fois.

Ainsi, dans la *Révolution française*, numéro du 14 décembre 1893, j'ai dit comment la Convention avait été amenée à séparer les Églises de l'État, et dans la *Revue de Paris*, numéro du 15 mai 1897, j'ai parlé de l'application de ce régime jusqu'au Concordat (1).

Ce n'était qu'une esquisse provisoire. J'ai voulu entrer plus profondément dans ce sujet si grand et si difficile, en profitant de travaux récents et des progrès de mes propres recherches.

J'ai parlé longuement des antécédents; j'ai montré

(1) J'ai reproduit ces articles dans la seconde série de ces *Études et leçons sur la Révolution*, p. 107 à 186.

comment les hommes de la Révolution en étaient
venus, non sans tâtonnements et contradictions, à
une conception nette de l idée de l'État laïque, à
une application sérieuse du principe de la liberté
de conscience. J'ai montré surtout, à l'aide de monographies d'histoire locale, comment la France
avait fait, lors de la Constitution civile et comme
malgré elle l apprentissage de la liberté des cultes ;
comment la laïcisation de l'État était sortie peu à
peu, non des théories, mais des circonstances ; et,
arrivé à l'époque même du régime de la séparation,
j'en ai montré les premières applications, surtout
dans les départements, ce que je n'avais pu ou su
faire jadis.

Quelques-uns de mes auditeurs m'ont demandé
de publier ces leçons.

Elles n'existent pas. J'en ai entièrement improvisé
la forme, selon mon habitude, et je n'ai pas eu envie
de les écrire en descendant de ma chaire.

Souvent, il y a quelques années. des sténographes
bénévoles se sont offerts à recueillir mes cours pour
les publier. Ils m'ont même apporté quelques leçons
sténographiées. La lecture m'en fit horreur ; j'y
vis tant de rabâchages, de bavardages, d'incorrec-
tions, de contradictions, que je suppliai ces messieurs de ne plus fixer ainsi les incertitudes de ma
parole.

Quand on professe, il faut se répéter, selon l'attitude des auditeurs : la concision du livre serait obs-
ure ; et on doit moins viser à avoir une forme par-

faite qu'à être compris. Il y a des longueurs ou des recommencements qui, dans l'enseignement oral, sont parfois utiles, peut être même indispensables, tout au moins tolérables, et qui, dans l'enseignement écrit, ennuieraient ou choqueraient.

Et puis, à la Sorbonne, il s'agit moins d'apporter des résultats déjà connus, d'exposer éloquemment une vérité, que de travailler au jour le jour, devant les étudiants, à l'œuvre historique, en donnant l'exemple d'appliquer la méthode avec scrupule et sincérité, mais aussi avec les tâtonnements, les recherches, les corrections qui sont les conditions d'un effort sincère et scientifique.

Un cours n'est pas un livre; un cours ne se peut imprimer tel quel.

Ce n'est donc pas ce cours que je veux publier, mais seulement quelque-unes des notes que j'avais prises pour préparer mes leçons et les plus utiles des textes dont je me suis servi.

Ce sont des notes et des citations qu'on va lire, ce sont des matériaux pour un livre; je les offre aux historiens dans une sorte de causerie à bâtons rompus, où je me bornerai à résumer ou à indiquer ce que j'ai développé dans mon cours.

I

Disons d'abord quelques mots de la conception de l'État laïque.

Sans doute la France est le pays de la laïcité, et nulle part au monde la conception de l'État laïque n'est aussi populaire, aussi appliquée que chez nous.

Mais cette conception n'a pas toujours été admise en France.

Ainsi ce mot de *laïcité* est un néologisme. Vous ne le trouverez pas dans la dernière édition du dictionnaire de l'Académie, qui est de 1878.

Littré ne l'avait pas admis d'abord dans son dictionnaire, au volume (paru en 1869) ou se trouve la lettre L. Il l'admit dans son supplément (1879), en le faisant précéder d'une croix signalant le néologisme, et en ces termes :

LAICITÉ, s. f. Caractère laïque. « Au sujet de l'enseignement laïque... le Conseil [général de la Seine] a procédé au vote sur la proposition de la laïcité, qui a été repoussée. » (*La Patrie*, 11 novembre 1871.)

Le mot de *laïcité* n'est donc devenu usuel qu'au commencement de la troisième république.

C'est dire que la conception de l'État laïque n'est populaire que depuis trente ou trente cinq ans.

Elle n'existait guère, à la veille de la Révolution, que dans l'esprit de quelques philosophes, de quelques pamphlétaires.

Voltaire la laissa parfois deviner, mais moins dans ses écrits publiés que dans sa correspondance, par exemple quand il vante à un de ses amis le temps idéal où le gouvernement ne s'occuperait pas plus de la façon de prier Dieu que de celle de faire la cuisine (1).

Mais, en général, c'est chose admise, dans la plus hardie littérature politique, que l'État doit se mêler de la religion, qu'il y a une religion d'État, la religion catholique.

Que demandent les philosophes ?

Nous disons qu'ils demandent la liberté de conscience. Oui, en principe. Mais bien qu'un pays voisin, la Hollande, leur offre un exemple de l'application de cette liberté, ils ne demandent ouvertement, dans la pratique et pour la France, que la tolérance, et on sait en quels termes Montesquieu, Voltaire, l'Encyclopédie, Turgot l'ont demandée.

Qu'est-ce que la tolérance ?

C'est l'attitude de la vérité religieuse à l égard de l'erreur.

Or la religion catholique est la vérité. Les autres religions sont l'erreur. Eh bien, soyons bons, indulgents pour les gens qui se trompent; soyons charitables pour leur erreur; ne les persécutons pas, ne les violentons pas. Voilà la tolérance.

La liberté de conscience est autre. Il n'y a vraie et complète liberté de conscience que quand chaque individu a un droit égal à penser ce qu'il veut, à exercer sa religion ou à n'en exercer aucune, le

---

(1) Edme Champion, *la Séparation de l'Église et de l'État en 1794*, p. 118.

gouvernement étant neutre, étranger aux confessions religieuses, laïque en un mot.

Cette liberté-là, elle était la conséquence évidente de la philosophie du dix-huitième siècle ; mais, je le répète, les philosophes ne la demandaient pas, ou du moins ne la demandaient pas catégoriquement.

La cité était d'origine chrétienne. C'est peu à peu que le temporel s'y était distingué du spirituel, que la royauté s'était créé pour vivre des organes non ecclésiastiques ; c'est peu à peu que les grands services publics, armée, magistrature, administration, finances, s'étaient constitués en forme laïque.

Mais, en 1789, l'Eglise et l'État étaient encore inextricablement mêlés.

Ainsi l'instruction du peuple était autant et plus chose d'Église que service public.

Le peuple avait tellement le sentiment que la religion est le vrai fondement de la société, qu'il n'y a pas d'ordre social en dehors de la religion catholique, il était si ignorant, les philosophes avaient tellement l'idée qu'une religion était indispensable au peuple encore barbare, que, lettrés ou illettrés, tous les Français proclamaient la nécessité sociale de la religion catholique. L'idée de laïciser l'État eût paru alors anarchique, chimérique, dangereuse, ou plutôt on ne l'eût pas comprise.

Que conseillent les philosophes ? d'avoir de bons curés.

Relisons le « cathéchisme du curé » dans le *Dic-*

tionnaire philosophique. Voici le portrait du bon
curé d'après Voltaire ; c'est un dialogue entre Aris-
ton et l'abbé Théotime :

ARISTON

Vous êtes savant et vous avez une éloquence rare;
comment comptez-vous prêcher devant des gens de campagne ?

THÉOTIME

Comme je parlerais devant les rois. Je parlerai toujours de morale, et jamais de controverse. Dieu me pré-
serve d'approfondir la grâce concomitante, la grâce efficace, à laquelle on résiste, la suffisante, qui ne suffit pas,
d'examiner si les anges qui mangèrent avec Abraham et
avec Loth avaient un corps, ou s'ils firent semblant de
manger. Il y a mille choses que mon auditoire n'enten-
drait pas, ni moi non plus. Je tâcherai de faire des gens
de bien, et de l'être, mais je ne ferai point le théologien,
et je le serai le moins que je pourrai.

ARISTON

O le bon curé ! Je veux acheter une maison de campagne dans votre paroisse...

Loin de vouloir séparer l'État de l'Église, Voltaire écrit : « Voulez-vous que votre nation soit
puissante et paisible ? Que la loi de l'État commande
à la religion (1). »
La religion, il faut l'épurer, la simplifier.

(1) *OEuvres*, éd. Moland, t. XXXVIII, p. 244.

Mais c'est l'État seul qui peut et doit faire cette épuration, cette simplification.

Laïciser l'État ! Au contraire : il s'agit plutôt d'unir plus étroitement l'Église et l'État, afin que l'État commande à l'Église.

La religion, c'est chose d'État.

Prenez l'anticlérical le plus véhément d'alors, l'abbé Raynal (soit dit en passant, n'est-ce pas un signe de la confusion dont nous parlons que cet anticlérical porte la soutane, et que personne alors ne s'en étonne ?).

Partisan, comme Voltaire et tant d'autres, d'une simplification du christianisme qu'on réduirait presque au déisme, il est partisan d'une religion internationale unique, qui serait une religion d'État : « Il serait, dit-il, de la dignité comme de la sagesse de tous les gouvernements d'avoir un même Code moral de religion, dont il ne serait pas permis de s'écarter, et de livrer le reste à des discussions indifférentes au repos du monde. Ce serait le plus sûr moyen d'éteindre insensiblement le fanatisme des prêtres et l'enthousiasme du peuple (1). »

Et il développe en ces termes sa politique religieuse :

L'État, ce me semble, n'est point fait pour la religion, mais la religion est faite pour l'État. Premier principe.

_____

(1) Raynal, *Histoire philosophique...*, éd. de 1780, t. IV p. 467. Bibl. nat., G. 6558, in-4.

L'intérêt général est la règle de tout ce qui doit subsister dans l'État. Second principe.

Le peuple, ou l'autorité souveraine dépositaire de la sienne, a seul le droit de juger de la conformité de quelque institution que ce soit avec l intérêt général. Troisième principe.

Ces trois principes me paraissent d'une évidence incontestable, et les propositions qui suivent n en sont que des corollaires.

C'est donc à cette autorité, et à cette autorité seule, qu'il appartient d'examiner les dogmes et la discipline d'une religion : les dogmes, pour s'assurer si, contraires au sens commun, ils n'exposeraient point la tranquillité à des troubles d'autant plus dangereux que les idées d'un bonheur à venir s'y compliqueront avec le zèle pour la gloire de Dieu et la soumission à des vérités qu'on regardera comme révélées; la discipline, pour voir si elle ne choque pas les mœurs régnantes, n'éteint pas l esprit patriotique, n'affaiblit pas le courage, ne dégoûte point de l industrie, du mariage et des affaires publiques, ne nuit pas à la population et à la sociabilité, n'inspire pas le fanatisme et l intolérance, ne sème point la division entre les proches d une même famille, entre les familles de la même cité, entre les cités du même royaume, entre les différents royaumes de la terre, ne diminue point le respect dû aux souverains et aux magistrats, et ne prêche ni les maximes d'une autorité qui attriste, ni des conseils qui mènent à la folie.

Cette autorité, et cette autorité seule, peut donc proscrire le culte établi, en adopter un nouveau, ou même se passer du culte, si cela lui convient.

L État a la suprématie en tout. La distinction d'une puissance temporelle et d'une puissance spirituelle est une absurdité palpable; et il ne peut et ne doit y avoir qu une seule et unique juridiction, partout où il ne convient qu à l'utilité publique d'ordonner ou de défendre.

De tous les penseurs d'alors, celui qui avait le plus l'idée de notre moderne et actuelle laïcité, c'était Condorcét. Il écrivait, en 1786, dans sa *Vie de Turgot* : « Puisque le culte est nécessairement le résultat des opinions religieuses sur lesquelles chaque homme ne peut avoir de juge légitime que sa propre conscience, il paraît que les dépenses du culte doivent être faites volontairement par ceux qui croient les opinions sur lesquelles le culte est fondé. » Mais il ajoutait : « Il n'en est pas moins vrai que, si le peuple est accoutumé à voir prendre sur les fonds publics les frais du culte et à recevoir ses instructions de la bouche des prêtres, il y a du danger et même une sorte d'injustice à choquer ses habitudes par une réforme trop prompte, et c'est un de ces cas où, pour agir avec justice en suivant la voie de la vérité, il faut attendre que l'opinion commune s'y soit conformée (1). »

On le voit : Condorcet lui-même, ce hardi précurseur, n'est partisan de la séparation de l'Église et de l'État qu'en théorie ; il en ajourne indéfiniment la mise en pratique, et il se résigne provisoirement à ce qu'il y ait une religion d'État.

---

(1) *Vie de M. Turgot*, Londres, 1786, in-8, p. 180 et 181. Bibl. nat., Ln 23/19894. M. Edme Champion a déjà cité ce passage (*la Séparation*, p. 121), mais pas littéralement.

II

On pense bien que, si les philosophes ne demandaient pas la séparation, les rédacteurs des cahiers de 1789 se gardèrent bien de la demander. M. Edme Champion, qui connaît mieux que personne ces cahiers, n'y a trouvé ni cette idée, ni celle de l'État laïque. Çà et là le mot de liberté de conscience y est prononcé. mais avec quelles restrictions! « Tout citoyen, dit le Tiers de Paris, doit jouir de la liberté particulière de sa conscience, mais l'ordre public ne souffre qu'une religion dominante. » Et il demande qu'on soit sévère contre ceux qui travaillent le dimanche. Le Tiers d'Auxerre supplie le roi de défendre la foi contre les atteintes de la nouvelle philosophie. Quand les cahiers du Tiers approuvent l'édit de 1787 en faveur des protestants, c'est d'ordinaire avec des réserves, en demandant qu'on leur interdise l'accès aux places, qu'ils n'aient ni temples, ni culte public.

En un mot, ce que veut le Tiers, c'est la tolérance.

Aussi est-ce la tolérance, et non la vraie liberté de conscience, que proclame la Déclaration des Droits de 1789 : « Nul ne doit être inquiété pour ses opinions, *même religieuses*, pourvu que leur manifestation ne trouble pas l'ordre public établi par la loi. »

Quand, le 12 avril 1790, dom Gerle demanda a ses collègues de la Constituante de décréter « que la religion catholique, apostolique et romaine serait et demeurerait pour toujours la religion de la nation, et que son culte serait le seul public et autorisé », cela était si conforme aux cahiers et à l'esprit du temps qu'on allait le voter d'enthousiasme. Cependant, il y eut une demande d'ajournement, dont le succès montre qu'il y avait quelque progrès d'opinion dans le sens des idées laïques, et ce fut comme une demi-victoire de la « philosophie » que l'Assemblée substituât (13 avril 1790) au décret proposé par dom Gerle une sorte de profession de foi de catholicisme, en ces termes mémorables :

L'Assemblée nationale, considérant qu'elle n'a et ne peut avoir aucun pouvoir à exercer sur les consciences, et sur les opinions religieuses; que la majesté de la religion et le respect profond qui lui est dû ne permettent point qu'elle devienne un sujet de délibération ; considérant que l'attachement de l'Assemblée nationale au culte catholique, apostolique et romain ne saurait être mis en doute, au moment où ce culte seul va être mis par elle à la première place des dépenses publiques, et où, par un mouvement unanime de respect, elle a exprimé ses sentiments de la seule manière qui puisse convenir à la dignité de la religion, et au caractère de l'Assemblée nationale, décrète qu'elle ne peut ni ne doit délibérer sur la motion proposée, et qu'elle va reprendre l ordre du jour concernant les biens ecclésiastiques.

Il faut dire aussi que le concours apporté à la

Révolution par le clergé (surtout le bas clergé) avait justifié le sentiment que l'État doit s'appuyer sur l'Église ou que l'Église et l'État se confondent.

En se ralliant au Tiers-État, la majorité du clergé avait décidé de l'événement.

Ce bon curé, rêvé par Voltaire, on l'avait vu en chair et en os, le jour où trois curés du Poitou, Lecesve, Jallet et Ballard, avaient les premiers donné l'exemple de siéger avec le Tiers.

Le Tiers et les curés patriotes marchaient la main dans la main, les églises servaient à des manifestations patriotiques, les premiers autels de la patrie furent des autels catholiques, où on disait la messe.

Il y avait donc alliance cordiale des révolutionnaires avec le clergé, et on était si reconnaissant au clergé d'avoir sauvé l'État, qu'on unissait plus étroitement que jamais l'État et l'Église.

L'idée que la religion est chose d'État s'exprime alors à la tribune. Ainsi Camus dit, le 1er juin 1790 : « Nous avons assurément le pouvoir de changer la religion (1). »

On ne changea pas la religion, mais on changea la discipline, par la Constitution civile du clergé, qui réalisa les vieilles aspirations gallicanes, en nationalisant, si on peut dire, le catholicisme. Elus par le peuple, les évêques ne sont plus institués par le pape, mais par un autre évêque. Je ne veux pas

(1) *Moniteur*, réimp., t. IV, p. 515.

analyser une loi si connue. Je dirai seulement que cette loi ajoute un lien de plus à ceux qui, sous l'ancien régime, attachaient l'Église à l'État, et ce lien ce fut le budget des cultes, conséquence de la confiscation des biens du clergé et de la suppression des dîmes. Désormais l'État salarie l'Église.

Dans son rapport sur la suppression des dîmes (1), le constituant Chasset dit (9 avril 1790) qu'il était « juste et constitutionnel » que tous les citoyens contribuassent aux frais du culte, et voici en quels termes il déclara que la religion était affaire d'État : « Le culte, dit-il, est un service public, c'est un devoir de tous ; il est pour l'édification et la consolation de tous, et tous sont censés en user, parce que les temples sont ouverts à tous ; l'Être suprême y est invoqué par tous ; les ministres des autels composent la milice spirituelle, qui, comme l'armée, donne des secours à tous. Est-il quelqu'un qui fût écouté, s'il demandait d'être exempt de payer sa quote-part des dépenses de la guerre ? Il en est ici de même... »

Dans ce budget, le bas clergé recevait la récompense de sa conduite civique ; il sortait de la misère de la portion congrue : le moindre curé de campagne avait au minimum 1.200 livres de traitement, et tout le budget devait s'élever à environ 100 millions.

Ce sont, bien entendu, les seuls ministres du

(1) Bibl. nat., Le 29/560, in-8.

culte catholique qui reçoivent un salaire, et dans la
Constitution civile du clergé il n'est pas question
des autres religions. Que la Constituante ne songeât
nullement à affaiblir la suprématie de la religion
d'État, c'est ce qui ressort de l'Instruction sur la
Constitution civile qu'elle décréta le 21 janvier 1791.

On y lit :

Les représentants des Français, fortement attachés à
la religion de leurs pères, à l'Église catholique dont le
Pape est le chef visible sur la terre, ont placé au premier
rang des dépenses de l'État celles de ses ministres et de
son culte ; ils ont respecté ses dogmes, ils ont assuré la
perpétuité de son enseignement. Convaincus que la doctrine et la foi catholique avaient leur fondement dans une
autorité supérieure à celle des hommes, ils savaient qu'il
n'était pas en leur pouvoir d'y porter la main, ni d'attenter à cette autorité toute spirituelle ; ils savaient que
Dieu même l'avait établie, et qu'il l'avait confiée aux pasteurs pour conduire les âmes, leur procurer les secours
que la religion assure aux hommes, perpétuer la chaîne
de ses ministres, éclairer et diriger les consciences.

Mais en même temps que l'Assemblée nationale était
pénétrée de ces grandes vérités, auxquelles elle a rendu
un hommage solennel toutes les fois qu'elles ont été
énoncées en son sein, la Constitution que les peuples
avaient demandée exigeait la promulgation de lois nouvelles sur l'organisation civile du clergé ; il fallait fixer
ses rapports extérieurs avec l'ordre politique de l'État.

Or, il était impossible, dans une Constitution qui avait
pour base l'égalité, la justice et le bien général : l'égalité,
qui appelle aux emplois publics tout homme qu'un mérite
reconnu rend digne du choix libre de ses concitoyens ;

la justice, qui, pour exclure tout arbitraire, n'autorise
que des délibérations prises en commun ; le bien général,
qui repousse tout établissement parasite ; il était impossible, dans une telle Constitution, de ne pas supprimer
une multitude d'établissements devenus inutiles, de ne
pas rétablir les élections libres des pasteurs, et de ne
pas exiger, dans tous les actes de la police ecclésiastique,
des délibérations communes, seules garantes, aux yeux
du peuple, de la sagesse des résolutions auxquelles ils
doivent être soumis...

Ces changements une fois faits, le Comité ecclésiastique de la Constituante entendait veiller lui-
même au maintien des parties de l'ancienne discipline ecclésiastique auxquelles la Constituante
n'avait pas touché. Ce Comité tendait à trancher
directement toutes les questions épineuses en
matière de discipline. Ainsi, quand le 10 août 1791,
l'abbé Brugière, curé de Saint-Paul à Paris, lui
demanda s'il devait se rendre à la requête d'un
prêtre qui voulait qu'il le mariât, Lanjuinais, au
nom du Comité, écrivit une lettre pour défendre à
l'abbé Brugière de marier ce prêtre (1).

III

On voit à quel point, en 1790, la Constituante était
éloignée de laïciser l'État et d'en séparer l'Église.

(1) Voir ces documents dans Sciout, *Histoire de la Constitution civile*, t. II, p. 353 et 354.

Mais il arriva qu'en fait le régime nouveau par lequel les liens de l'Église et de l'État etaient ainsi resserrés dénoua peu à peu ces liens, par les circonstances où il fut appliqué et par son échec final, et prépara les esprits à la séparation.

Il y a d'abord à considérer le fait de la rupture de la France avec le pape.

Sans doute. ce n'est pas cette rupture même qui fut un commencement de séparation de l'Église et de l'État, puisqu'elle se produisit à l'occasion d'une loi qui aux liens déjà existants entre l'Église et l'État ajoutait celui d'un salaire d'État en faveur des prêtres.

Mais le spectacle même de cette rupture, surtout quand on vit que la nation française se passait aisément du pape, de ce pape qui était le vrai chef de la religion catholique, ce spectacle fut comme une leçon de choses, dont profitèrent les idées laïques.

D'autre part, les désordres qui marquèrent l'application de la Constitution civile servirent à préciser l'idée, encore si obscure, de la liberté de conscience.

Ces désordres vinrent de la division du clergé catholique en prêtres acceptant la Constitution civile et en prêtres ne l'acceptant pas.

Ceux qui refusèrent le serment exigé par cette constitution furent considérés comme démissionnaires, et on leur élut des successeurs.

Ils ne cessèrent point pour cela leurs fonctions sacerdotales ; disputant les fidèles à leurs successeurs élus, qu'ils traitèrent d'intrus, quelques-uns de ces « réfractaires » continuèrent à officier dans les églises paroissiales, ce que la loi ne leur défendait pas; la plupart officièrent ailleurs, dans des oratoires ou des chapelles.

Le peuple ne supporta pas cette diversité, cette liberté des cultes. Ce fut une occasion de rixes et de querelles.

Les prêtres papistes et leurs fidèles sont traités de contre-révolutionnaires. Les prêtres constitutionnels et leurs fidèles sont traités d'impies, d'hérétiques.

Inquiets, plusieurs directoires de département prennent alors des mesures au-dessus de leur compétence. Ainsi le directoire du Finistère, d'accord avec l'évêque constitutionnel Expilly, enjoint aux prêtres réfractaires (22 avril 1791) de se retirer, dans la huitaine, à quatre lieues de leur ancienne paroisse D'autres directoires, par exemple ceux de l'Ille et-Vilaine et de l'Ain, suivent cet exemple.

A Paris, en avril 1791, il y eut des incidents tres vifs.

Les prêtres insermentés officiaient surtout dans des chapelles de couvents de religieuses. Le peuple les accusa d'y déblatérer contre la Révolution. Il y eut des actes graves d intolérance brutale; des religieuses furent fouettées. On lit à ce sujet, dans *la Chronique de Paris* du 9 avril 1791 :

La fureur des prêtres réfractaires va toujours en augmentant. Privés de leurs fonctions dans les paroisses auxquelles ils étaient attachés, c'est dans les maisons religieuses qu'ils assemblent le troupeau imbécile des dévotes qu'ils ont séduites et entraînées dans leur parti. Au milieu du délire de la rage et du fanatisme, ils appellent les foudres du ciel sur l'Assemblée nationale; ils font jurer insolemment à leur auditoire de détester, de persécuter tout prêtre qui a prêté serment; de ne point assister à leurs messes, qui sont autant de sacrilèges; de ne point se confesser à eux, parce que leur absolution est nulle, et surtout d'étendre et de propager cette doctrine. Heureusement, on ne voit guère qu'ils fassent des prosélytes. Les mouvements qu'ils se donnent pour gros sir leur parti finissent toujours par leur attirer quelque scène assez désagréable. L'exemple des deux sœurs de Saint-Roch, fouettées publiquement dimanche dernier, a fait des progrès incroyables. Nulle part le peuple n'est dupe de leur hypocrisie. Ici, il chasse des Feuillants, rue Saint-Honoré, un amas de vieilles dévotes d'un haut rang, écoutant les sermons inconstitutionnels d'un prêtre de Saint-Roch, déserteur, comme elles, de cette paroisse. Là, ils se disposent à donner une correction paternelle aux frères et sœurs de Sainte-Madeleine, qui, sous prétexte que cette église est souillée par la présence de prêtres assermentés, veulent mener leurs élèves entendre la messe dans un autre lieu. A Saint-André des-Arcs, un prêtre se permet indécemment des invectives contre la Constitution civile du clergé; il est dénoncé aussitôt par un garde national, et forcé de cacher sa honte. Plus loin, quelques Miramiones, des sœurs du couvent de Sainte-Marie, dans le faubourg Saint-Antoine, sont fustigées publiquement pour avoir fustigé des jeunes filles, qui, par ordre de leurs parents, avaient été à confesse à un prêtre ami des nouvelles lois ecclésiastiques. Tous les jours se renouvellent des scènes de cette espèce; si elles font rire les jeunes gens et amusent les désœuvrés, elles affectent désagréablement l'homme sensible, le citoyen honnête, qui gémit de voir le peuple dans une fluctuation continuelle, de voir l'harmonie et la tranquillité publique dont on commence à jouir, ainsi troublées par les tracasseries d'une secte ennemie de Dieu et des hommes. Pour obvier à une partie de ces désordres, ne serait-il pas de la prudence de défendre les prédications ailleurs que dans les paroisses?

Le Corps municipal fit une proclamation pour défendre les attroupements devant les églises (1) et le ministre de l'Intérieur, Delessart, invita au nom du roi le directoire du département de Paris à faire poursuivre les auteurs de ces violences. « Mais, disait le ministre, en même temps que Sa Majesté vous recommande d'opposer la sévérité des lois à ces excès, elle désire encore davantage que, par l'autorité de la raison, vous puissiez faire régner un esprit de tolérance et de modération qui convient à des hommes éclairés et libres, et qui doit être un des plus beaux résultats de notre Constitution (2). »

Le directoire du département, composé surtout de modérés, mais de modérés philosophes, prit alors, 11 avril 1791, un arrêté qui fit grand bruit (3).

Il y est dit que, dorénavant, les seuls prêtres sala-

---

(1) On la trouvera dans le *Moniteur* du 10 avril 1791.

(2) *Moniteur*, réimp., t. VIII, p. 101-102.

(3) On trouvera cet arrêté imprimé à part, Bibl. nat., Ld 4/3502, in-8, et dans plusieurs journaux, par exemple dans le *Moniteur*, réimp. t. VIII, p. 126.

riés par la nation seront autorisés à exercer des
fonctions ecclésiastiques dans les églises paroissiales, à l'exception de ceux qui auront une permission particulière de l'évêque et du curé, permission
renouvelée tous les trois mois.

Un « préposé laïc » surveillera cela.

Toutes les autres églises ou chapelles non paroissiales, appartenant à la nation, seront fermées, à
l'exception des chapelles des couvents, hôpitaux,
prisons, collèges, séminaires, qui ne devraient pas
être ouvertes au public et où n'officieraient que des
prêtres autorisés par l'évêque et le curé (c'est-à-dire
assermentés).

Mais ce qui est intéressant pour notre sujet, ce
qui étonna et émut l'opinion, c'est que le directoire prenait sur lui d'établir indirectement la
liberté des cultes en autorisant les sectateurs de
tout culte quelconque à avoir des temples. Ce sont
les articles 3 et 12 de son arrêté, ainsi conçus :

« Tout édifice ou partie d'édifice que des particuliers voudront destiner à réunir un grand nombre
d'individus pour l'exercice d'un culte religieux
quelconque portera sur la principale porte extérieure une *inscription* pour indiquer son usage, et le
distinguer de celui des églises publiques appartenant à la nation, et dont le service est payé par
elle.

« Cette inscription ne pourra, pendant le cours de
cette année 1791, être placée qu'après avoir été vue
et autorisée par le directoire du département. »

Défense de mêler à l'exercice du culte « des provocations contre la Constitution, contre les lois ou
contre les autorités établies ». Le directoire annonçait qu'il demandait à la Constituante une loi
pénale contre ces provocations.

Un arrêté si peu conforme aux passions du temps
fit scandale. Il n'eut que l'approbation de quelques
sages, comme André Chénier, qui en écrivit un bel
éloge, mais ne publia pas cet éloge (1). Les journaux
de gauche furent presque unanimes à blâmer cet
essai de liberté des cultes. On lit, par exemple, dans
les *Révolutions de Paris* (n° 93) :

> Observez encore dans quelles circonstances le Direc-
> toire se laisse séduire par une théorie aussi fausse sur la
> liberté du culte. C'est à l'entrée de la semaine sainte,
> dans le temps pascal, à l'époque où la célébration des
> mystères les plus touchants de la religion réchauffe la
> superstition dans toutes les âmes, qu'il permet à l'hypo-
> crisie de renouveler ses intrigues ; c'est aux plus chauds
> partisans du despotisme et de l'aristocratie, à l'ancien
> curé de Saint-Sulpice, à tous les ci-devant nobles du fau-
> bourg Saint-Germain, aux pretres réfractaires, à cette
> secte d'hiérophantes impies pour qui la patrie n'est rien,
> et les prejugés religieux sont tout, qui osent faire des-
> cendre du ciel le droit de commander aux hommes, dont
> toute la morale n'est qu'un tissu de maximes atroces inven-
> tées pour consacrer tous les forfaits qui leur sont utiles, et
> dont l'affreuse politique a constamment favorisé le règne
> du despotisme et l'anéantissement de la liberté, c'est à

(1) Voir l'article posthume : *les Autels de la peur*, dans les
Œuvres en prose, éd. Becq de Fouquière, p. 70.

ces hommes, dis-je, que le Directoire accorde la faculté de s'assembler. Pourquoi donc cette location subite, contraire à toutes les formes prescrites par les décrets ? Pourquoi les sous-locataires n'ont-ils loué que pour six semaines ? Ne veulent-ils donc avoir une église séparée que pour ce court espace de temps ? Leur zèle doit-il se refroidir avec les cérémonies du temps pascal ?

Enfin les *Révolutions de Paris* félicitent le peuple d'avoir senti « qu'il ne devait pas y avoir deux cultes dans une même religion » et de s'être opposé à cette liberté offerte par le directoire du département.

Les catholiques papistes, ayant à leur tête M. de Pancemont, ex-curé de Saint-Sulpice, réfractaire, avaient loué l'ancienne église des Théatins (aujourd'hui disparue ; elle était sur le quai Voltaire).

Par arrêté du 16 avril 1791, le directoire du département accepta l'inscription qu'ils proposaient : ÉGLISE CONSACRÉE AU CULTE RELIGIEUX PAR UNE SOCIÉTÉ PARTICULIÈRE. — PAIX ET LIBERTÉ (1).

L'ouverture devait avoir lieu le dimanche 17 avril,

Elle provoqua une manifestation hostile, à la tête de laquelle était l'abbé Latyl, constituant, curé constitutionnel de Saint-Thomas d'Aquin (2).

Voici le récit des *Révolutions de Paris* (n° 93) :

Le peuple a beaucoup mieux vu sur cet objet que ceux

---

(1) *Moniteur* du 20 avril 1791.

(2) Voir les extraits de journaux que donne Becq de Fouquières, dans les *Œuvres en prose* d'André Chénier, p. 71.

qui le gouvernent ; il a senti qu'il ne devait pas y avoir deux cultes dans une même religion, et il s'est mis en devoir de déjouer les manœuvres des réfractaires, qui se proposaient de faire aux Théatins la première lecture du bref du pape, dont ils nous menacent depuis si longtemps. Le dimanche 17, les patriotes se sont assemblés dès le matin devant le Sanhédrin aristocratique, et, pour prévenir les mal intentionnés par une monition salutaire, on a attaché au-dessus de la principale porte une poignée de verges avec un placard portant cette inscription : *Avis aux dévotes aristocrates ; médecine purgative distribuée gratis* (1). Un sieur Dauphin, inspecteur des boues de Paris, s'avisa d'arracher le placard et les verges ; on le força de les rattacher avec mention de son insolence. C'était l heure de la descente de la garde chez le roi ; un détachement qui passait sur le quai est arrêté par M. Bailly, qui requiert les soldats d'arracher ce que le peuple venait de faire replacer. Un musicien de la troupe du centre se charge de l'exécution ; mais, après le départ de M. Bailly, tout se trouve réintégré, avec ces mots ajoutés au placard : *Oté par ordre de M. Bailly, replacé par celui des citoyens.* C'est ainsi que le bonnet de la liberté triompha de l'écharpe municipale. M. Bailly, d'accord avec le Directoire, protégeait sans le savoir l'aristocratie, sous prétexte de défendre la liberté du culte ; le peuple lui a rappelé que l'exercice du culte devait être proscrit toutes les fois qu'il troublait l'ordre public établi par la loi.

Le directoire du département publia une procla-

(1) D'après *le Moniteur* du 21 avril 1791 (réimp., t. VIII, p. 178), la « Société de catholiques » qui avait loué l'église avait négligé d'y apposer l'inscription prescrite par l'arrêté du directoire : c'est cette négligence qui avait fourni un motif ou un prétexte au mécontentement populaire.

mation pour rappeler aux citoyens que, la liberté
des opinions religieuses étant consacrée par la
Déclaration des Droits, personne ne peut gêner ou
empêcher les réunions qui ont pour objet l'exercice
d'un culte quelconque.

Le *Moniteur*, par qui nous connaissons le sens de
cette proclamation, ajoute : « L'attroupement s'est
dissipé et tout est tranquille. » Mais le *Mercure de
France* dit : « A peine affiché, le placard fut lacéré,
mis en lambeaux. Je le vis déchirer avec outrages
en ma présence, au milieu des imprécations contre
le département, les prêtres, les dévotes. Un haran-
gueur en chef, placé sur les marches, discutait
savamment, en concluant qu'il fallait empêcher le
schisme à tout prix, ne souffrir aucun autre culte
que le sien, fouetter les femmes et assommer les
prêtres (1). »

Le 18 avril 1791, le Directoire communiqua son
arrêté à l'Assemblée nationale pour lui demander
une loi pénale.

Il y eut un vif débat.

Plusieurs orateurs dirent que, par cet arrêté, le
directoire avait empiété sur le pouvoir législatif.

Treilhard déclara qu'il était partisan de la liberté,
mais qu'il ne voulait pas qu'il y eût deux cultes
catholiques. Ses paroles caractérisent bien l'état
d'esprit, nullement laïque, de beaucoup de « patriotes » en 1791 :

(1) Numéro du 23 avril 1791, p. 304.

... Je déclare d'abord hautement que la liberté des cultes est nécessaire, qu'elle est une conséquence de vos décrets. (*On applaudit à plusieurs reprises.*) Je ne connais qu'un culte dans l'église catbolique, apostolique et romaine; il ne peut en exister deux. Je ne peux voir une ligne de démarcation là où il n'y en a pas. (*Les applaudissements redoublent.*) La seule différence qu'il y ait entre un prêtre assermenté et un prêtre qui n'a pas prêté le serment, c'est que l'un est fonctionnaire public, et que l'autre ne l'est plus (*Nouveaux applaudissements.*) Il résulterait de cet arrêté que, contre le vœu de la nation, elle serait schismatique, ce qu'elle n'a pas voulu, ce qu'elle ne veut pas être. Alors les prêtres qui ont accepté des offices et qui ne sont pas schismatiques auraient des inquiétudes; leur conscience serait troublée. Supposons que le ci-devant archevêque de Paris vienne aux Théatins faire des fonctions publiques, ordonner des prêtres : vous aurez établi une scission, vous la perpétuerez. Les prêtres vivraient d'oblations. Vous n'auriez à la vérité qu'un seul culte payé par la nation, mais il y aurait un autre culte; et en établissant le schisme vous auriez établi la mendicité. Je déclare que je regarde la liberté des cultes comme nécessaire, comme décrétée; mais je ne peux voir deux cultes là où il n'en existe qu'un.

Siéyès, qui était à la fois député à la Constituante et membre du directoire du département de Paris, défendit l'arrêté très longuement, et, pour ce qui est de ces articles 11 et 12, qui avaient tant ému l'opinion, il nia que le directoire eût voulu établir une liberté nouvelle, puisque la liberté des opinions était déjà dans la loi.

L'abbé Maury se plaignit qu'on eût interdit

l'entrée des églises paroissiales aux catholiques
romains, sans parler de la liberté qu'on leur accordait de s'en procurer d'autres, et il s'écria : « Pourquoi ôter aux catholiques romains la publicité de
leur culte ? » La gauche demanda que Maury fût
rappelé à l'ordre. Dandré dit que le rappel à l'ordre
ne suffirait pas, que Maury devait être censuré
comme ayant calomnié la nation. Maury fut censuré.

Quant à l'arrêté du directoire, l'Assemblée en
ordonna le renvoi au Comité de Constitution.

D'après le compte rendu du *Moniteur*, que nous
avons suivi, parce qu'il est le plus clair, le plus
détaillé et le plus significatif, il semble que dans ce
débat la majorité ait été d'accord avec Treilhard en
tant qu'il ne voulait pas qu'il y eût deux cultes, et
avec le directoire en tant qu'il prenait des mesures
contre le culte papiste. Mais le principe de la liberté
des cultes, si elle en applaudissait la proclamation
à la tribune, elle semblait bien peu disposée alors
à approuver l'application que le directoire venait
d'en faire.

Le Comité de Constitution fit son rapport le
7 mai 1791, par l'organe de Talleyrand, qui passait
pour avoir rédigé, avec Siéyès, l'arrêté du directoire (1).

_____

(1) On trouvera ce rapport dans le *Moniteur*, réimp.,
t. VIII, p. 336. Nous suivons aussi le *Moniteur* pour l'analyse
du débat.

Ce rapport marque un progrès dans le sens de la liberté de conscience :

« Il est temps, dit Talleyrand, que l'on sache que cette liberté d opinion ne fait pas en vain partie de la Déclaration des Droits. que c'est une liberté pleine, entière, une propriété réelle, non moins sacrée, non moins inviolable que toutes les autres, et à qui toute protection est due. Ne parlons pas ici de tolérance; cette expression dominatrice est une insulte, et ne doit plus faire partie du langage d'un peuple libre et éclairé. S'il est un culte que la nation ait voulu payer, parce qu'il tenait à la croyance du plus grand nombre, il n'en est aucun hors duquel elle ait voulu, elle ait pu déclarer qu'on ne serait pas citoyen, et par conséquent habile à toutes les fonctions. »

Selon le rapporteur, le roi pourrait, s'il le voulait, suivre une autre religion que celle de la nation.

Il faut la liberté du culte extérieur : il ne doit pas être permis seulement de penser, mais d'exprimer sa pensée.

« C'est le respect pour la conscience que nous voulons consacrer; ce sont les droits de tous qu'il nous faut protéger; c'est enfin le triomphe de la religion véritable que nous croyons assurer, en ne laissant autour d'elle que des moyens de persuasion, et en montrant qu'elle n'a rien à redouter de la concurrence de ses rivales. (*On applaudit*.) En prononçant cette liberté religieuse dans toute son étendue, nous n'exceptons aucune croyance... »

Talleyrand proteste contre l'objection tirée de la nécessité prétendue de l'unité du culte; c'est au nom de ce « faux principe » que Louis XIV persécuta les protestants.

On doit laisser libres les catholiques « non-conformistes », les prêtres insermentés.

« Si l'on proscrivait les assemblées publiques des non-conformistes, on ne pourrait empêcher leurs assemblées particulières, qui seraient bien autrement inquiétantes... »

« Personne ne pense plus sincèrement que moi que la religion dont les cérémonies seront célébrées dans nos églises est la religion catholique dans toute sa pureté, dans toute son intégrité; que c'est très injustement qu'on a osé nous accuser de schisme, qu'une nation n'est point schismatique, lorsqu'elle affirme qu'elle ne veut point l'être (*la partie gauche et toutes les tribunes applaudissent à plusieurs reprises*); que le pape lui-même est sans force comme sans droit pour prononcer une telle scission (*les applaudissements recommencent*); qu'en vain prétendrait-il se séparer d'elle, elle échapperait à ses menaces comme à ses anathèmes en déclarant tranquillement qu'elle ne veut point se séparer de lui, et qu'il convient même qu'elle écarte jusqu'aux plus légères apparences de rupture en manifestant hautement la résolution de ne point se donner un patriarche. »

Même si le pape frappait la nation française d'un anathème (allusion au bref du 10 mars 1791), nous resterions, dit Talleyrand, attachés au siège de Rome, et « nous attendrions avec sécurité, soit du pontife actuel, désabusé, soit de ses successeurs, un retour inévitable à des principes essentiellement amis de la religion ». (*On applaudit.*)

Et il proposa un décret confirmatif de l'arrêté du directoire, mais en permettant aux insermentés de dire la messe dans les églises paroissiales.

Siéyès parla dans le même sens, ou à peu près, mais défendant surtout la légalité de l'arrêté du directoire.

Il lança une épigramme à Treilhard, en disant qu'il n'était pas d'accord avec « cette partie du Comité ecclésiastique qui semble n'avoir vu dans la Révolution qu'une superbe occasion de faire l'apothéose des mânes de Port-Royal ». (*On applaudit.*)

Il s'attacha surtout à prouver que le directoire n'avait pas excédé ses droits, et que son exemple ne ferait pas de la France une République fédérative.

Lanjuinais parla contre l'arrêté, à peu près en ces termes : La liberté de tous les cultes ! Y pense-t-on ? Et si on voulait établir un culte à Vénus ?

L'abbé Couturier (1) : « ... On vous propose donc, pour nous servir du langage de l'Écriture, on vous propose d'établir l'abomination de la désolation dans le lieu saint. (*On rit, on murmure.*) On propose,

---

(1) Député du clergé de Châtillon-sur-Seine.

par un décret formel, d'établir dans nos églises un culte quelconque, de les convertir en mosquées, en synagogues, en temples de luthériens, d'anabaptistes, en pagodes; d'ordonner que le temple du vrai Dieu serait converti en temple de Baal (1) ! (*On murmure.*) Si, il y a deux ans, quelqu'un eût osé proposer de convertir les églises en mosquées, en pagodes, vous l'auriez repoussé avec indignation. (*Plusieurs voix* : Non, non !)... »

Finalement, l'Assemblée rendit le décret suivant, qui donnait à la fois raison et tort au directoire :

1. L'Assemblée nationale, après avoir entendu le rapport de son Comité de constitution sur l'arrêté du 11 avril, du directoire du département de Paris, déclare que les principes de liberté religieuse qui l'ont dicté sont les mêmes que ceux qu'elle a reconnus et proclamés dans sa Déclaration des Droits ; et, en conséquence, décrète que le défaut de prestation du serment prescrit par le décret du 28 novembre (2) ne pourra être opposé à aucun prêtre se présentant dans une église paroissiale, succursale et oratoire national, seulement pour y dire la messe.

2. Les édifices consacrés à un culte religieux par des sociétés particulières, et portant l'inscription qui leur sera donnée, seront fermés aussitôt qu'il y aura été fait quelque discours contenant des provocations directes

(1) Ce qui indigne l'abbé, c'est que, le 4 avril 1791, un décret avait transformé l'église Sainte-Geneviève en panthéon laïque (à propos de Mirabeau). Le 30 mai, un décret y mit Voltaire ; la cérémonie eut lieu le 11 juillet 1791. Ce fut important pour la laïcisation de l'opinion.

(2) *Sic* : c'est le 27 novembre.

contre la Constitution, et en particulier contre la Constitution civile du clergé. L'auteur du discours sera, à la requête de l'accusateur public, poursuivi criminellement dans le tribunal, comme perturbateur du repos public.

IV

On le voit, ce décret du 7 mai 1791 a une grande importance dans l'histoire de la séparation des Églises et de l'État.

Et d'abord, il marque l'échec partiel de cette politique religieuse qui, par la Constitution civile du clergé, avait tendu à maintenir, à resserrer les liens qui unissaient l'Église catholique à l'État, en changeant la discipline de cette Église, de manière à la rendre vraiment gallicane et nationale. A côté de cette Église d'État, on aurait toléré les cultes protestants et israélites, qui, pauvres en adhérents et timides, n'auraient nui en rien à la prépondérance de l'Eglise catholique.

Mais pour que ce régime réussît, il fallait que l'unanimite ou la presque unanimité du clergé catholique l'acceptât, et certes, l'Assemblée constituante semblait avoir raison d'espérer que tout le bas clergé accepterait un état de chose où sa situation matérielle et morale se trouvait améliorée au degré que l'on sait. Elle prévoyait bien que quelques évêques aristocrates, quelques hauts bénéficiaires ne se rallieraient point. Mais ces défections auraient été plus utiles que nuisibles à l'unité de la nouvelle église gallicane.

Cet espoir fut déçu par l'effort concerté de presque tout le haut clergé, qui arracha au pape la condamnation de la Constitution civile, et cette condamnation provoqua un schisme dans les rangs du bas clergé. Il y eut désormais deux églises catholiques, la constitutionnelle et la papiste. Celle-ci voulut vivre à côté de l'autre, avoir son culte public, ses églises. D'abord, les auteurs de la Constitution civile s'en indignèrent, refusèrent cette liberté, nièrent le schisme ; il leur fallut bien se rendre ensuite à l'évidence ; il leur fallut bien accorder cette liberté des cultes qui était conforme à leurs principes, mais que cependant ils n'avaient point proclamée dans la Déclaration des Droits, où ils n'avaient inscrit que la tolérance.

Cette liberté des cultes, les hommes de la Révolution se la laissèrent plutôt arracher par les circonstances qu'ils ne l'accordèrent de leur plein gré. Ils la reconnurent dans et par le décret du 7 mai 1791 ; ils la reconnurent de mauvaise grâce, en style indirect, et avec des restrictions malveillantes; mais enfin ils la reconnurent.

Voyons comment ce décret fut appliqué à Paris et dans les départements.

V

A Paris, les catholiques papistes voulurent reprendre l'exercice de leur culte, dans l'église des
Théatins, le 2 juin 1791, jour de la fête de l'Ascen-
sion.

Il y eut un attroupement hostile. On y disait que
les prêtres réfractaires donnaient la communion
dans cette église, que c'était là une « fonction publique », et que les bons citoyens devaient s'opposer par la force à ce qu'ils l'usurpassent (1). D'autres
se plaignaient que les réfractaires fissent commu-
nier les mêmes personnes deux ou trois fois le
même jour (2). On s'échauffa, on entra dans l'église
d'où les fidèles s'enfuirent, et on renversa l'autel. La
garde nationale arriva, et La Fayette vint haran-
guer les citoyens, tâchant de leur démontrer que la
communion n'était pas une fonction publique. L'attroupement finit par se dissiper (3).

(1) *Moniteur*, réimp. t. VIII, p. 571.
(2) *Ibid.*, p. 623.
(3) *Ibid.*, p. 571. D'après un pamphlet anonyme, les réfractaires avaient pu dire leur messe dans l'église des Théatins
de cinq heures à midi, sans être inquiétés. C'est seulement
à midi que leurs adversaires firent irruption. Après leur
départ, le comité de la section dressa procès-verbal, fit
rétablir l'autel, ouvrir les portes, dès trois heures. Mais
aucun prêtre réfractaire ne se présenta pour reprendre
l'exercice du culte avant sept heures. (*Les fameuses vêpres
des Théatins*, s. l. n. d., in-8. Bibl. nat., Lb 39/4888.)

Le 5 juin (1), le maire Bailly écrivit à M. Le Feuvre d'Arles, commandant du bataillon des Petits-Augustins, une lettre publique où, blâmant ces violences, il prêchait la liberté des cultes.

Mais le même jour, dès six heures du matin, des groupes hostiles s'étaient formés de nouveau à la porte des Théatins. On y disait que Mmes Bailly et La Fayette avaient communié dans cette église. Mais les catholiques papistes affichèrent un placard annonçant que, pour éviter le trouble, ils ne se réuniraient pas, et enfin l'église des Théatins resta dès lors fermée au culte (2).

En somme, les catholiques papistes durent renoncer à exercer publiquement leur culte à Paris et ne purent l'exercer que privément, presque en cachette, dans les oratoires et chapelles des couvents.

Le royaliste *Journal général de la Cour et de la Ville* avait dit, dans son numéro du 13 avril 1791 : « Nous pouvons assurer, avec connaissance de cause, que toutes les religions seront tolérées en France à l'exception de la religion catholique, apostolique et romaine. » Cette épigramme fut justifiée, sinon par ce qui se passa dans toute la France, du moins par ce qui se passa à Paris.

---

(1) Le *Moniteur* (t. VIII, p. 613) date cette lettre du 7 juin. C'est sans doute une erreur, car l'impression à part, qui en fut faite par les soins de Bailly, porte la date du 5 juin 1791. (Bibl. nat., Lb 39/4990.)

(2) *Moniteur*, réimp. t. VIII, p. 588.

Les autres cultes, à Paris, profitèrent-ils du décret du 7 mai 1791 ?

Ce décret ne semble avoir rien changé à la situation des juifs. La tolérance dont, sous l'ancien régime, ils jouissaient déjà depuis quelques années ne devint pas tout de suite de la liberté. Sans doute, apprenant qu'on les persécutait en Lorraine et en Alsace, l'Assemblée constituante chargea son président, le 28 septembre 1789, d'écrire aux autorités municipales de ces pays que la Déclaration des droits s'applique aux juifs et qu'ils sont sous la sauvegarde de la loi. Mais ce n'était là qu'une manifestation théorique. L'Assemblée, le 24 décembre suivant, se refusa à rien décider sur leur état civil. Le 28 janvier 1790, elle reconnut que les juifs portugais, espagnols et avignonais étaient aptes à jouir des droits de citoyens actifs, mais elle laissa encore les autres juifs hors de la cité. C'est seulement, dans les tout derniers jours de sa carrière, le 27 septembre 1791, qu'elle révoqua « tous ajournements, réserves et exceptions insérés dans les précédents décrets relativement aux individus juifs qui prêteront le serment civique, qui sera regardé comme une renonciation à tous privilèges et exceptions introduits précédemment en leur-faveur. »

Quant à leur culte, les juifs avaient à Paris, dès 1787, plusieurs synagogues (1). Ils s'en conten-

(1) Voir, à ce sujet, un rapport au lieutenant de police analysé par M. Armand Lods, *l'Église réformée de Paris pendant la Révolution,* p. 13.

tèrent sous la Révolution. Après la promulgation de la loi du 7 mai 1791, le bruit courut qu'ils allaient acheter ou louer des églises : ils n'en firent rien. Craintifs et à demi-cachés, ils se contentèrent de la tolérance de fait dont ils jouissaient.

Il n en fut pas de même des protestants. M. Armand Lods a raconté, en deux opuscules pleins de faits, l'histoire des réformés et des luthériens de Paris (1). On y voit qu après la révocation de l'édit de Nantes et la démolition du temple de Charenton, les protestants, n'ayant plus de lieu de culte, se réunirent, les luthériens dans la chapelle de l'ambassade de Suède, les réformés dans la chapelle de l'ambassade de Hollande, à partir du traité d'Utrecht (1713). Diverses ordonnances, de 1719 à 1740, interdirent ces fréquentations, mais sans qu'on réussît à les faire cesser complètement. Elles furent permises à partir de 1766. L'édit de 1787, qui accordait l'état civil aux protestants, fut muet sur la liberté des cultes. Les protestants interprétèrent ce silence en disant que cet édit réservait le culte public à l'Église catholique, et renfermait les non-catholiques « dans les bornes d'un culte en commun et non public ». A Paris, ils voulurent reconstituer leur église ; ils prirent pour pasteur le chapelain de l'ambassade de Hollande, Marron, petit-fils de

---

(1) *L'Église réformée de Paris pendant la Révolution;* Paris, 1889, in-8, et *l'Eglise luthérienne de Paris pendant la Révolution et le chapelain Gambs* ; Paris, 1892, in-8.

réfugiés français, qui donna sa démission de chapelain ; ils demandèrent l'autorisation d'avoir des
réunions pour leur culte en commun. Le gouvernement royal hésita, fit une enquête, et finit par
refuser, en disant que les chapelles des ambassades
suffisaient.

Sous la Révolution, les luthériens semblent avoir
continué à se contenter, comme sous l'ancien régime,
de la chapelle de l'ambassade de Suède.

Mais les réformés, bien plus nombreux, paraissent
avoir obtenu, dès le début, une sorte d'autorisation
verbale d'exercer leur culte. A cet effet, ils louèrent,
rue Mondétour, une salle de restaurant, dont ils firent
un temple, qu'ils inaugurèrent le 7 juin 1789. Après
le vote de l'article de la Déclaration des Droits qui
élargissait la tolérance (23 août 1789), ils songèrent
à se procurer un temple plus convenable : Rabaut
les en dissuada, disant que les temps n'étaient pas
encore mûrs (1). Ils restèrent donc, pour éviter
toute ostentation, et ne point effaroucher l'opinion,
dans leur modeste local de la rue Mondétour jusqu'au mois de février 1790. Alors ils louèrent, rue
Dauphine, l'ancienne salle des Enfants d'Apollon,
appelée Musée.

Le décret du 7 mai 1791 les enhardit tout à fait.
Ils louèrent, au prix de 16.450 livres, l'église de
Saint-Louis-du-Louvre, et s'y réunirent publique-
ment, avec l'appui, la faveur, et parfois même le

(1) A. Lods, *L'Église réformée de Paris*, p. 14.

concours des autorités, sans que jamais le peuple de Paris, si intolérant aux papistes, gênât leur liberté.

Sur le frontispice, le pasteur Marron fit graver l'inscription suivante, approuvée par le directoire du département de Paris : *L'an de Jésus-Christ 1791 et l'an II de la Liberté. Édifice consacré à un culte religieux par une société particulière. Paix et liberté.* A l'intérieur, les insignes du culte catholique furent remplacés par deux plaques de marbre sur lesquelles étaient gravées la *Déclaration des Droits* et *l'Oraison dominicale.*

La dédicace du temple se fit solennellement le 22 mai 1791. Quand le roi eut accepté la Constitution, les « notables » qui présidaient à l'administration de l'église décidèrent qu'un service d'actions de grâces serait célébré, et y invitèrent le Corps municipal, qui accepta. La cérémonie eut lieu le 13 octobre 1791, en présence de douze officiers municipaux et du maire Bailly. « La foule était grande, dit un récit du temps (1) ; il y avait beaucoup de calvinistes, encore plus de philosophes, curieux de jouir des premiers actes de tolérantisme. » Le pasteur Marron fit un beau discours, où on admira l'esprit révolutionnaire le plus pur. Il avait pris pour texte : « Vous connaîtrez la vérité, et la vérité vous rendra libres. » Il loua cordialement la Révolution : « Ce qui la caractérise, dit-il, c'est qu'elle est

_____

(1) Lods, p. 16.

tout entière l'ouvrage de la raison... Elle ne nous a point fait changer de maîtres : elle nous a rendus libres. » Les auditeurs furent si contents et si émus de ce langage, qu'ils se mirent à pleurer.

Cette liberté, si volontiers accordée aux protestants par les Parisiens, faisait contraste, on le voit, avec l'intolérance qu'ils manifestaient envers les catholiques papistes.

C'est que le papisme, le schisme des réfractaires, c'était, aux yeux du peuple, la contre-révolution, puisque le peuple voyait dans la Constitution civile du clergé le chef-d'œuvre politico-religieux de la Révolution.

En réalité, il n'y avait que quelques sages, sans popularité, qui voulussent la liberté complète des cultes.

La plupart des hommes de gauche, s'accordèrent avec les hommes de droite pour interpréter d'une manière restrictive l'article de la Déclaration des Droits relatif aux opinions religieuses.

Voici ce qu'en pensaient alors un politique gallican, un prêtre catholique, et un révolutionnaire « philosophe ».

Le politique gallican, c'est le constituant Camus. A propos des deux brefs condamnant la Constitution civile, il disait que le pape avait eu tort de voir dans l'article de la Déclaration autre chose qu'une simple tolérance civile : « L'Assemblée nationale, disait-il, a assuré la liberté des opinions religieuses, parce qu'elle professe la religion catholique, et que

la loi de la religion catholique est la tolérance pour
toutes les autres religions. Jésus-Christ, en donnant la mission à ses apôtres, ne leur dit pas de
contraindre, mais de prêcher, de prêcher parmi
ceux qui les recevront, de sortir des maisons et des
villes où l'on ne voudra pas les entendre... (1) »

Le prêtre catholique, c'est un anonyme, sans
doute constitutionnel, qui, dans une brochure sur
les Inconvénients de la publicité de tous les cultes (2),
nia, en termes remarquables, que la liberté du culte
résultât des principes égalitaires : « Prétendre, dit-
il, que cette égalité de droits donne aux hétérodoxes
celui d'exercer publiquement leur culte, ce n'est
plus maintenir l'égalité entre les hommes; c'est
prononcer l'égalité entre l'erreur et la vérité : car
partout où se trouvera un culte différent d'un autre,
l'un des deux appartiendra nécessairement à la
vérité, et l'autre à l'erreur... »

Quant à l'article de la Déclaration, portant que
nul ne doit être inquiété pour ses opinions, même
religieuses : « Tout ce que dit cet article, c'est que
toute inquisition est interdite et que nul ne sera
coupable aux yeux de la loi pour ne pas se soumettre à ce que prescrivent celles de la religion.
C'est un malheur qui lui est personnel; mais ce

(1) *Observations sur deux brefs du pape, en date du 10 mars
et du 13 avril 1791*, par M. Camus, s. l. n. d. (Paris, 1791),
in-8 de 60 pages. Bibl. nat., Ld 4/3505.
(2) Paris, Leclère, 1791, in-8 de 24 pages, Bibl. nat.,
Ld 4/3554.

n'est pas un délit que la société soit chargé de punir; ses lois ne s'étendent que sur les actes extérieurs, et ne peuvent ni commander l'assentiment ni punir des dispositions qui, renfermées dans l'intérieur de la conscience, ne troublent point l'ordre public. » Et l'anonyme ecclésiastique s'élève nettement contre le décret du 7 mai 1791.

La troisième opinion que je voudrais relater, c'est celle de Momoro, qui se fera connaître plus tard par sa participation à l'hébertisme. Il réfuta surtout le discours par lequel Siéyès avait défendu l'arrêté du directoire du département de Paris.

« M. l'abbé Siéyès, dit-il, serait parfaitement dans les principes, s'il pouvait d'abord prouver, d'une part que la religion catholique, qui est essentiellement *une*, est actuellement divisée en deux sectes particulières, et qu'il peut y avoir deux religions catholiques;

« Et, de l'autre part, s'il pouvait nous assurer de la bonne foi et des bonnes intentions des prêtres réfractaires ainsi que de leurs ouailles chéries. »

Le peuple, dont Siéyès a parlé avec dédain, n'est pas en principe hostile à la liberté des cultes :

« Je demande si le peuple empêche, ou s'il a seulement songé d'empêcher les protestants de s'assembler à Saint-Thomas du Louvre (1), ou si au

---

(1) Il veut dire Saint-Louis-du-Louvre. Cette église avait été construite sur l'emplacement de l'église Saint-Thomas, qui s'était écroulée en 1739.

contraire il n'est pas édifié de la manière décente
dont se comportent, dans ce temple, les partisans
de ce culte. »

Pourquoi donc le peuple empêche-t-il les prêtres
dissidents de dire la messe ? Parce que c'est détruire
un germe de guerre civile : « ... Je demande si les
patriotes ne voient pas dans la conduite des prêtres
réfractaires et dans celle de leurs partisans un premier germe de guerre civile que le temps aurait
bientôt développé, si on ne le détruisait dans le
principe... »

On le voit : ce futur déchristianisateur, le déma-
gogue Momoro, est alors partisan de l'unité religieuse : c'est avec mauvaise humeur et inquiétude
qu'il assiste à un commencement de schisme, et
c'est pour empêcher que ce schisme ne se développe
qu'il ajourne, tout comme Camus, tout comme les
prêtres constitutionnels, l'application du principe
de la liberté des cultes.

VI

Ils ont beau dire et beau faire, le schisme existe
et se développe.

On s'en aperçoit peu à Paris, où on ne voit guère
que le culte constitutionnel, et où le culte papiste
se dérobe dans les oratoires et dans les chapelles
des couvents.

En province, il y a deux églises catholiques,

l'Église d'État ou constitutionnelle, l'Église papiste.

Laquelle, à cette époque, est la plus nombreuse ? La statistique des fidèles est impossible ; la statistique des ministres n'existe que pour quelques départements. Ainsi, dans l'Ariège, il y eut 246 ecclésiastiques qui prêtèrent le serment prescrit par la loi contre 126 qui le refusèrent (1) ; dans le Gard, 178 contre 332 (2) ; dans le Doubs 106 contre 384 (3) ; dans l'Indre, 291 contre 48 (4). On voit à quel point diffère la proportion des jureurs et des non-jureurs selon les départements. Cette proportion changea encore quand le pape eut condamné la Constitution civile : alors des ecclésiastiques qui avaient prêté le serment se rétractèrent. Peut-être une statistique complète, si on arrive jamais à la faire, nous montrera-t-elle qu'au début, il y eut à peu près en France autant d'ecclésiastiques « jureurs » que de « non-jureurs ». Il est sûr que par la suite l'Église papiste se recruta plus facilement en ministres que l'Église constitutionnelle.

En tout cas, il y eut schisme. Et ce sont de nom-

---

(1) G. Arnaud, *la Révolution dans l'Ariège*, p. 219.

(2) F. Rouvière, *Histoire de la Révolution dans le Gard*, t. I, p. 528.

(3) Sauzay, *Histoire de la persécution révolutionnaire dans le Doubs*, t. II, p. 366.

(4) M. Bruneau, *les Débuts de la Révolution dans le Cher et l'Indre*. p. 367. Pour le Cher, M. Bruneau n'a pas de chiffres précis. Il dit seulement que les « jureurs » furent en majorité dans le district de Bourges, en minorité dans les autres districts.

breux catholiques, les plus nombreux peut-être, ayant à leur tête les anciens pasteurs, les anciens évêques, tout l'antique appareil de la « vraie religion », de la « religion de nos pères », c'est la véritable Église romaine qui se trouva séparée de l'État.

On a vu l'étonnement, la colère, la douleur des auteurs de la Constitution civile du clergé; ils avaient voulu nationaliser la religion, n'avoir qu'une religion, et voilà qu'il y a deux Églises ! Cette dissidence des papistes, c'est pour eux un crime de lèse-patrie. Ils voudraient ramener l'unité par des lois, et c'est malgré eux qu'une partie du décret du 7 mai 1791, en proclamant la liberté des cultes, consacra le schisme.

Mais c'est chose faite. Le schisme est irrémédiable. Voilà décidément l'Église papiste qui est séparée de l'État. Elle n'a plus ni biens, ni revenus; il lui faut s'organiser à ses frais, par ses fidèles; il lui faut essayer de tirer parti de la liberté que lui offre le décret du 7 mai.

Cette liberté n'est, aux yeux des papistes, qu'une demi-liberté.

L'Assemblée constituante ne leur permet pas de reconstituer leur hiérarchie, d'avoir des évêques ; on le voit bien par les débats qui eurent lieu dans la séance du 18 juin 1791, à propos du cardinal de La Rochefoucauld, archevêque de Rouen, dénoncé pour avoir continué ses fonctions après l'élection de l'évêque constitutionnel de la Seine-Inférieure :

il n'évita le décret d'accusation qu'à cause de son grand âge et de son caractère sympathique.

Les évêques insermentés sont réduits à émigrer ou à se cacher; mais ils continuent à diriger clandestinement leurs diocèses, soit par eux-mêmes, soit par des vicaires généraux. Presque tous gentilshommes, les évêques regrettent leurs privilèges, l'ancien régime. Ce sont des « aristocrates », qui entraînent ainsi les curés insermentés dans l'aristocratie. Et, soit dit en passant, ces curés ne s'aristocratisent que parce que les aristocrates leur maintiennent, leur assurent une clientèle.

Même la restreinte liberté d'exercer le culte, qu'accordait le décret du 7 mai 1791, n'était pas organisée très clairement.

En somme, était-il permis aux prêtres insermentés d'exercer, *à titre privé*, les fonctions de leurs cultes?

Là-dessus, les lois étaient obscures.

La loi du 27 novembre 1790, sur le serment, ordonnait (art. 7) de poursuivre « comme perturbateurs de l'ordre public » les prêtres insermentés « qui s'immisceraient dans aucune de leurs fonctions publiques ou dans celles qu'ils exerçaient en corps ».

La loi du 7 mai 1791, on l'a vu, précisa un peu : elle leur permettait de dire la messe dans les églises paroissiales, mais rien que la messe.

La même loi leur permettait implicitement de faire toutes les cérémonies de leur culte dans les

édifices non paroissiaux, et c'est en cela qu'elle
était une loi de liberté.

La loi du 4 avril 1791 avait chargé les municipalités et les corps administratifs de dénoncer les
prêtres insermentés qui violeraient la loi, et les
tribunaux de district « de les poursuivre diligem-
ment ».

Le 19 juin 1791, Treilhard demanda à la Constituante que les accusateurs publics fussent *tenus*,
sous peine de forfaiture et de destitution, de poursuivre tous les ecclésiastiques insermentés qui,
depuis l installation de leurs successeurs, auraient
continué ou continueraient « les mêmes fonctions publiques ». P.-J. de Lachèse, député du
Tiers-État de Cahors (homme de droite), demanda
qu'on définit les fonctions publiques (1). Veut-on
révoquer le décret du 7 mai 1791, qui permet d'exercer le culte publiquement dans les églises non paroissiales ?

On murmura, on cria : *Aux voix* ! Il insista.

D'André essaya de faire croire que les précédents
décrets étaient très clairs et précisaient trop bien
ce qui était permis aux insermentés pour qu'il y
eût besoin de les expliquer.

De Virieu demanda qu'on relût ces décrets. (*Murmures.*) Autrement, dit-il, on va ouvrir la porte aux

_____

(1) D'après le *Logographe*, t. XXVIII, p. 95-96. L'intervention de Lachèse n'est que brièvement indiquée dans *le Moni-
leur*.

persécutions. On lui cria à gauche : « Et vous, vous ouvrez la porte au désordre. »

Prieur (de la Marne) réclama la clôture, et, malgré la droite qui demandait le renvoi au Comité de Constitution, l'Assemblée vota le projet de décret de Treilhard, en y ajoutant que les assermentés qui se rétracteraient seraient privés de tout traitement et pension.

Donc, l'Assemblée se refusa à définir nettement les fonctions publiques.

Dans la pratique, il y eut une tendance générale à considérer comme usurpant des fonctions publiques, comme violant la loi, les prêtres non-conformistes qui confessaient, baptisaient, mariaient, enterraient, faisaient de l'eau bénite.

Il ne fallait pas qu'ils fissent une concurrence efficace au curé constitutionnel, au curé paroissial.

Certes, s'ils n'avaient que quelques fidèles, s'ils n'étaient, comme les protestants, qu'une petite minorité dans la nation, on les laisserait faire.

Mais ils sont nombreux, ministres et fidèles; leurs églises sont pleines; ils font concurrence au clergé constitutionnel : voilà ce qu'on ne veut pas supporter.

Rien de plus caractéristique, à cet égard, que ce qu'écrivait, dans son journal intime, en août 1791, le général Dumouriez, qui commandait à Niort la 12ᵉ division militaire :

Il serait sans contredit conséquent au système de liberté qui fait la base de notre Constitution d'accorder une église aux non-conformistes dans chaque lieu où ils le demanderaient. Mais, en ce cas, il faudrait par le même principe leur accorder aussi le droit de se faire baptiser, marier, enterrer par leurs prêtres et dans les églises qu'on leur aurait accordées, parce que, ces actes ne pouvant pas être regardés comme purement civils, ils sont religieux et font partie du culte. Mais si, d'après l'exemple donne très imprudemment à Paris, on accordait des paroisses aux non-conformistes ou des églises qui leur en tinssent lieu, bientôt les prêtres assermentés resteraient sans fonctions. Le parti de Rome ne s'en tiendrait pas à cette première victoire; les excommunications mêmes naîtraient de cette tolérance, et la Constitution, entamée dans ses règlements civils sur le clergé, le serait bientôt dans la disposition des biens nationaux, dans des droits féodaux, dans l'autorité royale. Les deux ordres se joindraient au roi pour enlever tout à fait a la nation sa souveraineté, et les législatures constituées ne seraient pas assez fortes pour soutenir la Constitution. On en viendrait à une Convention nationale, qui serait demandée également par tous les partis et qui achèverait la destruction de ce grand ouvrage (1).

Ainsi la liberté des cultes ne déplaisait pas seulement aux ignorants, au peuple des villes et des campagnes : les plus intelligents des « patriotes », et même le sceptique et raffiné Dumouriez, croyaient que le schisme, c'était la contre-révolution.

Quant à l'application même du décret du 7 mai

(1) Ce journal de Dumouriez, dont l'original est aux Arch. nat., F⁷ 4598⁵, a été reproduit par Ch.-L. Chassin, *La préparation de la guerre de Vendée*, t. II, p. 27 à 31.

1791, il faut faire une distinction entre les villes et les campagnes au point de vue de la jouissance des églises.

Le décret permettait aux prêtres papistes de dire la messe dans les églises paroissiales. Leurs évêques ne leur permirent pas, en général, d'user de cette faculté, pour ne pas communiquer *in divinis* avec l'intrus.

Dans les villes, ce ne fut pas une difficulté : la suppression de paroisses et de couvents y laissait disponibles des églises et chapelles que les non-conformistes purent acheter ou louer.

Dans les campagnes, où il n'y avait guère qu'une église par commune, c'était l'église paroissiale, l'église du curé constitutionnel ; il n'était pas facile aux non-conformistes de trouver un autre local.

Si l'homme riche ou le ci-devant seigneur leur ouvrait la chapelle de son château, on dissipait ces rassemblements comme contre-révolutionnaires.

Il fallut, en beaucoup de villages, que les paysans exercassent leur culte dans des maisons écartées, dans les bois ou en plein champ.

On conçoit leurs colères contre les fidèles de l'intrus, qui jouissaient commodément de l'ancienne église. Cette division amena des querelles, et on en vint très vite aux coups (1).

Ce sont-là les seules généralités qu'en l'état

---

(1) Sciout, *Histoire de la Constitution civile*, t. II, p. 286 à 290, a bien expliqué cela.

actuel de nos connaissances on puisse hasarder au sujet de l'application de la première loi sur la liberté des cultes. Peut-être aussi pourrait-on dire qu'en général les directoires de département sont partisans de cette loi et de cette liberté, tandis que les municipalités et les cultes y sont opposés.

Il est plus sûr et plus instructif de produire quelques-uns des exemples que nous fournissent les monographies dont quelques régions ont été l'objet.

VII

Voici quel fut, dans le Doubs, le commencement de la querelle entre les patriotes et les insermentés.

A Besançon, les catholiques papistes, après que leur évêque, M. de Durfort, eut été remplacé par le constitutionnel Seguin, craignant de ne pouvoir faire confirmer leurs enfants s'adressèrent, en avril, 1791, à M. de Franchet, évêque *in partibus* de Rosy, qui résidait à Lausanne et était suffragant de l'archevêché de Besançon, et obtinrent de lui qu'il donnât la confirmation avant l'âge réglementaire. Aussitôt la municipalité de Besançon écrivit à M. Durfort, qui exerçait encore provisoirement (son successeur n'étant pas installé), pour se plaindre amèrement que l'on confirmât des enfants qui n'avaient pas encore l'âge de raison, et enjoindre à l'archevêque de faire cesser cet abus, sans quoi elle ne répondait pas de l'ordre (1).

Le 25 avril, trois prêtres insermentés faisaient le catéchime à l'église Sainte-Madeleine. Le bruit se répandit qu'ils parlaient contre le culte constitutionnel, le traitant de schismatique, de sacrilège : aussitôt quelques membres du club des Jacobins accoururent à l'église, se saisirent des prêtres et les emmenèrent au poste. La municipalité en fit incarcérer deux et ordonna des poursuites contre tous les trois (2).

A Nasey (Doubs), un religieux bernardin, Antide Racine, déblatérait contre la Constitution civile : la municipalité lui défendit de dire la messe, et le district autorisa la municipalité (13 avril 1791) à chasser Racine du territoire de la commune : il dut s'éloigner à dix lieues, sous peine d'emprisonnement.

Le 7 mai 1791, le directoire du département du Doubs, présidé par l'évêque Seguin, arrêta (illégalement) qu'au cas où la présence de prêtres réfractaires donnerait lieu « à quelque trouble ou à quelque division », les municipalités pourraient les chasser de la commune (3).

---

(1) Sauzay, *Hist. de la pers. rév. dans le Doubs*, t. II, p. 451.

(2) *Ibid.*, p. 444.

(3) *Ibid.*, p. 476. Chose curieuse, les « patriotes » n'étaient pas seuls à dire que les prêtres réfractaires ne devaient pas rester dans leur ci-devant paroisse quand leur présence y excitait des troubles. M. de La Luzerne, évêque réfractaire de Langres, disait, dans son *Instruction* à son clergé (Bibl.

C'est le jour même où la Constituante rendait son décret sur la liberté des cultes. Quand il fut connu, on ne l'appliqua pas, on ne tint compte que du décret du 27 novembre 1790, et, par exemple, on considéra comme illégal le fait qu'un insermenté célébrât la messe dans une chapelle dont les portes étaient ouvertes au public (1).

En réalité, le directoire du département du Doubs ne voulait pas qu'il y eût deux cultes. Ainsi, le 20 mai 1791, le procureur général syndic écrivit à la municipalité de Pouilley les-Vignes pour se plaindre que l'ancien curé y élevât « autel contre autel ». Le 30, le directoire ordonna à ce curé de quitter la commune. Puis, comme les officiers municipaux prirent parti pour lui, il les déclara démissionnaires et les remplaça (2).

M. Sauzay, qui a écrit un livre si remarquable sur l'histoire religieuse du département du Doubs pendant la Révolution, et qui est un homme de droite, parle plutôt des persécutions que les « constitu-

---

nat., Ld 4 5525, in-8) : « Si la présence du légitime pasteur d'une part, et de l'intrus de l'autre, excite des divisions prêtes à dégénérer en querelles extérieures, en factions civiles, en combats, le premier de tous les préceptes, la charité, impose à ceux qui lui ont déjà fait de si grands sacrifices d'y ajouter encore celui de s'éloigner de leurs fidèles paroissiens, de se soustraire aux témoignages trop violents de leur attachement, et n'être pas l'occasion des désordres et le prétexte des fureurs. »

(1) Sauzay, p. 473.
(2) *Ibid.*, p. 479.

tionnels » infligèrent aux « réfractaires ». M Rou-
viere, l'historien du département du Gard, et
qui est un homme de gauche, parle plutôt des
persécutions que les réfractaires infligèrent aux
constitutionnels. En voici un exemple. A Aimar-
gues, la confrérie des pénitents fit, le 26 juin,
une procession publique sans avoir un directeur
spirituel assermenté, et on anima le peuple contre
le curé Perrin : il se formait tous les soirs, à l'ap-
proche de la nuit, autour de sa maison, des attroupements d'où partaient les cris *s'en ira*, au lieu du
refrain *ça ira*. Perrin et ses domestiques furent
assaillis à coups de pierres ; le dimanche, au moment
du service divin, il se faisait un « rassemblement
considérable » de femmes devant la porte de
l'eglise, afin d'empêcher les fidèles d'assister à la
messe, « les femmes étant menacées d'être fouettées
et les hommes lanternés (1) ».

Cependant, le décret du 7 mai 1791 fut appliqué
dans le Gard, puisque, le 18 juin 1791, le directoire
autorisa l'ouverture d'églises non-conformistes et
leur assigna des inscriptions (2).

Il en fut de même dans l'Ariège. Ainsi il y a, aux
Archives nationales, un extrait du procès-verbal du
directoire de ce département, où on lit :

« Le sieur Tisseiré, tailleur d'habits, et autres
citoyens de Pamiers demandent qu'ayant acheté

(1) Rouvière, *Histoire de la Révolution dans le Gard*,
t. I, p. 343.
(2) *Ibid.*, p. 337.

l'église des ci-devant Carmes de Pamiers, il leur soit permis de s'y réunir en société paisible pour y vaquer aux exercices religieux suivant le rite de l'Église catholique, apostolique et romaine, offrant de mettre sur la porte de ladite église l'inscription suivante : *Amour de Dieu et du prochain, respect et obéissance à la loi* ; *paix et charité*, et d'empêcher qu'il ne soit fait aucune provocation directe contre la Constitution et notamment contre la Constitution civile du clergé (1). »

Le directoire approuva l'inscription et autorisa l'usage de l'église « pour y exercer tel culte qu'ils jugeront convenable ».

Mais les « patriotes » de Pamiers s'opposèrent à cet exercice public du culte papiste. Il y eut des troubles. La municipalité ferma l'église. Le directoire du département lui ordonna de la rouvrir. La municipalité refusa. Le département eut beau insister, et prendre de nouveaux arrêtés, la municipalité eut le dernier mot (2).

Dans son instructive *Histoire de l'arrondissement de Gaillac pendant la Révolution*, M. Rossignol a cité des faits qui montrent que là aussi la population était hostile à la liberté des cultes, à l'application du décret du 7 mai, parce qu'elle ne voulait pas de schisme.

(1) Arch. nat., Dxix, § 2, 88, dossier 705. Cet extrait est daté *du* 9 *janvier* 1791. C'est une erreur évidente, puisqu'il s'agit d'appliquer le décret du 7 mai 1791.
(2) G. Arnaud, *la Révolution dans l'Ariège*, p. 226 et 227.

Voici, par exemple, ce qui se passa à Lisle (Tarn) :

« A Lisle, dit M. Rossignol (1), deux partis bien tranchés étaient en présence.

« Lapeire, bachelier en l'Université de Toulouse, avait été nommé curé constitutionnel le 14 août et proclamé, le 15, pour la paroisse de Lisle. Le maire et les officiers municipaux l'installèrent solennellement le 21. Les religieuses refusèrent de lui livrer les clefs de leur église, et ne les lui remirent, le 2 septembre, que sur l'ordre formel du maire, en lui disant : *Les voilà, mais vous n'êtes pas digne d'entrer dans une église.* Le 3 septembre, dominée par le curé, la municipalité ordonnait que les portes de l'église seraient fermées jusqu'à six heures du matin et de huit heures à dix, et que pendant ce temps seulement, les portes étant fermées, les prêtres réfractaires pourraient dire la messe. « Tout malade « qui n'aurait pas appelé le curé après cinq jours de « maladie serait censé avoir renoncé à la religion « catholique et serait privé, s'il mourait, de la sépul- « ture ecclésiastique ; le curé irait, accompagné de « telles personnes qu'il voudrait, dans les maisons « des malades, et ceux qui n'accepteraient pas ses « secours spirituels seraient poursuivis pendant « leur vie et après leur mort, le curé pouvant faire « exhumer leur cadavre. »

« Ces étranges ordonnances furent exécutées. Ainsi, à Lisle, une partie de la garde nationale

_____

(1) P. 183.

occupait les abords des églises de la campagne,
pénétrait dans le sanctuaire et en chassait qui il lui
plaisait ; elle faisait prendre un mort que l'on portait en terre avec l'autorisation du district devant
la porte de l'église et le faisait enterrer sans cérémonie religieuse ; enfin, chez un habitant de Saint-
Salvi, elle faisait porter de force à l'église un enfant
né depuis un mois pour lui faire donner le baptême
par le curé constitutionnel.

« Contre tous ces faits scandaleux, quarante-neuf
citoyens actifs eurent le courage de protester, demandant que les portes de l'église fussent laissées ouvertes toute la journée, que tous les prêtres indis-
tinctement pussent y célébrer la messe, « que les
« malades aient la liberté de demander les secours
« spirituels aux prêtres qu'ils voudraient, que les
« morts ne soient pas privés de la sépulture ecclé-
« siastique, que le curé se rende dans la maison
« des malades seul, sans suite et sans appareil
« effrayant, qu'on ne fasse aucune poursuite contre
« ceux qui auraient refusé ses services ni pendant
« leur vie, ni après leur mort, et enfin que la garde
« nationale ne puisse investir les églises ni en
« expulser qui elle voudrait ».

« Le district de Gaillac, le 26 septembre, priait
le département d'annuler les ordonnances de la
municipalité ; et, en attendant, il faisait publier à
Lisle que les opinions religieuses et le culte étaient
entièrement libres. Les propos contre la religion et
ses ministres continuèrent, et les « honnêtes gens »

de Lisle allaient entendre la messe à Saint-Géri. »

En Saône-et-Loire, le directoire du département fit ce qu'il put pour que le décret du 7 mai fût exécuté. Il publia des instructions « sur la liberté générale des opinions religieuses et du culte » (1), où il défendait aux citoyens « d'apporter aucun obstacle, même à l'égard de prêtres non assermentés, à l'exercice de toutes fonctions ecclésiastiques qui ne leur sont point interdites, notamment de la célébration de la messe et du ministère de la confession,».

Ces ordres furent écoutés, au moins à Autun, où la municipalité elle-même ne tardera pas à solliciter l'ouverture des églises et chapelles des communautés religieuses pour l'usage des non-conformistes (2).

La condition de se borner à la messe et à la confession fut également imposée aux non-conformistes par le directoire du département de l'Ain, qui y ajouta celle « du consentement du curé constitutionnel élu » (3).

A Amiens, la municipalité demanda au département d'interdire aux non-conformistes d'exercer leur culte, parce que c'était trop fatigant pour la garde nationale de maintenir l'ordre à la porte de

(1) Bibl. nat., Ld 4/3646, in-4.
(2) Abbés Mauzon, Muguet et Chaumont, *la Persécution religieuse en Saône-et-Loire pendant la Révolution*, 1889-1903. 4 vol. in-8. Bibl. nat., Ld 3/344, t. II, p. 303.
(3) Sciout, t. II, p. 296.

leurs chapelles (1). Le département transmit cette
demande à l'Assemblée constituante avec avis défa-
vorable (30 juillet 1791), et arrêta que les non-conformistes pourraient continuer à fréquenter leurs
chapelles, à condition qu'aucune fonction paroissiale
n'y fût exercée (2).

En Bretagne, la lutte fut vive entre les deux sectes,
et là, les directoires de département furent défavo-
rables à la liberté des cultes. On a vu que le directoire
du Finistère, dès le 21 avril 1791, par un arrêté révolutionnaire et illégal, avait ordonné aux prêtres
insermentés de s'éloigner à quatre lieues de leur
ancienne paroisse. Le 2 juillet, il enjoignit aux
districts d'envoyer tous ces prêtres à Brest (3).

Le directoire de la Loire-Inférieure arrêta, le
9 mai 1791, que les curés et vicaires insermentés
seraient tenus de sortir du territoire de leur
ancienne paroisse, sous peine d'être détenus « pour
otages de la tranquillité publique et du rétablissement de l'ordre », et, le 9 juin, il décida de les
interner à Nantes, dans le séminaire (4).

Dans l'Ille-et-Vilaine, le directoire ne fut pas plus
favorable à l'application du décret du 7 mai, et,
le 3 juin 1791, il écrivait au Comité des rapports,
avec une franchise naïve : « Quand un écriteau

(1) Registre (imprimé) des délibérations de la municipalité,
t. IV, p. 235.
(2) Sciout, t. II, p. 326.
(3) Sciout, t. II, p. 301.
(4) Sciout, t. II, p. 299 et 301.

indiquera le temple où ceux-ci (les réfractaires)
pourront exercer le culte religieux, les patriotes
s'en éloigneront à coup sûr; alors les non-confor
mistes connaîtront leur force, et en deviendront
plus obstinés et plus entreprenants; car, il ne faut
pas se le dissimuler, ils sont presque deux contre
un patriote dans cette ville (1). »

En Vendée, le directoire du département n'ap-
porta que quelques restrictions à l'application du
décret du 7 mai. Mais la querelle entre les deux
sectes annonça la guerre civile. M. Chassin, dans
son livre la *Préparation de la guerre de Vendée*, a
donné les faits utiles, et je renvoie le lecteur à ce
livre. J'ai déjà cité un extrait du journal intime de
Dumouriez, commandant à Niort, qui caractérise
l'état d'esprit des « patriotes » les plus intelligents
d'alors par rapport à la liberté des cultes. Il y écrit
aussi : « Les 17, 19, 20 (août 1791), pétition de plus
de 200 personnes de tout état, de Fontenay, pour
demander une église non-conformiste, et présentée
aux commissaires, qui la rejettent sagement. » Et
il ajoute : « La pétition occupe tous les esprits; elle
est soutenue sous main par le directoire du département; elle divise le district, mais la municipalité
est unanime pour la rejeter (2). »

Les commissaires dont parle Dumouriez, c'étaient
Gallois et Gensonné, que, sur la demande de l'As-

---

(1) Sciout, t. II, p. 317.
(2) Chassin, *la Préparation*, t. II, p. 29.

semblée constituante, le ministre de la Justice avait
envoyés en Vendée et dans le district de Châtillon
(Deux Sèvres) pour y faire une enquête et y rétablir
l'ordre.

Ce n'est pas la Constituante, c'est la Législative
qui reçut leur rapport, mais les faits qu'ils y rela-
tent sont tous de l'époque de la Constituante.

Ce rapport est fort instructif. On y voit quel attachement les paysans vendéens avaient pour leurs
prêtres insermentés et comment ils étaient devenus, par amour pour eux, moins partisans de la
Révolution. Au lieu de leur laisser la liberté des
cultes, les commissaires prirent le parti de repousser les pétitions des non-conformistes tendant à
louer des édifices pour leur culte : « Comme ces
pétitions, disent-ils, que nous savions être provoquées avec le plus d'activité par les personnes qui
ne les signaient pas, nous paraissaient tenir à un
système plus général et plus secret, nous n'avons
pas cru devoir statuer sur une séparation religieuse
que nous croyons, à cette époque et vu la situation
de ce département, renfermer tous les caractères
d'une scission civile entre les citoyens (1). »

VIII

Ainsi, en 1791, la plupart des patriotes, ignorants
ou instruits, étaient hostiles en fait à la liberté des

(1) *Moniteur*, réimpr., t. X, p. 346.

cultes, et, ne voulant point de schisme, s'oppo-
saient à l'application du décret du 7 mai 1791, qui
établissait indirectement la liberté des cultes.

Cette liberté, au moment où le peuple s'y oppo
sait si violemment, à Paris et dans les départements,
la Constituante la proclamait enfin, de manière à
corriger et à compléter l'article de la Déclaration
des Droits qui n'accordait que la tolérance. En
effet, quand elle revisa la Constitution, elle y
ajouta (9 août 1791), parmi les dispositions fon-
damentales que ladite Constitution garantisssait,
« la liberté à tout homme d'exercer le culte auquel il est attaché ». Et, à lire les journaux, il ne
semble pas que cette disposition ait suscité aucun
débat.

D'autre part, l'article 11 du titre II de la loi de
police du 19 juillet 1791 condamnait à l'amende et
à la prison « ceux qui auraient outragé les objets
d'un culte quelconque, soit dans un livre public,
soit dans les lieux destinés à l'exercice de ce culte,
ou, ses ministres en fonctions, interrompu, par un
trouble public, les cérémonies religieuses de quelque
culte que ce soit ».

Enfin, dans sa proclamation du 28 septembre 1791
Louis XVI réclama la liberté des cultes en termes
très véhéments. Il y disait : « Que les opinions religieuses ne soient plus une source de persécutions
et de haines; que chacun, en observant les lois,
puisse pratiquer le culte auquel il est attaché et que,
de part et d'autre, on n'outrage plus ceux qui, en

suivant des opinions différentes, croient obéir à leur conscience. »

Ces paroles royales eurent un grand retentissement : elles encouragèrent les directoires de département, sous la Législative, à contrecarrer résolument les municipalités en faveur de la liberté des non-conformistes.

14 août 1905.

III

LES ORIGINES DE LA SÉPARATION DES ÉGLISES ET DE L'ÉTAT : L'ASSEMBLÉE LÉGISLATIVE

I

On a vu que l'Assemblée constituante, qui d'abord, dans la Déclaration des Droits, n'avait proclamé que la tolérance, avait fini par proclamer la liberté des cultes, et même par l inscrire dans la Constitution.

On a vu aussi que cette liberté, quoique constitutionnelle, avait été contestée, ou troublée dans son exercice, ou même entièrement supprimée, sclon les régions, par le fanatisme des deux sectes qui s'étaient formées dans l'Église romaine.

Ces violations de la loi, ces troubles religieux continuent sous la Législative.

Aux mois d'octobre et de novembre 1791, c'est la répétition d'incidents analogues à ceux qui avaient marqué les derniers mois de la carrière de la Constituante.

Au lieu d'en essayer un récit général, qui, dans l'état de nos connaissances, serait forcément imparfait, j'aime mieux prendre un exemple, apporter un texte précis sur un fait particulier.

Ainsi, je trouve aux Archives nationales un document qui nous fait connaître les mésaventures des catholiques non-conformistes à Saint-Lizier-de-Couzerans, dans le district de Saint-Girons (Ariège). C'est un mémoire que le syndic de ces catholiques envoya au roi, le 18 décembre 1791, pour se plaindre à lui des violences qu'ils avaient subies, depuis le mois d'octobre précédent, de la part des catholiques constitutionnels.

Comme tout dans ce mémoire est utile à notre sujet, je le citerai en entier.

Le voici :

SIRE,

Le bonheur de votre peuple ne vous permet pas d'être sans inquiétude ; vous le désirez, vous le cherchez par vos pénibles travaux. La Constitution que vous venez de sanctionner nous en garantit la jouissance. Que n'en respecte-t-on les lois, autant qu'on l'admire ! L'empire français serait, suivant le vœu de tous, le modèle de tous les empires ; la paix, l'union y régneraient, comme dans une famille qui n'a qu'une même façon de penser, qu'un même sentiment ; enfin une classe de citoyens malheureux ne viendrait pas vous affliger par le récit des maux dont elle est la victime, et n'aurait pas à réclamer, du centre des Pyrénées, votre justice et votre bonté paternelle, pour en voir la fin.

La majeure et très grande partie des citoyens de la ville
ci-devant épiscopale de Saint-Lizier-de-Couzerans, autorisée par la sagesse des lois en faveur de la liberté des
opinions religieuses, celle du culte et celle du choix de
ses ministres pour le culte que veut suivre chaque individu, s'est décidée à suivre dans toute son étendue la
religion catholique, apostolique et romaine non salariée
par l'État.

Pour parvenir à l'exécution de leurs projets, les exposants furent nécessités de s'assembler ; mais, préalablement, ils devaient faire connaître leur vœu à la municipalité ; ils le firent par acte du 20 octobre dernier, comme
il résulte de l'extrait de dénonce, cote n° 1 (1). La municipalité n'ayant montré aucun sentiment d'improbation,
les exposants s'assemblèrent paisiblement et sans trouble
le susdit jour 20 octobre dernier. Ils délibérèrent sur les
moyens qu'ils devaient prendre pour l'exercice de leur
culte sans s'écarter de la loi ; ils nommèrent pour leurs
ministres les sieurs Durau et Saurat, leurs anciens
curés, hommes de bien et de paix, s'il en fut jamais ;
enfin ils délibérèrent sur tous les objets qui pouvaient
avoir trait au motif de l'assemblée. Du reste, cette délibération n'annonce de la part des délibérants qu'amour
pour la paix, soumission pour les lois et zèle pour le
soutien de leur religion : appert de l'extrait d'icelle, qu'on
remet sous cote n° 2.

Leurs vues de paix autant que de précaution sage
n'auraient pas été remplies de la part des délibérants,
s'ils n'avaient pas fait connaître leur délibéré dans tout
son contenu, ou pour le corriger, s'il y avait lieu, ou pour
le réformer entièrement, s'il déplaisait ; ils en firent
donner copie : 1° à la municipalité, qui le trouva conforme aux lois ; 2° au directoire du district, qui ne donna

(1) Cette pièce manque, ainsi que les autres qui sont
annoncées dans cette pétition comme jointes.

pas la plus légère marque d'improbation ; 3° à MM. les
deux curés constitutionnels, qui n'en réclamèrent pas ;
4° enfin aux dits sieurs Durau et Saurat, qui y sont nommés ministres du culte, qui néanmoins n'y souscrivirent
qu'en ces termes : *Adhérant autant que la loi peut le permettre.* Telle a été la conduite qu'ont tenue les exposants.

Après tant et de si sages précautions, poussées même
plus loin que la loi ne le demandait, les délibérants
avaient-ils lieu de craindre des troubles dans l'exercice
de leur culte ? Ils en ont cependant éprouvé. Et jusqu'à
quel point ! C'est ici où va commencer l'histoire de la
persécution dont ils sont les malheureuses victimes, et
l'histoire des horreurs sacrilèges dont on n'a pas vu
d'exemple.

C'est le 23 octobre dernier, jour de dimanche, que
devait se commencer et que commença en effet l'office
divin dans l'église sur le frontispice de laquelle on avait
mis l inscription : *Église des catholiques romains non-
conformistes* (1).

Privé depuis longtemps de l'avantage de pouvoir assister
à de pareils offices, le peuple y accourut en foule, mais
paisiblement. Transportés de joie, plusieurs, soit hommes,
soit femmes, furent au devant de leurs ministres, qui se
rendaient à leur église. On y arrive, l'office divin commence,
la messe se dit. Aussitôt des forcenés arrivent, méprisant
le lieu saint, insultant et menaçant les assistants qui, en
vrais serviteurs de Jésus-Christ, modèle de toute patience,
ne répondirent à ces procédés impies que par le plus
profond silence. Le divin office fini, les menaces de
maltraitement recommencent. La municipalité en est
instruite : elle en demande la raison : on lui répond que
l'autorisation donnée par elle à la délibération des exposants était insuffisante pour qu'ils pussent exercer publi-

(1) C'est une ancienne chapelle d'hôpital qui a été trans-
portée ailleurs pour le bien des pauvres. (*Note de l'original.*)

quement leur culte, qu'il fallait encore être autorisé par
le district et le département. Mais que fait-elle? Pour un
bien de paix, elle défend de continuer la célébration de
l'office divin, jusqu'à ce qu'on eût l'approbation du district et du département. C'en fut assez: les exposants
suspendent tout ; ils envoient deux députés au district
pour avoir son avis sur leur délibération et sur leur inscription ; de là on va au département pour avoir son arrêté.

Mais, sur ces entrefaites, qu'arrive-t-il? Sur un verbal
d'un seul municipe, ennemi déclaré des catholiques non-
conformistes, le commissaire du Roi et l'accusateur public
font au tribunal des réquisitions aussi foudroyantes
qu'injustes contre les susdits délibérants, et notamment
contre les sieurs Durau et Saurat, leurs ministres, principalement pour avoir adhéré à la susdite délibération,
quoique ce ne soit qu'avec la réserve, *autant que la loi
peut le permettre*, ce qui aurait dû être pour eux une
preuve de leur soumission à la loi ; et encore contre le
sieur Louis Darguin, sous-diacre, pour avoir prêté
territoire pour tenir la susdite assemblée, et contre le
sieur Darguin (Charles), son frere, pour avoir signé la
délibération comme greffier d'office. Le tribunal, aussitôt,
même sans examiner s'il était compétent ou non pour
connaître de cette affaire, rend une ordonnance d'enquis
et d'arrestation contre les personnes des sieurs Durau et
Saurat, prêtres respectables, et contre les sieurs Darguin
frères, comme s'ils eussent été coupables de plus grands
crimes ; il fait mettre à exécution cette injuste et cruelle
ordonnance contre le sieur Louis Darguin, sous-diacre ;
il le fait conduire avec toute l'ignominie possible par les
cavaliers de la maréchaussée, non dans une maison
d'arrêt, comme porte l'ordonnance, mais dans une prison
pour y être confondu avec les plus grands criminels.
Se fût-on jamais attendu à de si injustes et cruelles
vexations sous l'empire des lois protectrices de la
liberté?

Tandis que tous les cantons de Couzerans retentissent
et frémissent de l'horreur des procédés indignes exercés
contre les sieurs Durau, Saurat et Darguin frères, arrivent les députés envoyés auprès du district et du département, portant un avis et un arrêté conçu en ces termes :
*La municipalité protégera les pétitionnaires dans l'exer-
cice de leur culte, lorsque l'inscription sera mise sur le
frontispice de l'église qu'ils y ont consacrée en exécution
de la loi*; appert du double de l'arrêté, coté n° 3.

Les exposants sembleraient bien autorisés ici à se
permettre quelques réflexions sur la contradiction frappante qui se trouve dans le jugement porté par le district
et le département sur leur délibération, et l'opinion
affreuse que s'en est formée le tribunal, qui déjà, sans
qu'on en sache les charges, a procédé à l'enquis à la
diligence de l'accusateur public, qui a fait ouïr la famille
des chefs de la bande des malheureux auteurs de tous
les troubles, chez laquelle il demeure. Mais non ! ces
réflexions, protecteur de l'innocence opprimée, n'échap-
peront point à la profondeur de votre sagesse.

Munis de l'arrêté du département, qui non seulement
approuve leur délibération, mais qui enjoint encore à la
municipalité d'en surveiller l'exécution, les exposants
notifièrent ledit arrêté à celle-ci, qui, de son côté, le rendit
public par la voie des affiches. Cet acte légalement fait,
et étant plus que suffisamment autorisés à ce faire, les
susdits exposants reprirent les exercices de leur religion
le 20 novembre dernier ; ils n'éprouvèrent ce jour-là aucun
obstacle. Les offices divins furent célébrés paisiblement
et sans troubles pour cette fois. Les exposants crurent
avoir recouvré la tranquillité et la paix ; mais que leur
espoir fut bientôt cruellement déçu ! que cette paix fut
de courte durée ! Le dimanche suivant, 27e du susdit
mois, lorsque le peuple accourait en foule aux offices du
soir, ces malheureux, dispersés sur les avenues dudit
temple, recommencèrent les scènes scandaleuses, mena-

çant les uns, insultant aux autres ; ils se portèrent jusqu'à frapper un vieillard respectable, le sieur Micole père ; pendant l'instruction, ils chantent près de la porte de l'église, ils dansent, poussent des cris menaçants, bien capables de porter la frayeur dans le cœur des plus intrépides ; pendant les vêpres, mêmes troubles, mêmes insultes. Enfin, dans la nuit, ces malheureux sacrilèges enfoncèrent la porte de la dite église, ils la pillèrent, et en enlevèrent tout ce qui servait à la célébration de l'office divin ou à sa décoration, et furent jeter la plupart de ces effets dans la rivière, après avoir choisi ce qui leur convint. Quelles horreurs ! Quels traitements ! Qu'avait-on fait pour les mériter ? Avait-on manqué aux lois, aux égards, à la soumission envers quelque autorité que ce fût ? Les exposants auraient bien pu repousser l'oppression par la force, cent contre un, un peuple assemblé contre quelques forcenés, il est aisé de l'imaginer ; le succès du combat n'eût pas été incertain. Mais non, la douceur, la patience sont le caractère des vrais chrétiens. Les exposants en donnèrent un bel exemple : à toutes ces oppressions, point d'opposition ni d'autre résistance de leur part que les prières, les pleurs et les gémissements. Telle a été, Sire, leur conduite, conduite vraiment prudente, puisqu'elle a empêché des maux incalculables, peut-être même un commencement de guerre civile. Ils espèrent néanmoins de la justice de Dieu et de la puissance qu'il a mise entre vos mains que vous rétablirez parmi eux l'ordre et la paix.

Toujours plus attachés au culte de leur religion à mesure qu'on redouble de violences pour leur en empêcher l'exercice, et les en dégoûter, les exposants furent recueillir, le lendemain lundi, tous les effets de leur église qu'ils purent trouver au bord du Salat (1) ; ils remirent,

(1) Saint-Lizier est situé sur une colline qui domine cette rivière.

autant qu'ils en eurent le moyen et qu'il leur fut possible,
leur dite église dans un état de décence qui pouvait permettre d'y continuer la célébration de l'office divin le
dimanche suivant. L'office divin, en effet, s'y célèbre le
dimanche 3 décembre courant; dans les matinées, on
n'essuie pas de bien grandes insultes; mais, dans l'après-
midi, que va-t-on voir? O scènes horribles! ô atrocités
sacrilèges! que ne peut-on en perdre le souvenir pour
jamais? Et pourquoi faut-il en tracer le tableau devant
le plus chéri de tous les monarques, qui ne peut qu'en
frémir?

Dans l'après-midi, lorsque l'église était pleine de
monde, soit de la ville, soit de la campagne, assistant
aux instructions, une horde de scélérats, quelques-uns
armés de sabres, et parmi lesquels on distingue des
filles et des femmes, se présentent à l'église, la fureur
peinte sur leur front. Le peuple innocent et timide se
répand aussitôt en sanglots. Touché de ses larmes, le
sieur Saurat, qui instruisait, interrompt ses fonctions,
tâche en vain de rassurer ce peuple; il se présente devant
les furieux avec la modération et le courage que lui commande son ministère; il leur parle, et leur dit : « Messieurs et amis, que voulez-vous de nous? Nous ne faisons, et nous sommes bien éloignés de vouloir faire du
mal à personne; daignez nous laisser tranquilles, je vous
en conjure par le Dieu que nous servons. » Ces paroles
n'ayant produit aucun effet, les pleurs et les larmes du
peuple redoublèrent. Le sieur Saurat parle derechef aux
scélérats qui n'avaient pas voulu l'écouter : « Messieurs,
leur dit-il, cherchez-vous des victimes? Me voici, je
m'offre à vous, frappez, répandez mon sang; mais, à ce
prix, épargnez celui de mon peuple; je meurs content en
mourant pour lui. »

A ce discours, il est vrai, les furieux sortirent de
l'église, mais pour peu de moments seulement et jusqu'à
ce que, l'office divin fini, le peuple se retira. Mais, bientôt

après, ils rentrent dans l'église, ils mettent tout sens
dessus dessous, ils coupent et brisent les images, l'autel,
les confessionnaux, le linge, tout, en un mot, jusqu'au
placard mis, suivant la loi, sur la porte de l'église; du
débris du temple, ils en font un feu de joie devant le
temple même; quelques-uns en emportent en triomphe
des morceaux chez eux; point d'horreurs, en un mot,
qu'on ne fît; on ne les croirait pas, et on n'a pas le courage d'en continuer le détail.

L'eût-on jamais cru que, sous le règne des lois les plus
sages, et de la liberté qu'elles assurent, on peut voir des
hommes capables de se porter à tant et de si sacrilèges
atrocités, qui nous privent tout à la fois, et de l'assistance au sacrifice de la messe et de l'assistance aux
offices divins, que le renversement de l'autel et la spo-
liation de l'église ne permettent plus de continuer? C'est
vers vous, père du peuple, que sont tournés les cœurs des
malheureux qui en sont la victime. Ils l'espèrent de votre
justice: les coupables répareront les dommages causés
dans le temple et l'insulte faite à la divinité; par vous,
ô grand roi, leur audace entreprenante finira; vous rétablirez parmi nous le culte, la paix et l'ordre; enfin, vous
rendrez à la tranquillité et au calme nos cœurs qui en
sont véritablement dignes. Des vœux continuels pour
votre prospérité seront l'effet de notre vive et juste reconnaissance.

Durrieu, syndic des catholiques non-conformistes (1).

Ce récit est certainement tendancieux; on sent que
toute la vérité n'y est pas dite, et on voudrait connaître la version des catholiques constitutionnels,
des « patriotes ». Mais on y voit qu'en cette région

(1) Arch. nat., Fⁱᶜ III, Ariège, 8.

des Pyrénées les passions religieuses étaient exci-
tées jusqu'à la guerre civile.

De cet incident, comme de ceux dont nous avons
pu retrouver la trace en d'autres régions, il résulte
qu'en beaucoup d'endroits les patriotes étaient convaincus, alors comme auparavant, que si on permettait aux non-conformistes d'exercer leur culte,
c'était la contre-révolution. On voit aussi, par
presque toutes les expressions authentiques et significatives de la pensée du clergé romain, que les
catholiques papistes étaient en général convaincus
que, si le culte constitutionnel subsistait, c'en était
fait de la religion.

Je parle des départements. A Paris, c'est toujours
le même état des esprits et des choses. On ne laisse
même pas les non-conformistes exercer paisiblement leur culte dans les chapelles particulières
où ils s'assemblent sans aucune publicité. Du 23 septembre au 11 octobre 1791, il y eut des rassemblements tumultueux à la porte de ces chapelles,
par exemple à celle de la communauté des prêtres
irlandais, établis rue des Carmes sous le nom de
collège des Lombards. Des femmes furent fouettées (1).

Le 12 octobre, un arrêté du directoire du département de Paris enjoignit à la municipalité de faire
à l'avenir respecter la liberté des cultes, et au pro-

_____

(1) Voir les textes réunis par l'abbé Delarc, *l'Eglise de
Paris pendant la Révolution*, t. II, p. 13.

cureur de la commune de poursuivre les délin-
quants (1).

Le 14, le corps municipal, faisant semblant d'obéir,
ouvrit au public les églises des Carmélites, de l'Institution, du Val-de-Grâce, de Sainte-Marie, et permit d'y célébrer le service divin « sous la direction
et surveillance du curé de Saint-Jacques-du-Haut-
Pas ou autres curés dans la paroisse desquelles les-
dites églises se trouveront ».

C'était, en réalité, interdire le culte aux non-
conformistes.

A cet arrêté dérisoire, le directoire du département répondit, le 19 octobre 1791, par un arrêté où
il était dit « que tout citoyen, toutes sociétés, agré-
gations et communautés religieuses ou séculières
pourront ouvrir leur églises, chapelles, temples et
autres lieux qu'ils entendent destiner à l'exercice
d'un culte religieux quelconque, sans être soumis
à autre surveillance qu'à celle des officiers de police, auxquels il est enjoint de veiller à ce qu'il ne
se passe dans ces lieux rien de contraire à l'ordre
public ».

Mais les efforts du directoire pour assurer la
liberté des cultes restèrent vains, et s'il n'y eut plus
alors à Paris de troubles à propos des religieux, ce
fut parce que les non-conformistes cessèrent d'exercer publiquement leur culte.

(1) *Moniteur*, réimp., t. X, p. 126.

II

Ainsi, au début de la Législative, il n'y a pas moyen de faire fonctionner le régime de la liberté des cultes établi par la loi et la Constitution. D'où vient cette discorde ? En partie de ce qu'il y a des prêtres salariés et des prêtres non-salariés, des prêtres fonctionnaires et des prêtres non-fonctionnaires. Si on supprimait cette différence, si on abolissait le budget des cultes, si l'État ne se mêlait plus de la religion, ne serait-ce pas un moyen de faire cesser ou d'atténuer la discorde ? Voilà ce que se disent, dès cette époque, quelques observateurs hardis.

Par exemple, en octobre ou en novembre 1791, l'auteur anonyme d'une *Opinion sur les cultes religieux et sur leurs rapports avec le gouvernement* (1) propose un projet de séparation des Églises et de l'État, comme nous dirions, où il y a ces deux articles fort nets : « Désormais aucun culte religieux ne sera payé par l'État. Le gouvernement respectera et fera respecter tout homme parlant ou agissant au nom et par le mouvement de sa conscience, en tant que ses actions et ses discours ne tendent point à troubler l'ordre public établi par la loi. La nation déclare qu'elle n'a plus besoin de prêtres pour constater l'état des citoyens et qu'ainsi, n'ayant plus de

(1) Paris, 1791, in 8 de 16 pages. Bibl. nat., Ld 4/3555.

fonctions à leur prescrire, elle n'a plus de salaire à leur donner. »

Nous ne savons pas si cette manifestation fut remarquée. Mais on remarqua certainement une lettre d'André Chénier, que publia le *Moniteur* du 22 octobre 1791, non à cause de la personnalité d'André Chénier, qui était peu connue, mais parce que *le Moniteur* était le plus important des journaux d'alors. On lisait dans cette lettre (1) :

La classe du peuple la moins éclairée n'a peut-être pas tort quand elle pense que plusieurs de ses prêtres dissidents ne sont que des hypocrites, à qui les intérêts de leur religion sont très indifférents, et qui n'ont d'autre but que d'embarrasser les établissements nouveaux par des obstacles et des désordres. Mais elle a grand tort quand elle croit prévenir leurs desseins sinistres par la violence et les mauvais traitements ; et c'est sur quoi elle devrait être instruite par les nouveaux prêtres en qui elle a confiance. Au lieu que plusieurs d'entre eux ne sont eux-mêmes que des ambitieux, haineux et turbulents, qui, s'appuyant toujours de l'Évangile, livre où on trouve tout ce qu'on y cherche, ne voient dans toutes ces querelles que l'occasion de s'élever en faisant retentir les chaires et la tribune des bruyantes déclamations d'une loquacité apostolique ; toujours soutenus en cela par de soi-disant patriotes, dont tout le patriotisme consiste a épier les passions populaires, pour, au moment de leur explosion, les soutenir et les justifier par de durs sophismes ou des convulsions d'énergumènes.

Nous ne serons. délivrés de l'influence de pareils

(1) André Chénier, *Œuvres en prose*, p. 102-103 ; et *Moniteur*, réimp., t. X, p. 166. La lettre est datée du 19 octobre 1791.

hommes que quand l'Assemblée nationale aura maintenu
à chacun liberté entière de suivre et d'inventer telle religion qu'il lui plaira ; quand chacun payera le culte qu'il
voudra suivre, et n'en payera point d'autre ; et quand les
tribunaux puniront avec rigueur les persécuteurs et les
séditieux de tous les partis. Et si des membres de l'Assemblée nationale disent encore que tout le peuple français n'est pas assez mûr pour cette doctrine, il faut leur
répondre : Cela se peut, mais c'est à vous à nous murir
par votre conduite, par vos discours et par les lois.

En un mot, les prêtres ne troublent point les États
quand on ne s'y occupe point d'eux ; et ils les troublent
toujours quand on s'en occupe, de quelque manière
qu'on s'en occupe.

André Chénier était de ces patriotes modérés et
philosophes à la manière de Talleyrand, de Siéyès
et de ces membres du directoire du département de
Paris, qui, dès le 11 avril 1791, avaient essayé d'établir la liberté des cultes et qui dès lors semblaient
presque s'élever à l'idée de la laïcité de l'État.
Mais, même parmi les patriotes avancés, il y en
avait maintenant, à cette époque du début de la
Législative, qui comprenaient qu'on avait fait fausse
route en resserrant les liens de l'Église et de l'État
par la Constitution civile du clergé. Peu de jours
après la publication de la lettre d'André Chénier,
il parut dans un influent journal à opinions démocratiques et à demi-républicaines, *les Révolutions
de Paris*, un long article sur la question religieuse,
où il était formellement déclaré que l'État avait eu
tort de salarier les prêtres Si ce journal antiroyaliste

affectait de rendre Louis XVI personnellement responsable de la violence des troubles suscités par les catholiques des deux sexes, il attribuait aussi ces troubles à l'ignorance et aux passions populaires, et il proposait une adresse au peuple pour lui enseigner le respect de la liberté de conscience et lui donner des conseils philosophiques. Les *Révolutions de Paris* ne demandaient pas la séparation pour tout de suite, l'opinion n'étant pas mûre, mais propo saient quelques mesures préparatoires (1).

A la fin de l'année 1791, il y a donc dans la presse quelques manifestations dans le sens de la séparation des Églises et de l'État; elles sont le fait de quelques citoyens éclairés, mais ne correspondent à aucun mouvement analogue, je ne dis pas seulement de la part des ouvriers et des paysans, qui sont encore fanatiques, mais de la part de la bourgeoisie instruite.

III

La question de la liberté des cultes se posa devant l'Assemblée législative, dès le 7 octobre 1791, sur l'initiative de Couthon, qui demanda moins l'organisation de cette liberté que des mesures contre les papistes. « Nous sommes, dit-il, envoyés ici pour amener le calme, et nous ne pourrons jamais y par-

(1) *Révolutions de Paris*, numéro du 22 au 29 octobre 1791, p. 162 à 170.

venir, si nous ne prenons des mesures rigoureuses
contre les prêtres réfractaires. (*On entend quelques
applaudissements.*) Il y a dans la campagne des curés
qui restent dans leurs paroisses, quoiqu'ils soient
remplacés, et ils font du mal par leur seule présence.
(*On murmure.*) Cela est trèssérieux : il y a des endroits
où les prêtres constitutionnels ont été poursuivis à
coups de bâton pendant le jour, et à coups de fusil
pendant la nuit. Les prêtres réfractaires continuent
leurs fonctions. Ils disent la messe, confessent, font
l'eau bénite dans leurs maisons. (*On rit.*) Il est
impossible d'acquérir des preuves contre eux. Ils
n'ont pour témoins que leurs partisans. Je vais
vous citer un fait dont je suis certain. Un prêtre
constitutionnel est entré dans l'endroit où un prêtre
réfractaire disait la messe ; le réfractaire s'est desha-
billé au milieu de la messe, et s'est enfui en criant :
« Cette église est polluée ! » J'insiste pour que nous
méditions sérieusement sur les mesures qu'exigent
les circonstances. » En vain Ramond demanda « la
question préalable sur le mot *prêtre* ». Lequinio
insista pour que l'on prît des mesures, se plaignant
que « dans son district il n'y eût encore qu'un curé
de remplacé », et que, « dans une paroisse où l'on
baptisait par semaine vingt enfants, on n'en bap-
tisât plus que trois (1) ». Loin de songer à laïciser

---

(1) *Moniteur*, réimp., t. X, p. 56 et 57. On fera bien de lire
aussi le discours de Couthon dans le compte rendu du
Journal logographique de Le Hodey (p. 124), qui offre quelques variantes intéressantes.

l'État, Lequinio, qui sera pourtant un des premiers
et un des plus violents déchristianisateurs, demandait une intervention de l'État pour empêcher le
dépérissement ou l'altération de la religion catholique.

Ajourné à quinzaine, le débat sur la question religieuse commença le 21 octobre 1791.
Le modéré Baert fit un discours d'esprit laïque.
Mais, à l'Assemblée comme dans la presse, ce ne
sont plus seulement les modérés qui s'orientent
vers la séparation des Églises et de l'État. C'est un
homme d'extrême gauche, le girondin Ducos, qui, le
premier, posa à la tribune le principe de la séparation : « Le problème à résoudre, dit-il, c'est celui-ci :
en établissant la liberté de tous les cultes, comment
empêcher qu'aucun d'eux ne devienne partie
constituante de l'ordre social ? Il est évident que le
culte qui entrerait dans la constitution de l'État
ferait éprouver une grande injustice à tous les
autres. » Et, précisant davantage, parlant presque
le langage d'aujourd'hui : « Separez, dit-il, de ce qui
concerne l'État tout ce qui concerne la religion ;
assimilez la manifestation des opinions religieuses
à la manifestation de toutes les autres : assimilez
les assemblées religieuses à toutes les autres réunions de citoyens ; que toutes les sectes aient la
liberté de choisir un évêque ou un iman, un ministre
ou un rabbin, comme les sociétés populaires, par
exemple, ont la liberté d'élire dans leur sein un
président et des secrétaires ; que la loi s'adresse

toujours au citoyen et jamais au sectateur d'une
religion quelconque ; enfin, que l'existence civile
et politique soit absolument indépendante de l'existence religieuse. »

Mais le projet de loi que présenta Ducos (1) n'était
qu'une application partielle et timide du principe
exposé dans son discours : il proposait, en substance, que la Constitution civile ne fût plus appliquée que dans les communes où les municipalités
le demanderaient.

L'autre tendance, la tendance illibérale, se mani-
festa aussitôt dans la même séance : Jean-Francois
Duval, député de la Manche, proposa un engagement civique à faire souscrire aux prêtres ; ceux
qui s'y refuseraient seraient tenus de porter sur
leur vêtement, à la hauteur du sein gauche, cet
écriteau : *Prêtre suspect de sédition.*

Le 29 octobre, Ramond demanda que tous les
cultes fussent salariés par l'État. Le 3 novembre,
Gensonné proposa une revision de la Constitution
civile dans le sens d'une demi-séparation.

Tous ces projets furent renvoyés au Comité de
législation, qui présenta lui-même un premier projet, le 14 novembre, que l'Assemblée rejeta comme
bâclé. Un second projet, présenté le 16 par François de Neufchâteau, eut du succès.

L'idée de la séparation ou de la laïcité de l'État
s'y faisait jour dans un article 14, où il était proposé

(1) *Moniteur,* réimp., t. X, p. 81

de remplacer le titre de *Constitution civile du clergé*
par celui de *Lois concernant les rapports civils et
les règles extérieures de l'exercice du culte catholique
en France*, et de ne plus désigner les évêques, curés
et vicaires sous la qualification de *fonctionnaires
publics*, mais sous celle de *ministres du culte catholique salariés par la nation*.

Cet article, discuté dans la séance du 21 novembre,
fut supprimé à la demande de l'abbé Lamourette,
qui voyait là « le premier germe d'un grand changement pour des époques plus reculées », à savoir
« l'établissement du théisme en France », et qui jugeait « contre nature la séparation que l'on voulait
établir entre l'Évangile et la Constitution » (1). Mais
il s'en fallait de beaucoup, en dépit de ce vote, que
la Législative fût unanime à glorifier la politique
d'union de l'Église et de l'Etat. Ainsi, le 25 novembre, Albitte ayant proposé de permettre aux
non-conformistes d'exercer leur culte dans des
églises particulières, pourvu que leurs ministres
eussent prêté le serment civique, le même Lamourette souleva des murmures en faisant à cet amen-
dement les objections mêmes que la Constituante
avait applaudies dans la bouche de Treilhard, et en
disant qu'accorder cette liberté, ce serait décider
qu'il y a deux cultes dans un culte, ce serait sanctionner le schisme. A cette doctrine Guadet opposa,

_____

(1) *Journal des Débats et des Décrets*, séance du 21 novembre 1791.

sans que la majorité protestât, la doctrine laïque de
la liberté de conscience, et s'écria même : « La théologie passera, et la raison est éternelle (1). »

Ce n'est cependant pas la doctrine laïque qui
triompha dans le décret au vote duquel aboutit, le
29 novembre 1791, cette discussion, mais ce décret
facilita, à un point de vue, l'exercice du culte
papiste, en ce qu'il supprima l'obligation de ce serment spécial sur lequel les non-conformistes avaient
tant équivoqué. La Législative se contenta d'exiger
des prêtres le serment civique que la Constitution
imposait à tous les fonctionnaires, se disant qu'on
verrait bien ainsi quels étaient ceux qui voulaient
vraiment conspirer contre la patrie. Elle décida que
les ecclésiastiques qui refuseraient ce serment ne
recevraient plus ni pensions ni traitements, qu'ils
seraient « réputés suspects de révolte contre la loi
et de mauvaise intention contre la patrie », qu'en
cas de troubles ils pourraient, par arrêté du direc
toire du département et sur l'avis du district, « être
éloignés provisoirement du lieu de leur domicile
ordinaire », et que dans chaque département il
serait dressé par le directoire une liste des prêtres
insermentés. Le même décret édictait deux années
de détention pour tout ecclésiastique qui aurait
provoqué à la désobéissance aux lois ou aux autorités. Enfin, le décret du 7 mai 1791 était rapporte
en deux de ses dispositions : désormais les églises

(1) *Moniteur*, réimp., t. X, p. 471.

paroissiales ne pourraient servir à aucun autre culte que le culte officiel, et dans les autres églises aucun ecclésiastique ne pourrait être admis s'il n'avait prêté le serment civique.

On voit que les principes de liberté invoqués dans le débat par les Girondins n'avaient guère influé sur la rédaction de ce décret, qui ne fut considéré que comme un acte de guerre ou de défense contre les papistes.

Le 5 décembre 1791, les membres du directoire du département de Paris signèrent, à titre individuel, une adresse au roi pour lui demander d'user de son droit de *veto*. La nation, disaient-ils en substance, n'a pas le droit de priver les prêtres insermentés de leur pension, car ces pensions sont des « dettes nationales ». On les dit suspects de révolte ; mais la loi n'a pas le droit de présumer le crime. Les protestants aussi, sous Louis XIV, étaient suspects, quand ils ne voulaient pas se soumettre à la religion dominante.

Le roi écouta ces conseils et refusa sa sanction au décret du 29 novembre 1791.

IV

Ce refus irrita les « patriotes » au plus haut degré, et parmi les expressions les plus significatives de cette irritation, je signalerai la pétition de la section du Théâtre-Français, rédigée par Camille Desmou-

lins (1) et la circulaire du club des Jacobins aux
sociétés affiliées, rédigée par Robespierre (2). On y
chercherait vainement la trace des idées de laïcité
que quelques orateurs venaient d'exprimer à la
tribune de la Législative : Camille Desmoulins et
Robespierre ne semblent avoir alors d'autre désir
que celui de faire cesser le schisme par la force, de
rétablir l'unité dans la religion d'État en ôtant toute
liberté aux non-conformistes.

Alors commença une période d'anarchie.

Dans une partie des départements on appliqua le
décret du 29 novembre 1791 comme s'il avait été
sanctionné, comme si c'était une loi ; ailleurs on
appliqua la loi du 7 mai 1791, comme si l'Assemblée
législative ne l'avait pas partiellement rapportée.

Les documents produits par M. Sauzay nous
apprennnent qu'à Besançon, au début de l'année
1792, un grand nombre de prêtres insermentés
disaient la messe dans les églises paroissiales
« sans aucune difficulté de la part des curés constitutionnels » (3). Et cependant il s'en faut de beaucoup que la liberté légale fût accordée, dans le
département du Doubs, aux non-conformistes. Ce
qui se passa dans la commune de Bretigney en est
une preuve. Le 24 mars 1792, les habitants, réunis,
prirent une délibération qui fut signée par tous les

---

(1) *Moniteur*, réimp. t. X, p. 106.
(2) *La Société des Jacobins*, t. III, p. 279.
(3) Sauzay, *Hist. de la persécution rév. dans le Doubs*, t. II
p. 291. Bibl. nat., Lk 4/1068, in-8.

citoyens lettrés de la commune, au nombre de 51,
et ou ils invoquèrent l'article 10 de la Déclaration
des Droits, le décret du 7 mai 1791. et le fait qu'ils
avaient reconstruit leur église l'année précédente
« ... Considérant enfin, disent-ils, que la volonte
générale, ferme et inébranlable de tous les habitants de Bretigney est de vivre et de mourir dans
le sein de l'Église catholique, apostolique et
romaine, la seule véritable où l'on puisse faire son
salut; redoutant tout changement dans cette divine
religion, à moins qu'il ne soit approuvé par l'Église;
nous avons unanimement délibéré de déclarer vouloir suivre de point en point la religion de nos
pères, celle qu'ont toujours suivie les prêtres et les
fidèles qui n'ont pas cru pouvoir en conscience
reconnaître les nouveaux évêques et pasteurs, et
de choisir pour desservir notre culte tel prêtre que
nous trouverons convenable. En conséquence, nous
avons nommé pour procureurs spéciaux Gabriel
Cachot et P.-Cl. Chaillet, qui ont accepté, à l'effet
de signifier, par la remise des présentes, au département et au district notre intention de nous déclarer hautement catholiques non-conformistes, en les
assurant de notre dévouement à la patrie, de notre
soumission aux lois, de notre respect pour les
autorités constituées, et de notre ardent amour
pour la paix. » Le district improuva cette délibération, et la déclara nulle (1). Il désapprouva aussi,

(1) Sauzay, t. II, p. 298.

à la même époque, une déclaration analogue de la
commune de Mont-de-Villers, en motivant son
refus sur ce que les églises paroissiales ne devaient
servir qu'au culte salarié par la nation (1). Il appli-
quait, on le voit, le décret du 29 novembre 1791
et considérait le décret du 7 mai 1791 comme
abrogé.

Il s'agit là de communes où l'unanimité des catholiques voulait exercer le culte non-conformiste, et
où cette liberté leur fut refusée. A plus forte raison
fut-elle refusée ou contestée à des minorités. Ainsi
à Aubonne, dans le district de Pontarlier, une qua-
rantaine de pères de famille déclarèrent qu'ils voulaient exercer le culte non-conformiste dans la chapelle particulière de M. Marguier, d'Aubonne,
ex-président au Parlement, demandèrent aux officiers municipaux de leur désigner une inscription,
et donnèrent à M. Marguier tout pouvoir pour les
représenter. Le 16 janvier, le curé constitutionnel
Barbier dénonça au district le fanatisme des non-
conformistes, qui avaient, selon lui, essayé d'assas-
siner des « patriotes » d'Aubonne (2). Le 21 janvier,
le groupe Marguier signifia par huissier sa délibération au district, qui en référa au département
avec un avis longuement motivé : « L'entreprise du
sieur Marguier (y était-il dit) tient à une coalition

---

(1) *Ibid.*, p. 299.
(2) Cette dénonciation est assez vague, et il y a là une
histoire de coups de fusil qui n'est pas claire. Voir Sauzay,
t. II, p. 309.

dont il dirige le fil. La religion n'est pas le but de cette faction, mais une contre-révolution qu'on médite doucement au nom du ciel... Dans la crise d'une guerre prochaine, l'exercice public du culte des non conformistes est du plus grand danger, par la crainte très fondée que, sous le prétexte de leur culte, ces dissidents ne fassent des rassemblements pour concerter une contre-révolution... » Et le décret du 7 mai 1791? « C'est pour Paris. Dans Paris, ces non-conformistes ne sont point à craindre comme dans une petite ville ou un village. » Le 24 janvier 1792, le directoire du département refusa l'autorisation, pour le motif que les pétitionnaires n'avaient pas « indiqué la manière dont ils entendaient constater les naissances, mariages et sépultures ». Alors (8 février) Marguier notifia au district, par ministère d'huissier, que les non-conformistes d'Aubonne les feraient constater par le curé constitutionnel, et en même temps il adressa au roi un mémoire, à la suite duquel le ministre de l'Intérieur, Cahier de Gerville, écrivit au directoire du département du Doubs, le 25 février 1792, que cette déclaration des non-conformistes méritait que leur mémoire fût examiné de nouveau. Et, dans un post-scriptum de sa main, il ajoutait : « Croyez, messieurs, que vous rendrez beaucoup d'amis à la Constitution en laissant chacun servir Dieu à sa manière, et que vous ôterez par là tout prétexte à ceux qui ne se servent de la religion que pour couvrir et masquer des intérêts temporels. » Le direc-

toire du département ne suivit pas cet avis : il consulta le district, consulta les députés du Doubs,
traîna les choses en longueur. Le 24 mars 1792,
Roland, qui avait remplacé Cahier de Gerville au
ministère de l'Intérieur, écrivit au directoire pour
le gourmander, le rappeler impérativement à l'observation de la loi : le directoire attendit jusqu'au
4 mai pour lui répondre, et sa réponse fut un refus
d'obéir. Il déclara qu'il persistait dans son arrêté
du 24 janvier précédent, et qu'il n'autorisait pas
M. Marguier à ouvrir sa chapelle au public; il ne
s'en servirait que pour sa famille. « Notre département, disait le directoire, est situé sur la frontière :
il importe d'y maintenir la paix et la tranquillité
par tous les moyens possibles. » L'exercice du culte
non-conformiste ne fut donc pas autorisé à Aubonne (1).

Mais, d'autre part, les tribunaux de district, dans
le même département du Doubs, acquittaient les
ecclésiastiques insermentés poursuivis pour avoir
exercé le culte (2).

Enhardis par cette divergence des autorités, les
catholiques du Doubs firent une tentative pour se
fédérer. A la fin de février 1792, Godillot, maire de
Flangebouche, rédigea « un pacte d'union » entre
les catholiques pour s'entr'aider contre les
« furieux ». Accompagné d'un missionnaire vêtu en

(1) Sauzay, t. II, p. 311 à 322.
(2) Ibid., t. II, p 354 à 400.

laïque, il fit signer ce pacte dans diverses communes.
Il fut arrêté à Charquemont, le 1er mars, par la
garde nationale sous l'inculpation d'avoir fait signer
pour l'émigration (1). Son entreprise échoua complètement.

Finalement, le directoire du département arrêta
(2 avril 1792) que tous les « ecclésiastiques perturbateurs » seraient transférés au chef-lieu (2).

Nous n'avons pas pour les autres départements
de détails aussi précis que pour le Doubs ; mais
nous savons, par un rapport du ministre Roland,
que 42 départements, appliquant le décret du
29 novembre 1791 comme si le roi l'avait sanctionné,
éloignèrent les prêtres insermentés du territoire de
leur ancienne paroisse. On peut donc dire que
dans la majeure partie de la France il n'y eut pas,
à la fin de 1791 et au commencement de 1792, de
liberté du culte pour les catholiques papistes.

V

Cependant le gouvernement persistait à réclamer

(1) Sauzay, t. II, p. 405 à 436. Traduit avec quelques autres
personnes devant le tribunal criminel du Doubs, Godillot
fut condamné, le 26 juin 1792, à un an de prison et 30 livres
d'amende, en application de l'article 11 du titre II de la loi
du 19 juillet 1791 (voir plus haut, p. 115), relatif aux outrages
contre les cultes (il aurait voulu empêcher le culte des
assermentés). Le jugement fut cassé par le tribunal de
cassation. Traduit devant le tribunal criminel de la Haute-
Saône, Godillot fut acquitté en février 1793.

(2) *Ibid.*, p. 472.

l'application des lois qui promettaient la liberté des cultes.

Le 10 janvier 1792, le ministre de la Justice, Duport du Tertre, adressa aux tribunaux une circulaire où il expliquait le *veto* opposé au décret du 29 novembre 1791 en disant que le roi voulait assurer la liberté de conscience. « La loi, disait-il, ne distingue pas entre le juif et le chrétien, le protestant et le catholique, le conformiste et le dissident. Elle ne juge pas les opinions et les personnes, mais les actions. » C'était la première fois que ce caractère laïque de la loi était proclamé, et on voit que c'est un ministre de Louis XVI qui fit cette première proclamation. Il reconnaissait d'ailleurs que les troubles actuels étaient « le fruit des intrigues de prêtres ambitieux ou fanatiques », et il recommandait aux tribunaux de sévir contre eux (1).

Le 5 avril suivant, Roland, ministre de la Justice par intérim, envoya aux tribunaux une circulaire dans le même sens, et non moins libérale (2). Puis, les troubles s'aggravant, il fit, le 23 avril, un rapport à l'Assemblée législative, où il annonça (comme nous l'avons déjà dit) que 42 départements avaient pris des arrêtés ordonnant le déplacement des prêtres insermentés et où il demandait des mesures

---

(1) On trouvera cette circulaire de Duport du Tertre dans le *Moniteur*, réimp., t. XI, p. 202.
(2) *Ibid.*, t. XII, p. 129.

pour faire cesser cet état de choses révolutionnaire.

Chargée d'examiner cette question, la Commission des Douze fit son rapport le 26 avril, par l'organe de Francais (de Nantes), qui se fit applaudir à
plusieurs reprises (1) en montrant qu'entre la
Révolution et les catholiques non-conformistes,
c'était une guerre à mort. « Nous sommes arrivés,
dit-il, au point où il faut que l'État soit écrasé par
cette faction, ou que cette faction soit écrasée par
l'État... Lorsque la grande famille des Francais se
donna des lois nouvelles en 1789 et en 1790, les
prêtres aujourd'hui dissidents refusèrent de les
reconnaître et de les suivre ; dès lors la société
acquit le droit de ne plus reconnaître et encore
d'expulser de son sein ceux qui refuseraient de
la connaître elle-même. Mais notre religion ! Mais
notre conscience ! Qu'est-ce donc qu'une religion
insociable par sa nature et rebelle par ses principes ? »

Le 5 mai 1792, le même Francais (de Nantes)
déposa un projet de loi, que l'Assemblée commenca
à discuter le 16.

Dans cette séance du 16, Vergniaud demanda la
déportation des prêtres insermentés, et ne dit rien
qui ne fût dans le sens des passions du jour.

Mais un abbé, ex-noble, député de Paris à la
Législative, M. de Moy, curé constitutionnel de

_____

(1) *Moniteur*, réimp., p. 229 à 232.

Saint-Laurent, fit un discours pour demander la suppression de la Constitution civile, et en réalité, la séparation de l'Église et de l'État. C'était ce qu'on appelait un curé philosophe, mais philosophe jusqu'à la libre-pensée, ou peu s'en faut. Déjà, au mois de janvier précédent, il avait publié un écrit contre la Constitution civile (1), qu'il appelait « cette monstruosité dans le code sublime de nos lois ». Il y indiquait tout un plan de laïcisation de l'Etat, mais avec une « religion nationale », sorte de religion civile, qui était le patriotisme. Son discours du 16 mai 1792 importe trop à notre sujet pour que nous ne le reproduisions pas en entier. Nous suivons le compte rendu du *Journal logographique* de Le Hodey, où il y a plus de détails qu'ailleurs sur les manifestations et interruptions que provoquèrent les hardiesses de l'abbé de Moy (2) :

M. DE MOY (3). — De toutes les corporations, la plus funeste dans un État est celle d'un clergé. La nation l'a senti ; en conséquence, elle a désorganisé cet ancien colosse qui pesait sur l'empire. Cependant, des débris de

---

(1) *Accord de la religion et des cultes chez une nation libre.* Bibl. nat., Ld 4/3831, in-8. Cf. A. Mathiez, *les Origines des cultes révolutionnaires*, p. 119 et 123.

(2) Le Hodey, t. XVIII, p. 414 et suivantes. On trouvera aussi ce discours dans le *Moniteur*, réimp., t. XII, p. 407-408. Un exemplaire de l'impression qui en fut faite par ordre de l'Assemblée législative se trouve à la Bibl. nat., dans le recueil factice coté Le 33/3 N.

(3) Le *Journal logographique* imprime son nom en un seul mot : *Demoy.*

cette idole antique, nous avons vu s'élever une statue nouvelle, qui prétend aujourd'hui s'appuyer sur la Constitution, parce qu'elle a trouvé le secret de la faire réédifier sous le nom de clergé constitutionnel ; mais il est facile de prouver que la base sur laquelle il repose, ce clergé constitutionnel, n'est qu'un code réglementaire d'autant plus nécessaire à retrancher de nos lois que la plupart des articles qu'il renferme sont en contradiction avec la Constitution même. (*Applaudissements.*)

En effet, la Constitution consacre la liberté des cultes, et ce qu'on appelle la Constitution civile du clergé consacre un culte dominant dans l'empire. La Constitution assure expressément aux citoyens le droit de choisir ou d'élire les ministres de leur culte, et la Constitution civile du clergé enlève ce droit aux citoyens qui professent le culte catholique. En un mot, toute cette Constitution appelée civile du clergé forme un chapitre entier de lois hétérogènes, ou pour mieux dire inconstitutionnelles, enchâssées bizarrement, on ne sait trop pourquoi ni comment, dans le code de nos lois. Cette contradiction entre de pareilles lois réglementaires et la Constitution place les fonctionnaires publics, c'est-à-dire les magistrats et tous les pouvoirs constitués dans un étrange embarras ; car, obligés par état et par le serment qu'ils ont fait, de veiller au maintien de la Constitution et de toutes les lois décrétées par l'Assemblée nationale, et sanctionnées par le roi, ils se trouvent quelquefois, pour n'etre pas parjures, dans la nécessité d'exiger, d'ordonner et pour et contre.

Je reprochai un jour, à un fonctionnaire public de manifester une opinion d'intolérance : « Il existe, me dit-il, un clergé consacré par la loi. Or, je dois soutenir et maintenir tout ce que la loi consacre ; donc je dois soutenir et maintenir de tout mon pouvoir le clergé constitutionnel ; mais ce clergé cesserait de subsister ; s'il manquait de sujets sur lesquels il pût exercer son empire.

c'est-à-dire s'il venait à être délaissé par ses ouailles : donc il faut forcer et contraindre les citoyens à se rallier au clergé constitutionnel, et punir les citoyens qui l'abandonneraient pour aller se réunir à un autre clergé. — Et voilà précisément, lui dis-je, le *compelle intrare*. » Il me répondit : « Vous avez raison ; mais ce n'est pas ma faute. C'est ce qui est consacré par les lois. — Mais la Constitution, repris-je, n'est-elle pas préférable à une loi réglementaire ? — Oh ! vous n'y êtes pas, ajouta-t-il, vous ne connaissez donc pas l'esprit sacerdotal ? Ces gens-là sont terribles lorsqu'ils peuvent s'étayer des lois. Ils me dénonceraient comme un magistrat qui refuse de remplir son devoir, si je n'avais pas l'air de partager leur haine contre ceux qui refusent de partager leur culte. »

Autrefois on poursuivait comme hérétique, au moins comme schismatique, quiconque refusait de communiquer avec le clergé romain. Aujourd'hui, celui qui refuse de reconnaître un prêtre constitutionnel est suspecté d'incivisme et d'aristocratie. Ainsi, grâce à la Constitution civile du clergé, c'est une sorte d'excommunication encourue aux yeux du peuple, du moins en certaines localités, que de suivre son opinion en fait de cultes, conformément cependant à la liberté que nous laisse à cet égard la Constitution de l'empire. Ainsi, messieurs, on vous propose de déporter les prêtres non-assermentés. Fort bien, s'ils troublent l'ordre et la société, mais certainement vous n'aurez pris que la moitié des mesures pour arriver à la paix, à la tranquillité, au repos, si vous ne déportez aussi, si vous ne vous hâtez d'arracher du code de nos lois le chapitre de cléricature et de théocratie qui s'y trouve inséré (*applaudissements*), et qui figure à côté de notre Constitution comme le cuivre à côté de l'or le plus pur.

Ainsi que les autres cultes, que le culte romain reste dans ses temples ! Pourquoi aurait-il encore des privilèges, quand la Constitution les anéantit ? Dans l'origine il ne sortait jamais de ses temples, et alors il n en valait que mieux. Je vous le demande, messieurs, si vous aviez dans la société une corporation religieuse qui regardât le *grand Lama* comme son unique souverain, la nation s occuperait-elle à nommer les ministres de ce culte ? Diviseriez-vous pour eux la France, comme un échiquier, en autant de cases qu ils auraient de pontifes, en autant de sous-divisions qu'ils auraient de pasteurs dans leur religion ?

M. Icion. — Il est impossible de soutenir plus long-temps..

M. *** — Je demande que l'orateur soit entendu.

Plusieurs voix. — C'est un prêtre qui réclame.

M. Léopold. — Ce sont les gens du métier qui s'élèvent contre.

M. de Moy. — Et si cette église venait à se diviser d'opinions pour quelque intérêt particulier, laquelle de ces deux portions appelleriez-vous non-constitutionnelle ? Sans doute, si ces prêtres voulaient intéresser la grande société à leurs querelles religieuses, la nation par l'organe de ses magistrats leur imposerait silence ou les éloignerait enfin de son sein. Mais sa sagesse n'exigerait point de serment particulier de ces prêtres, uniquement pour leur laisser le droit de perpétuer leurs torts. La société ne doit exiger le serment civique que des étrangers qui aspirent à l'honneur d'être citoyens français, ou des citoyens eux-mêmes qu'elle élève au rang de fonctionnaires publics. Mais si les présidents de ces clubs, de telles ou telles sociétés particulières qu'elle connaît, qu'elle souffre dans son sein, ne sont point pour cela des fonctionnaires publics ni même des citoyens, ils continuent d'être aux yeux de la nation de simples particuliers qu'elle protège, qu'elle défend, lorsqu'ils respectent les lois, mais qu'elle punit ou qu'elle repousse de son sein, s'ils troublent, de quelque manière que ce soit, le repos de la grande société. (*Applaudi.*) D'après ces considérations, j'ai l'honneur de vous proposer le projet de décret suivant (1), par suite et comme ampliation à ceux que votre sagesse trouverait convenable et important de décréter d'abord :

« L'Assemblée nationale, considérant que le plus sûr moyen d'apaiser les troubles religieux, c'est de maintenir entre les différents cultes la liberté et l'égalité qui leur est garantie par la Constitution, décrète ce qui suit :

« 1. Les électeurs convoqués par département ou par district pour nommer aux places de fonctionnaires publics n'éliront plus à l'avenir les ministres du culte catholique.

« 2. A dater de la publication du présent décret, les citoyens attachés au culte catholique éliront et choisiront eux-mêmes, en cas de vacances, les ministres de leur culte.

« 3. Le traitement des individus élus, nommés ou choisis à l'avenir en qualité de ministres du culte catholique ne fera point partie de la dette nationale. (*Murmures et Applaudissements.*)

« 4. Aucun individu, même ministre de quelque culte que ce soit, ne pourra prendre le titre de prêtre ou d'évêque constitutionnel, comme n'exerçant pas de fonctions déléguées par la Constitution.

« 5. Les citoyens qui auront élu, choisi ou nommé, le ministre d'un culte seront tenus d'en informer les officiers municipaux du lieu.

« 6. Tout individu se disant prêtre ou ministre d'un culte ne pourra en exercer les fonctions qu'après avoir préalablement justifié du choix qui aura été fait de sa personne comme prêtre ou ministre de tel ou tel culte.

« 7. Tout prêtre ou ministre d'un culte quelconque, qui sera convaincu d'avoir prêché ou professé des maximes

_____

(1) Nous reproduisons ce projet d'après le texte imprimé par ordre de l'Assemblée : il offre quelques petites différences avec le texte du *Journal logographique.*

contraires aux articles de la Constitution, sera banni du royaume à perpétuité ! (*Applaudissements.*)

« 8. Le prêtre ou ministre de quelque culte que ce soit, n'étant pas fonctionnaire public ni même obligé d'être un citoyen français, ne sera pas tenu à l'avenir, en qualité de prêtre ou de ministre de culte, de prêter aucun serment par devant les officiers publics. (*Applaudissements.*)

Il serait difficile d'exprimer en termes plus nets l'idée de la laïcité de l'Etat et la Séparation. C'est une chose curieuse que ce soit un ecclésiastique qui l'ait le premier exprimée avec cette netteté et cette ampleur (1). Il est plus intéressant de noter que la hardie motion de l'abbé de Moy souleva des applaudissements. Quand il fut descendu de la tribune, plusieurs voix, d'après le *Journal logographique*, demandèrent la priorité pour son projet; d'autres, l'impression de son discours; d'autres, et parmi eux Chabot, la question préalable. Ducos, que nous avons déjà vu acquis aux mêmes idées, loua le discours, en disant que, si le traitement des ecclésiastiques en fonctions était une dette nationale, il n'en était pas de même pour les ecclésiastiques à élire, et il insista pour l'impression, qui fut décrétée « à une grande majorité », dit le *Moniteur*, quoique les ecclésiastiques présents manifestassent beaucoup d'indignation.

(1) Plus tard, l'abbé de Moy sortit de l'Eglise. Il devint censeur des études au lycée de Caen en l'an XI. En ;810, d'après l'*Almanach de l'Université*, il était professeur suppléant de philosophie à la Faculté des lettres de Besançon.

Le 13 avril 1790, l'Assemblée constituante avait fait une solennelle profession de catholicisme. Le 16 mai 1792, la Législative accorda les honneurs de l'impression à une apologie de la laïcité de l'État. On voit combien les idées avaient changé en deux ans.

Cependant c'était encore trop tôt pour appliquer les théories de l'abbé de Moy. Le 24 mai, l'ex-oratorien Ichon s'éleva contre l'idée d'accorder aucune liberté de culte aux insermentés, et Guadet fit décréter l'article du projet qui ordonnait la déportation des insermentés. On acheva de voter tout le projet le 27 mai. Il est précédé de ce préambule, qui explique clairement les intentions de l'Assemblée :

L'Assemblée nationale, après avoir entendu le rapport de son Comité des Douze, considérant que les troubles excités dans le royaume par les ecclésiastiques non sermentés, exigent qu'elle s'occupe sans délai des moyens de les réprimer, décrète qu'il y a urgence.

L'Assemblée nationale, considérant que les efforts auxquels se livrent constamment les ecclésiastiques non sermentés pour renverser la Constitution, ne permettent pas de supposer à ces ecclésiastiques la volonté de s'unir au pacte social, et que ce serait compromettre le salut public que de regarder plus longtemps comme membres de la société des hommes qui cherchent évidemment à la dissoudre; considérant que les lois sont sans force contre ces hommes qui, agissant sur les consciences pour les égarer, dérobent presque toujours leurs manœuvres criminelles aux regards de ceux qui pourraient les faire réprimer et punir, après avoir décrété d'urgence, décrète ce qui suit...

Le décret établissait une justice administrative contre les ecclésiastiques non-conformistes. Tout prêtre insermenté serait déporté lorsque 20 citoyens actifs du même canton le demanderaient. La mesure serait prise par le département sur l'avis conforme du district. Au cas où la pétition contre l'insermenté ne serait pas approuvée par le district, le département ferait une enquête et prononcerait ensuite. Si un ou plusieurs citoyens dénoncent des troubles excités par des actes extérieurs d'un insermenté, le département, vérification faite, prononcera la déportation. Un passeport sera délivré à l'insermenté pour le pays étranger qu'il désignera; autrement, il sera conduit par la gendarmerie à la frontière la plus voisine. Des frais de route lui seront accordés. Si un insermenté persiste à rester en France ou y rentre, il sera puni de dix ans de détention.

Le roi refusa sa sanction, et comme les troubles religieux continuaient en province, ce second *veto* du roi fut un des grands griefs contre lui. Dans sa fameuse lettre du 10 juin 1792, Roland demandait à Louis XVI de sanctionner cette « loi sage », et il était l'interprète de la grande majorité des patriotes.

Il se passa alors ce qui s'était passé pour le décret non sanctionné du 29 novembre 1791. Il y eut des administrations de département qui tinrent compte du décret du 27 mai 1792 comme s'il était une loi, ou du moins qui s'en inspirèrent pour des mesures de coercition.

Je citerai, en exemple, cet arrêté du département de la Charente, en date du 3 août 1792 :

AULARD, Études. — V.   9.

Le Conseil d'administration du département de la Charente se plaisait à espérer que les calamités publiques réuniraient tous les vœux, toutes les opinions vers un seul et même but, celui de la défense commune et de l'union générale ;

Que les prêtres *insermentés* et *désermentés* de son ressort étoufferaient enfin, par un changement total de conduite, les plaintes qu'ils ont si souvent provoquées contre eux, ou du moins se couvriraient, pendant le passage difficile du danger de la patrie, du masque spécieux de leur dissimulation ordinaire ;

Qu'il aurait la consolation de n'avoir à employer contre eux aucun des moyens de rigueur et de sûreté que nécessitent la déclaration et la certitude du danger de la patrie ;

Lorsque les plus graves dénonciations, réunies contre eux, sont venues déposer contre leurs dispositions actuelles, et ne laisser aucun doute que la situation critique de la patrie est un aliment de plus à leurs sinistres projets, et qu'ils essaient, par toutes les manœuvres les plus odieuses, de susciter la guerre civile dans l'intérieur, pendant que leurs complices attaquent les frontières, et y prodiguent le sang des citoyens ;

Voulant éviter ce malheur de plus à la patrie, et obvier à tous les maux qu'occasionneraient les dangereuses machinations de ces perfides ennemis de la société ;

Le procureur général syndic entendu ;

A délibéré et arrêté, pour mesures de sûreté publique, ce qui suit :

1. Tous les ecclésiastiques nés hors de ce département, et non fonctionnaires publics, seront tenus d'en sortir, huitaine après la publication qui sera faite du présent arrêté dans la municipalité de leur résidence.

2. Tout curé ou vicaire rétractateur du serment prescrit par la loi du 26 décembre 1790 cessera toutes fonctions publiques, à l'instant de son remplacement, auquel M. l'évêque est invité de pourvoir, et quittera aussitôt le

lieu de ses fonctions, à moins qu'il y ait *droit de natu-
ralité*, par. la naissance ou la propriété, ou qu'il y
demeure avec ses proches parents, jusqu'au degré d'oncle
à neveu inclusivement.

3. Sur la demande de vingt citoyens actifs d'un canton, le Directoire du département, d'après les observations du Conseil général de la commune et l'avis du Conseil d'administration du district, ordonnera, s'il y a lieu, la
sortie du département de tout prêtre qui sera l'objet de ladite
demande, huitaine après l'arrêté qu'il prendra à cet effet.

4. Les Conseils généraux des communes, les Conseils
d'administration de districts, le procureur général syndic, les procureurs syndics, les procureurs des communes sont autorisés à former de pareilles demandes
contre les pretres dont la présence nuirait à la tranquillité publique, et le directoire du département à ordonner
leur sortie des communes ou du département, sur les
observations et avis des Conseils généraux des communes
et d'administration de districts, lorsqu'ils ne seront pas
eux-mêmes dénonciateurs, et d'après les renseignements
qu'il aura jugés convenables.

5. Avant de sortir du département, les prêtres expul-
sés déclareront à la municipalité de leur résidence le
district étranger dans lequel ils voudront se retirer;
cette municipalité en donnera incontinent avis au directoire de son district; celui-ci, au directoire du département, qui en instruira aussitôt le directoire du département qu'ils auront adopté, afin que ce dernier prenne,
à leur égard, les mesures qu'il avisera.

6. Les Conseils d'administration de districts, ou Conseils généraux de communes, à la poursuite et diligence
des procureurs syndics, ou procureurs de communes,
feront conduire hors du territoire prohibé, et sous la
protection de la force publique, tout ecclésiastique dont
la sortie aura été ordonnée, et qui n'y aura pas satisfait
dans le délai prescrit.

7. Les frais de cette conduite seront pris sur les traitements des ecclésiastiques qui y auront donné lieu, ou sur les sous additionnels du département, si les réfractaires n'ont aucun fond de responsabilité.

8. Tout prêtre et Français résidant dans ce département, fonctionnaire public, ou recevant des pensions ou traitements quelconques de l'État, n'y pourra recevoir de pension, appointement ou traitement, qu'en justifiant préalablement de sa prestation individuelle du serment civique.

9. Il est enjoint aux directoires de districts, aux municipalités, à la gendarmerie nationale, aux troupes de ligne et à la garde nationale de tenir la main à l'exécution du présent arrêté, chacun en droit soi.

10 Le directoire est chargé d'adresser copie du présent arrêté au Corps législatif et au Roi.

11. Ordonne au surplus que le présent arrêté sera transcrit sur le registre tenu à cet effet, imprimé, et copies collationnées, envoyées incessamment, à la diligence du procureur-général-syndic, aux conseils d'administration de districts, et par leurs procureurs-syndics aux Conseils généraux des communes de leur ressort, pour y être lu au prône, pendant deux dimanches consécutifs, publié et affiché partout où besoin sera.

Ordonne en outre que copie dudit arrêté sera envoyée à tous les conseils d'administration de département du royaume.

Fait à Angoulême en Conseil d'administration, le 3 août 1792, l'an IV de la Liberté.

Signé : Michel MARVAUX, président;

J. DUCLUZEAU, secrétaire général.

Certifié conforme à l'original.

ALB. BESSON (1).

(1) A Angoulême, de l'imprimerie de P. Broquisse et

VI

Les idées de laïcité et de séparation n'ont inspiré
en rien le décret du 27 mai 1792, qui est un acte de
guerre contre les catholiques romains. Mais un
progrès de ces idées est signalé par l'affaire des
processions de la Fête-Dieu à Paris, en juin 1792.

Jusqu'alors les habitants de Paris étaient tenus,
aux jours de processions, de tendre et de tapisser
l'extérieur de leurs maisons, et, en 1790 et en 1791,
la municipalité avait renouvelé, à ce sujet, les anciennes ordonnances de police.

Le 1ᵉʳ juin 1792, le Corps municipal, sur la réquisition du procureur de la commune Manuel, arrêta
qu'il ne pouvait forcer les citoyens à cela, que cette
dépense devait être « purement volontaire », et ne
gêner en aucune manière « la liberté des opinions
religieuses »; que la garde nationale ne pouvait
être requise pour assister aux cérémonies d'un culte
quelconque; enfin que les négociants ne seraient
nullement tenus de fermer leurs boutiques (1). Et,
le 5 juin, une circulaire de Manuel aux 48 sections
commenta cet arrêté et y ajouta ceci : « Il en est de
même de la liberté de la voie publique : on ne peut
interdire les objets de circulation journalière que

L.-M. Marvaud, imprimeurs du département, rue Saint-
François, 1792. Arch. nat., F¹⁹, 412.
(1) *Révolutions de Paris*, t. XII, p. 455.

pour les fêtes nationales ou les cérémonies civiques qui intéressent également les citoyens de tous les cultes. » Manuel annonçait comme prochain le temps où chaque secte religieuse, enfermée dans son temple, n'obstruerait plus la voie publique par ses cérémonies ; la saine philosophie, l'instruction amèneraient ces progrès (1).

Cette mesure ne fut pas approuvée de tous les patriotes : aux uns elle parut impie ; aux autres, prématurée ou maladroite. Le directoire du département reçut des pétitions contre l'arrêté du corps municipal, et une partie de la garde nationale fit entendre des protestations. Mais il y eut aussi de vives adhésions, comme celle de Brissot, qui, dans le *Patriote français* du 4 juin, déclara l'arrêté « extrêmement philosophique ». Le département donna son approbation, et, le 6 juin, le procureur-général-syndic Rœderer écrivit à Manuel une lettre publique (2) où, en lui recommandant de renforcer les postes pour maintenir l'ordre, il réfutait ainsi les objections des opposants : « On m'a dit, à ce sujet, que nous n'étions pas *mûrs* pour ces vérités ; j'ai répondu que ces vérités étaient de l'essence de la Constitution, et que nous étions mûrs pour l'observer, puisque nous l'avions faite et jurée, et que nous la défendions. On m'a dit encore que

(1) *Patriote français* du 9 juin 1792. Cf. Robinet, *le Mouvement religieux à Paris*, t. II, p. 204.
(2) *Chronique de Paris* du 7 juin 1792.

la tranquillité publique serait troublée; mais il est évident que la liberté publique serait attaquée, si les citoyens pouvaient être contraints à tapisser leurs maisons pour une procession. Or, lequel vaut le mieux, d'assurer la liberté contre les perturbateurs, ou les perturbateurs contre la liberté ? »

Camille Desmoulins trouva que c'était là une hardiesse dangereuse : « Je crains bien, écrivit il, que le jacobin Manuel n'ait fait une grande faute, en provoquant les mesures contre la procession de la Fête-Dieu. Mon cher Manuel, les rois sont mûrs, mais le bon Dieu ne l'est pas encore. Si j'avais été membre du Comité municipal, j'aurais combattu cette mesure avec autant de chaleur qu'eût pu faire un marguillier. Par la raison contraire, notre directoire feuillant n'a pas manqué d'adhérer cette fois à l arrêté municipal (1). »

Dans sa séance du 5 juin 1792 au soir, l'Assemblée législative reçut une invitation du curé de Saint-Germain l'Auxerrois pour assister à la procession du 7. Déjà la Constituante, en 1790 et en 1791, avait accepté de semblables invitations, et avait assisté, en corps et officiellement, à la procession. La Législative hésita : elle accepta d'abord, puis rapporta son décret, mais en décidant qu'elle ne tiendrait pas séance ce jour-là, afin de permetire à ses membres d'assister à la procession à titre indivi-

(1) *La Tribune des patriotes*, n° 3.

duel (1). Au demeurant, la Législative fit presque comme s'il n'y avait plus de religion d'État, comme si l'État était laïque. En rendant compte de cette séance, *le Patriote français* du 8 juin dit : « La religion du législateur, c'est le culte de l'humanité ; ses bonnes œuvres, ce sont de bonnes lois ; son paradis, c'est sa patrie, s'il la rend heureuse ; il est sûr de faire son salut, s'il sauve l'État. »

Ces processions de la Fête-Dieu, qui ne furent permises qu'aux catholiques constitutionnels, n'eurent pas lieu sans désordre.

Beaucoup de gardes nationaux, au mépris de l'arrêté de la municipalité, y assistèrent en corps. Le soir, Manuel dénonça aux Jacobins l'insolence du curé de Saint-Séverin, qui lui avait mandé que sa procession était escortée de cinquante grenadiers, l'invitant ironiquement « à venir la dissiper avec son écharpe » (2).

Malgré la pluie et la boue, il y eut grande pompe. On affecta de tapisser, peut-être même avec un peu plus de soin qu'à l'ordinaire (3). Cependant, il y eut quelques maisons non tapissées ; les gardes nationaux qui escortaient les processions brisèrent les fenêtres de ces maisons, en frappèrent ou arrêtèrent les habitants (4).

---

(1) On fera bien de lire cette séance dans le *Journal logographique*, t. XX, p. 238, dont le compte rendu est plus détaillé que celui des autres journaux.

(2) *La Société des Jacobins*, t. III, p. 670.

(3) *Révolutions de Paris*, t. XII, p. 457.

(4) *Patriote français*, cité par Buchez et Roux, t. XIV, p. 427.

Différents citoyens, entre autres Fourcade et Legendre, ayant gardé leur chapeau sur la tête (mais non au passage du Saint-Sacrement), furent appréhendés, mis au violon, et leurs amis eurent du mal à les faire élargir (1). Louis XVI « fit dresser son reposoir et tendre ses belles tapisseries au Louvre, mais il n'eut garde de se montrer à sa paroisse » (2).

Le clergé réfractaire se tint coi. Il n'y eut, de son côté, qu'un seul incident, celui des Missions étrangères, rue du Bac. Le supérieur de cette communauté refusa l'accès de sa chapelle à la procession du curé constitutionnel de Saint-Sulpice, quoiqu'il plût ; la foule envahit la maison des Missions, et y commit quelques excès (3).

L'opinion de la majorité des Parisiens parut si incertaine en cette affaire que, le 9 juin, le Corps municipal crut devoir faire afficher un « avis », signé du maire Petion, où il se justifiait en donnant au peuple une leçon de philosophie. « L'homme, dit-il, est libre de sa pensée et de ses opinions. Le forcer à un acte extérieur qui n'est pas dans son cœur et dans sa croyance, ce serait une tyrannie odieuse. Ce que la municipalité a fait découle naturellement de cette maxime pure et incontestable.

(1) Voir le récit que Legendre fit de ces incidents dans la séance des Jacobins du 20 juin 1792.

(2) *Révolutions de Paris*, t. XII, p. 453.

(3) *Révolutions de Paris*, p. 458. Cf. Delarc, t, II, p. 104, et Sciout, t. III, p. 179.

Elle n'a point dit aux citoyens : *Vous ne tendrez pas l'extérieur de vos maisons ;* elle ne leur a pas dit non plus : *Vous le tendrez ;* elle leur a dit : *Faites dans vos consciences ce que vous croirez bon et conve*nable.* » Et, quant aux raisons qui l'avaient décidée à interdire aux gardes nationaux d'escorter en corps les processions, la municipalité, oubliant que le catholicisme était encore religion d'État, disait qu'autrement il faudrait accorder un cortège militaire aux autres cultes (1).

Le même jour, 9 juin 1791, le *Père Duchesne* d'Hébert faisait un éloge lyrique de l'arrêté de la municipalité, se moquant des « quelques vieilles dévotes » et des « quelques f..... cagots » qui criaient contre : « Ils disent : *Pourquoi empêcher de tapisser les maisons ? Ça s'est toujours fait.* Eh oui, b... de bêtes, c'est parce que ça s'est toujours fait qu'il ne faut plus que cela se fasse ; d'ailleurs l'arrêté ne défend pas de tapisser, il laisse chacun libre de faire comme il voudra ; mais, f..., on ne pourra me forcer, moi qui suis protestant, calviniste, juif ou mahométan, à décorer l'extérieur de ma maison pour solenniser la fête d'un culte auquel je ne crois pas. »

En réalité, à propos de cette affaire des processions parisiennes de la Fête-Dieu, les « patriotes » se divisèrent comme en deux groupes : 1° ceux qui suivirent les processions ; les uns le firent pour

(1) *Chronique de Paris* du 13 juin 1792.

soutenir la Constitution civile, œuvre révolutionnaire, les autres le firent par piété ; 2° ceux qui
s'abstinrent ou protestèrent par libre pensée, parce
qu'ils commençaient à avoir l'idée de ce que doit
être l'État laïque.

L'arrêté de la municipalité rendant facultative la
participation aux processions marque un progrès
nouveau dans la voie, si on peut dire, de la liberté
de conscience.

Mais il faut avouer que cette idée de liberté de
conscience, jusque-là si impopulaire, ne se popu-
larisa pas vite. Le peuple, les esprits simples, les
journalistes fougueux comme Camille Desmoulins
furent déconcertés à voir, en cette affaire, l'accord
de la municipalité jacobine avec le département
modéré, avec le département feuillant.

En somme, c'est une situation troublée, équivoque.
Mais on voit qu'il se forme peu à peu, vers la fin de
la monarchie constitutionnelle, un parti de gens à
tendances laïques.

VII

Le 10 août 1792, la Législative décréta que ceux
de ses décrets qui n'avaient pas été sanctionnés par
le roi seraient exécutoires. C'est alors et ainsi que
le décret du 27 mai 1792 devint une loi, qu'on
appliqua.

Le 26 août, nouveau décret contre les ecclésias-

tiques non-conformistes. Il aggravait celui du
27 mai en ce que désormais aucun insermenté
n'était laissé libre. Tous furent tenus de sortir de
France sous quinzaine, sous peine d'être déportés
à la Guyane. Mêmes dispositions pour les inser
mentés non soumis au serment, lorsque des citoyens
les dénonceraient. N'étaient exceptés que les
infirmes et les sexagénaires, qui seraient réunis
dans une maison commune. Le serment qu'on
exigeait n'était plus que le serment civique (comme
dans le décret du 29 novembre 1791), mais réformé
depuis le 15 août 1792, et où il n'était plus question
que de la liberté et de l'égalité.

Comme très peu d'ecclésiastiques non-conformistes prêtèrent alors ce serment, on peut dire
qu'au moment où la Législative se sépara, si les
idées de laïcité et de liberté de conscience étaient
en progrès, la liberté du culte n'existait vraiment
pas pour les catholiques papistes.

14 septembre 1905.

IV

LES ORIGINES DE LA SÉPARATION DES ÉGLISES ET DE L'ÉTAT : LA LAICISATION DE L'ÉTAT CIVIL

En parlant de la politique religieuse de l'Assemblée constituante et de la Législative, j'ai laissé de côté l'histoire de la laïcisation de l'état civil. Cette histoire, si importante pour notre sujet, sera plus claire, si on l'expose à part. Déjà M. Edme Champion en a donné dans *la Révolution française*, en 1887, une esquisse vraiment magistrale (1), qu'il a reproduite, en 1903, dans son volume sur *la Séparation de l'Eglise et de l'État en* 1794 (2). C'est à M. Champion que nous devons les premières vues précises et larges sur une question jusqu'alors négligée ou mal comprise, et c'est lui qui le premier a montré toute l'importance de la loi du 20 septembre 1792. Quelques textes qui lui avaient échappé vont nous permettre de compléter son récit et même de le rectifier sur un ou deux points.

(1) *Révolution française*, t. XII, p. 1061 et suivantes.
(2) Pages 193 à 206.

I

Le préambule de l'édit de 1787, sur les non-catholiques, explique bien comment il se faisait que les registres de l'état civil eussent été confiés jusqu'alors aux seuls ministres du culte catholique : « Les ordonnances, y lit-on, ont même supposé qu'il n'y avait plus que des catholiques dans nos États ; et cette fiction, aujourd'hui inadmissible, a servi de motif au silence de la loi, qui n'aurait pu reconnaître en France des prosélytes d'une autre croyance, sans les proscrire des terres de notre domination ou sans pourvoir aussitôt à leur état civil. »

Renonçant donc à cette fiction, le roi reconnaît qu'il y a en France des protestants, des non-catholiques, et il veut pourvoir, en effet, à leur état civil. C'est « au nom de la loi » qu'ils seront unis en légitime et indissoluble mariage, et ainsi on établit pour eux un mariage en forme de contrat civil. Ils pourront aussi faire constater leurs naissances et leurs décès. Pour tous ces actes, il leur sera loisible e s'adressepr au curé ou au vicaire. S'ils y répugnent ou si les curés et vicaires s'y refusent, ils s'adresseront au « juge du lieu », c'est-à-dire au premier officier de la justice royale ou seigneuriale dans le ressort duquel sera situé leur domicile. A cet effet, le greffier de la principale justice de toutes les

villes, bourgs et villages tiendra un double registre.

Depuis 1787, il y avait donc en France un état
civil laïque pour quelques Français, et il y avait
des officiers laïques de l'état civil.

Mais il n'y avait pas, en 1789, de mouvement
d'opinion pour appliquer ce régime laïque à tous
les Français. Dans les Cahiers, comme l'a fait
remarquer M. Champion, on se plaignit de la négligence avec laquelle le clergé tenait les registres de
baptême, de mariage et de décès, mais on ne
demanda pas que cette tenue lui fût ôtée.

La question ne se posa que plus tard, et de la
manière suivante.

L'Église catholique avait multiplié, pour le
mariage, les empêchements, afin d'avoir à accorder des dispenses, qu'elle faisait payer plus ou
moins cher : c'était une des sources de revenu du
pape.

Le décret des 4 août 1789 et jours suivants, sur
l'abolition du régime féodal, défendit (article 12)
d'envoyer à l'avenir aucuns deniers en cour de
Rome, pour quelque cause que ce fût. Les diocésains s'adresseraient, pour les dispenses, à leur
évêque, qui les accorderait gratuitement.

L'Église ne voulut point se plier à cela. Il y eut
des refus de dispenses, qui empêchèrent beaucoup
de mariages. D'où des plaintes et la nécessité de
songer à faire une loi qui établirait un mode non
catholique de mariage.

L'affaire du comédien Talma rendit cette nécessité plus évidente.

Il écrivit à l'Assemblée constituante cette lettre, qui fut lue dans la séance du 12 juillet 1790 :

J'implore le secours de la loi constitutionnelle, et je réclame les droits de citoyen qu'elle ne m'a point ravis, puisqu'elle ne prononce aucun titre d'exclusion contre ceux qui embrassent la carrière du théâtre. J'ai fait choix d'une compagne à laquelle je veux m'unir par les liens du mariage; mon père m'a donné son consentement. Je me suis présenté devant M. le curé de Saint-Sulpice pour la publication de mes bans. Après un premier refus, je lui ai fait faire une sommation par acte extra-judiciaire; il a répondu qu'il avait cru de la prudence d'en déférer à ses supérieurs, qui lui ont rappelé les règles canoniques auxquelles il doit obéir et qui défendent de donner à un comédien le sacrement de mariage, avant d'avoir obtenu de sa part une renonciation à son état... Je me prosterne devant Dieu; je professe la religion catholique, apostolique et romaine. Comment cette religion peut-elle autoriser le dérèglement des mœurs? J'aurais pu sans doute faire une renonciation, et reprendre le lendemain mon état; mais je ne veux point me montrer indigne de la religion qu'on invoque contre moi, indigne du bienfait de la Constitution, en accusant vos décrets d'erreurs et vos lois d'impuissance. Je m'abandonne avec confiance à votre justice (1).

Après un court débat, la lettre fut renvoyée au Comité ecclésiastique, qui ne se pressa pas de faire son rapport.

Talma, lui, se lassa d'attendre : il trouva un curé

(1) *Moniteur*, réimpr., t. V, p. 109.

plus accommodant et il se maria, le 19 avril 1791,
à Notre Dame-de-Lorette (1).

Cependant le Comité ecclésiastique s'occupait de
l'affaire du mariage et des dispenses. En décembre 1790, Durand-Maillane fit un rapport (2)
où il proposait de supprimer les dispenses, de restreindre le nombre des cas d'empêchement, de
faire du mariage un contrat civil et laïque, de confier aux municipalités les actes de l'état civil (naissances, mariages, décès) et de placer aux mairies
les registres de l'état civil.

Dans un autre rapport (3) il disait qu'il n'y avait
pas lieu de délibérer sur l'affaire Talma, puisqu'on
allait établir une forme civile du mariage.

Le rapport de Durand-Maillane sur l'état civil vint
à l'ordre du jour le 31 décembre 1790. Malgré l'abbé
Gouttes, qui dit que la chose était très urgente
parce que beaucoup de familles vivaient dans le
concubinage, Petion et Bouche firent ajourner la
question, comme trop délicate, trop dangereuse.

(1) Il épousa Louise-Julie Carreau, de sept ans plus âgée
que lui. Il divorça le 17 pluviôse an IX, et épousa, le 7 messidor an X, Charlotte Vanhove (voir Nauroy, *le Curieux*,
t. II).
(2) Ce rapport est sans date de jour. Il fut imprimé à part.
par ordre de l'Assemblée. Bibl. nat., Le 29/1199, in-8.
(3) Ce rapport est également sans date de jour. Bibl. nat..
Le 29/1511, in-8.

II

Si les Constituants répugnaient ainsi à la laïcisation de l'état civil, c'est parce que les catholiques non-conformistes la demandaient.

Oui — et c'est une chose aussi curieuse que vraie — cette réforme dont on attribue l'idée aux hommes de gauche, ce sont au contraire les hommes de droite qui la demandaient alors, et les hommes de gauche qui la refusaient.

Voici comment.

Quand la Constitution civile du clergé fut appliquée, les registres de baptême, mariage, décès, se trouvèrent légalement aux mains des seuls curés constitutionnels.

Alors beaucoup d'évêques insermentés défendirent à leurs fidèles de s'adresser aux curés « intrus » pour aucun de ces actes.

L'un d'eux, M. de la Luzerne, évêque insermenté de Langres, député démissionnaire aux États généraux, prit l'initiative de demander qu'on appliquât aux catholiques non conformistes l'édit de 1787 sur les non-catholiques, en tant que cet édit laïcisait l'état civil.

Le 15 mars 1791, dans une « instruction aux curés, vicaires et autres ecclésiastiques de son diocèse, qui n'ont pas prêté le serment ordonné par l'Assemblée nationale » (1), après avoir dit qu'il

approuvait, vu les circonstances, le projet du Comité
ecclésiastique sur l'état civil, il proposa, en attendant
le vote de ce projet, la ligne de conduite suivante :

Nous pensons qu'une loi, déjà en vigueur pour une
classe particulière de citoyens, autorise tous les fidèles
enfants de l'Église à suivre à l'avenir, pour ces sortes
d'actes, des formes purement civiles et indépendantes
des cérémonies religieuses; tel est l'édit du mois de
novembre 1787. Si, pour jouir du bénéfice de cet édit, il
fallait se déclarer non catholique, ou souffrir que cette
qualification fût donnée aux parties dans les actes tendant
à constater la naissance, le mariage et la mort, nous
serions les premiers à repousser avec indignation un
expédient qui ferait suspecter et calomnier la foi de nos
diocésains. Malheur au zèle aveugle et faux de celui qui
consentirait à passer pour hérétique ou infidèle, afin de
ne pas être schismatique ! Mais les vues qui ont dicté la
nouvelle loi embrassent tous les dissidents, et cette déno-
mination comprend l'universalité de ceux qui ne professent
pas la religion solennellement autorisée dans l'État. On a
voulu que la diversité de croyance ne mît point d'obstacle
à l'exercice des principaux droits de cité, et- qu'aucun
Français ne fût dans la cruelle alternative de perdre
l'état civil, ou de trahir sa conscience en recourant, pour
le baptême, la bénédiction nuptiale et la sépulture ecclésiastique, à d'autres pasteurs qu à ceux de sa communion.
Or, que vont être désormais aux yeux de la puissance
temporelle les catholiques qui refuseront de reconnaître
les évêques et les curés nouvellement institués par l'Assemblée nationale, sinon de véritables dissidents? Les
contraindre d'appeler pour les plus saintes cérémonies de

(1) Bibl. nat., Ld 4/5525, in-8 de 38 pages. Voir plus haut,
p. 106.

la religion des ministres qu'ils croient sans mission et
sans pouvoir, ce serait dominer avec empire sur les consciences. Ils ont donc droit de s'adresser aux officiers
civils que l'édit de 1787 désigne à l'effet de constater les
mariages, les naissances et les décès. Ce sont les juges
des lieux, remplacés aujourd'hui par les juges de paix,
qui sont investis de cette fonction. Ainsi les fidèles se
retireront par devers eux pour la publication de leurs bans,
pour la déclaration de leurs mariages, pour en rédiger
l'acte, pour constater la naissance de leurs enfants et la
mort de leurs parents, tandis que les sacrements de baptême
et de mariage seront administrés très secrètement et sans
éclat par les vrais pasteurs chargés aussi de la partie
religieuse des funérailles. Les dispenses des bans et de
parenté sont confiées, par l'édit, au premier officier du
bailliage et sénéchaussée, représenté, dans le nouvel
ordre judiciaire, par le président du tribunal de district;
mais, en faisant intervenir l'autorité de ce magistrat,
autorité suffisante à l'égard de l'ordre civil, il sera nécessaire d'obtenir de l'Église les mêmes dispenses pour le
for intérieur. Les règles de conduite que nous avons
tracées précédemment, à l'occasion du projet du Comité
ecclésiastique, s'adaptent, avec quelques légères différences qu'il sera facile d'apercevoir, à l'édit de 1787 et
peuvent servir à diriger les pasteurs dans les conseils
qu'ils donneront à leurs paroissiens.

Plus l'Assemblée nationale protège avec une faveur
éclatante la liberté des opinions religieuses, moins nous
devons prévoir une odieuse exception qui pèserait sur
les catholiques seuls. Dans le cas néanmoins où les
officiers publics, chargés de l'exécution de l'édit de 1787,
refuseraient de prêter leur ministère à nos fidèles
diocésains, ou voudraient insérer dans les actes des
clauses et énonciations contraires à la profession de la
foi catholique, et par conséquent inadmissibles, nous
prenons avec nos coopérateurs l'engagement de chercher

et proposer d'autres formes conciliatrices, aussitôt que les dispositions des juges à cet égard auront éclaté.

Ces instructions de l'évêque de Langres eurent un grand retentissement, une grande autorité. Il y eut jusqu'à 41 évêques insermentés qui les adoptèrent pour leurs diocèses (1). Cependant rien ne permet de dire que l'expédient qu'avait proposé M. de la Luzerne ait été mis en pratique. Je n'ai point connaissance qu'aucun juge de paix ait reçu une déclaration d'acte de l'état civil. Tout porte à croire que, si d s catholiques non conformistes se présentèrent à un juge pour de telles déclarations, il les renvoya par-devant les curés de paroisse.

Il en est qui y allèrent. D'autres, et nombreux, s'abstinrent de tout acte et de toute déclaration.

Beaucoup de catholiques papistes se trouvèrent donc, en 1791, dans une situation analogue à celle où avaient été les protestants avant 1787, c'est-à-dire sans état civil.

Si la majorité des « patriotes » laissa les papistes dans cette situation intolérable, c'est précisément parce qu'ell était intolérable. Ils y voyaient un moyen de les amener à résipiscence, un moyen de préparer ou de refaire l'unité religieuse par un *compelle intrare*. Ils se trouvaient bien dans l'état d'esprit où s'était trouvé Louis XIV.

(1) On en trouvera la liste à la suite de l'édition de l'instruction de l'évêque de Langres que nous venons de citer.

Voilà pourquoi la Constituante ajournait les projets de laïcisation de l'état civil.

Parmi les patriotes, il n'y avait guère que des modérés, à l'esprit philosophique et libéral, qui soutinssent ces projets.

C'était le département de Paris (modéré) qui avait établi la liberté des cultes par son arrêté du 11 avril 1791, et obtenu la loi du 7 mai 1791 (1).

C'est la municipalité de Paris (modérée), qui demanda une loi sur l'état civil, dans une pétition (2) que le maire Bailly porta à la Constituante le 14 mai 1791.

Bailly s'exprima ainsi (3) :

Les corps qui ont administré la ville de Paris depuis s élections de 1789 jusqu'à la municipalité actuelle ont toujours les premiers reconnu vos décrets, et donné le premier exemple de soumission à la loi. En nous présentant aujourd'hui devant vous pour vous offrir un vœu,

(1) Voir plus haut, p. 73 et 84.

(2) Cette pétition était l'œuvre de Cahier de Gerville, substitut du procureur de la commune (le futur ministre de l'Intérieur). L'occasion de la démarche de la municipalité avait été, comme la pétition va le dire, un rapport du commissaire de police de la section de la Fontaine-de-Grenelle, informant le corps municipal (22 avril 1791) que des catholiques faisaient procéder secrètement au baptême de leurs enfants par des prêtres dissidents, sans que la naissance fût constatée sur les registres paroissiaux. Voir, à cette date, le recueil des *Actes de la commune* par M. Sigismond Lacroix.

(3) *Moniteur*, réimp., t. VIII, p. 407. Le discours et la réponse du président ont été imprimés à part, Bibl. nat., Le 29/1498, in 8.

nous n'oublions pas que vous avez interdit le droit de
pétition aux corps administratifs : aussi le vœu que nous
vous apportons est individuel, il est revêtu de nos
signatures privées, et, quoique le décret de cette inter-
diction ne soit pas encore sanctionné, nous nous empres-
sons de l'exécuter ; nous révérons la pensée des législateurs, la volonté générale de la nation, sans attendre
qu'elle soit revêtue des formes constitutionnelles.

Nous avons découvert collectivement un abus ; c'est
individuellement, et comme simples citoyens, que nous
venons vous demander une loi pour en prévenir le
danger.

Le Corps municipal a été informé, par un rapport de
police de la section de Grenelle, que les citoyens catholiques faisaient ondoyer ou baptiser secrètement leurs
enfants dans des maisons particulières, et sans les présenter à l'église paroissiale, pour y faire reconnaître et
constater le fait de leur naissance dans les formes prescrites par la loi. Loin du corps municipal toute pensée
et toute mesure d'intolérance ! Nous savons que la
liberté des opinions religieuses, consacrée par l'article 4
de la Déclaration des Droits de l'homme, forme une
partie essentielle de la liberté individuelle et un des
éléments de la Constitution du royaume ; nous savons
que la manifestation de ces opinions, même par un
culte public, est autorisée par un des articles de la
Déclaration des Droits. Le Corps municipal n'entend donc
pas porter des regards curieux et indiscrets sur les
actes religieux qui peuvent se faire dans l'intérieur des
maisons, même des édifices consacrés à des cultes
étrangers. Que l'ordre public ne soit troublé ni par des
actions, ni par des discours, et sa surveillance n'a plus
d'objet.

La liberté consiste à pouvoir faire tout ce qui ne nuit
pas à autrui, et l'exercice des droits naturels de l'homme
n'a de bornes que celles qui assurent aux autres membres

de la société la jouissance de ces mêmes droits. Mais s'il
importe, sous tous les rapports, à la nation de connaître
le nombre de toutes les naissances, s'il importe à des
individus de n'être pas dépouillés en même temps de
leurs droits de famille et de cité, combien n'est-il pas
nécessaire et pressant de réprimer l'abus que nous vous
dénonçons ! Nous devons vous présenter les résultats et
les bases de la discussion qui a eu lieu dans le corps
municipal sur cet important objet. Lorsque le despotisme
portait le délire jusqu'à transformer en vérités légales
la fiction la plus contraire aux faits, et qu'au milieu des
luthériens et des calvinistes il fallait reconnaître, sur la
parole de Louis XIV, qu'il n'y avait en France que des
catholiques, il était tout simple qu'on ne trouvât nul inconvénient de réunir, dans le culte catholique, des fonctions civiles publiques aux fonctions religieuses; alors
les prêtres avaient presque seuls le pouvoir de l'enseignement; alors ils avaient la plus forte influence sur la
distribution des aumônes fondées; alors ils avaient
exclusivement le droit de constater, par des actes, la
naissance, les mariages et la mort des citoyens. Mais cet
ancien ordre de choses, particulièrement quant aux actes,
ou plutôt ce désordre dont tous les bons esprits solli-
citaient depuis longtemps la réformation, a été irrévo-
cablement condamné par la loi qui permet la profession
et la manifestation de toutes les opinions religieuses. Il
nous a paru que, pour remplacer avec sagesse la plus
vicieuse des institutions, il fallait soigneusement distinguer ce qui appartient à la religion catholique, ce qui
doit appartenir à toutes les religions, d'avec ce qui appartient essentiellement aux lois civiles. La loi civile est
sans pouvoir sur les consciences et sur les opinions
religieuses, qu'elle n'a pas même le droit d'interroger
elle ne considère les hommes que comme membres de
l'État; elle ne règle que leurs devoirs et leurs droits
civils et politiques; elle n'a et ne peut avoir en vue que

l'ordre social. La religion au contraire ne considère les hommes que sous leur rapport avec la Divinité; elle est la croyance, le sentiment intérieur, la conscience de chaque individu sur des objets purement métaphysiques et surnaturels. La religion et la loi civile, ayant des objets si différents, ne peuvent donc jamais se rencontrer, se contrarier ou se confondre, et un des bienfaits de la Constitution est d'avoir reconnu l'espace immense qui les sépare.

Le temps achèvera ce que les circonstances n'ont pas permis de faire. Fondés sur cette immuable vérité, nous demandons qu'une loi distincte divise des fonctions réunies jusqu'à présent dans les prêtres catholiques, et désormais inconciliables. C'est le prêtre catholique qui fait à la fois la cérémonie religieuse du baptême et l'acte qui constate la naissance du citoyen. Deux pouvoirs très différents dans leur nature et dans leurs effets sont donc réunis dans un seul homme. Mais si la loi ne connaît plus que des citoyens, sans s'occuper de leur croyance religieuse, il est de tous les intérêts réunis qu'aucune naissance ne soit dissimulée. Si l'on ne peut pas plus contraindre aucun prêtre catholique à constater la naissance d'un enfant que ses parents n'ont pas voulu présenter au baptême qu'on ne peut forcer des juifs ou des musulmans à faire baptiser leurs enfants; s'il est démontré qu'un acte purement civil ne doit être fait que par des officiers civils; que la forme de ces actes doit être la même pour tous les citoyens; qu'elle doit être telle qu'aucun d'eux ne puisse avoir des répugnances à l'exécuter; si un semblable mélange de fonctions hétérogènes dans les prêtres catholiques ne peut pas survivre à la reconnaissance des vrais principes, les mêmes réflexions s'appliquent aux actes de mariage et de sépulture. La cérémonie religieuse du mariage, celle des obsèques appartiennent aux prêtres du culte dans lequel on a vécu, on s'est marié, on est mort; mais le pouvoir de constater que deux membres de la société ont uni leurs corps, que leurs enfants seront légitimes et qu'ils doivent jouir du droit de famille; le pouvoir d'attester qu'un citoyen est mort, que sa succession est à la disposition de ses héritiers, que ses emplois sont vacants, et qu'il doit être rayé du tableau des charges publiques, appartiennent au pouvoir civil.

Le pouvoir civil, qui émane de la société seule, qui n'a rien de commun avec les religions, ne doit être remis qu'à un officier civil. Ainsi nous laissons à la religion catholique tout ce qui lui appartient; nous accordons aux autres religions ce dont on ne pourrait les priver sans injustice, et nous remettons dans l'ordre civil ce que jamais on n'aurait dû en distraire. Dans ce nouvel ordre, le père catholique, après avoir fait constater, par l'officier civil, la naissance de son enfant, le présentera au baptême, et tous ses droits seront remplis; les non-catholiques seront soumis à la même règle, et suivront ensuite l'instruction de leur croyance religieuse.

Les mariages n'offriront pas plus de difficulté; l'officier civil constatera le consentement mutuel, l'engagement respectif, et après les signatures le mariage sera fait aux yeux de la loi; alors les catholiques iront faire bénir leur union selon les formes de l'Église romaine, et les non-catholiques se conformeront au culte de la religion qu'ils professent; mais tout ce qui pourrait suivre la loi civile sera étranger et demeurera inconnu à la loi civile: chacun se jugera lui-même suivant sa conscience. Les derniers devoirs seront rendus selon le rite de la religion dans laquelle aura vécu celui qui n'est plus, et l'acte civil se bornera à constater le fait de sa mort.

Nous avons pensé, messieurs, qu'il était de notre devoir, comme officiers municipaux, de vous faire connaître l'abus grave qui vient de se manifester, et dont les effets seraient funestes à l'ordre social.

Nous avons pensé qu'il nous était permis, comme citoyens, de vous présenter un aperçu des moyens qui nous ont paru les plus propres à réprimer l'abus que nous vous dénonçons, comme magistrats du peuple, et solliciter de votre sagesse une loi qui ordonne qu'à l'avenir les déclarations de naissance, de mariage et de mort seront reçues par les officiers civils, dans une forme conciliable avec toutes les opinions religieuses. (*L'Assemblée applaudit à plusieurs reprises.*)

Le président de l'Assemblée constituante, qui était Treilhard, répondit :

Il n'est peut-être pas d'abus plus grave que celui que vous venez de dénoncer à l'Assemblée nationale.

Un père qui néglige de constater la naissance de son fils dans les formes prescrites par la loi lui ferme pour ainsi dire le livre de la cité et le voue à une espèce de mort civile; mais le Corps législatif doit prendre sous sa protection les enfants que la nature donne à la patrie, et leur assurer, au moment de leur naissance, des droits que nulle autorité ne peut leur ravir.

Les cérémonies religieuses sont un acte de la conscience individuelle, nulle autorité humaine n'a le droit de pénétrer dans la sainteté de cet asile ; tout homme peut consacrer ses enfants à l'Être suprême dans la forme et par les mains qu'il juge devoir lui être plus agréables. Sa religion est sa propriété, cette propriété est inaliénable; l'autorité civile n'a rien à prescrire à cet égard ; elle ne peut exiger qu'une chose : c'est que l'ordre public ne soit pas troublé Tels sont les principes consacrés par l'Assemblée nationale; elle ne s'en écartera jamais.

Mais l'acte qui constate que deux citoyens se sont unis par les liens du mariage, qu'un citoyen vient de naître, ou que la société vient de perdre un de ses membres, est un acte purement civil; c'est au Corps législatif qu'il appartient d'en régler les formes.

Dépôt fidèle de toutes les pensées utiles au bien public,
l'Assemblée nationale prendra en considération les objets
sur lesquels vous venez de fixer ses regards. Déjà ses
Comités lui ont soumis un projet de loi sur cette importante matière; votre demande en accélérera sans doute
la discussion.

L'Assemblée nationale vous accorde l'honneur de la
séance.

L'Assemblée ordonna l'impression du discours de
Bailly et de la réponse du président.

Puis un court débat eut lieu.

Martin Gombert, député du tiers-état de Chaumont en-Bossigny et un des rares paysans qui sié-
gèrent à la Constituante, demanda l'ajournement,
parce que, dit-il, « nous ne sommes pas assez
mûrs » (1). Mais, sur la proposition de Lanjuinais
et de Chabroud, l'Assemblée mit la question à
l'ordre du jour.

On la discuta le 17 mai. Durand-Maillane présenta de nouveau son rapport, avec quelques légers
changements de rédaction, destinés à fermer la
bouche à ceux qui criaient à l'irréligion. Lanjuinais
soutint ce rapport. Mais Mougins de Roquefort
s'écria : « Cela va mettre le feu dans nos provinces ! » Martineau fit des objections bien conformes à l'esprit du temps et aima mieux proposer
l'adoption de l'expédient imaginé par l'évêque de
Langres, plutôt que de laïciser généralement l'état

(1) Le Hodey, *Journal logographique*, t. XXVI, p. 8.

civil : « La question, dit-il, est de savoir si, pour
faciliter à deux ou trois millions d'hommes, tout au
plus, les moyens légitimes de constater les mariages,
baptêmes et sépultures, vous changerez la forme
ancienne que suivent actuellement 23 ou 25 millions
d'habitants, ou si, au contraire, vous vous conten-
terez, comme on l'avait demandé dans le principe,
de prendre la dernière loi de 1787 et de la rendre
applicable aux circonstances actuelles. Voilà l'ordre
du jour que je réclame (*Applaudissements.*) (1) ».
Cependant Martineau ne fut pas suivi par toute la
gauche : car Treilhard et Prieur (de la Marne)
demandèrent qu'on décrétât à l'instant le principe
de la laïcité (2).

La discussion fut reprise le surlendemain 19.
Reubell se prononça à la fois contre le projet du
Comité et contre celui de l'évêque de Langres repris
par Treilhard : « Attendez, dit-il, que cette secte
qui veut naître s'éteigne d'elle-même sous le poids
du ridicule (*Rires à droite, applaudissements à
gauche*), parce qu'ils font tant de folies qu'ils ne
peuvent pas finir autrement que par s'attirer le
mépris public. Mais si, au contraire, vous vous
laissez entraîner par quelques pétitionnaires qui
veulent, je ne sais pas pourquoi, vendre quelques
églises à des non-conformistes, vous leur donnez
une existence qu'ils n'auraient pas sans un ridicule

---

(1) Le Hodey, *Journal logographique*, t. XXVI, p. 109.
(2) *Ibid.*, p. 110.

décret. » Il rappela l'écrit de l'évêque de Langres, ses vœux conformes à ceux de Treilhard et déclara que lui, Reubell, avait toujours « détesté les opinions, même justes, qui pourraient tendre à altérer l'ordre et pourraient servir les factieux » (1).

Destutt de Tracy, Du Pont (de Nemours), deux modérés, deux philosophes, parlèrent pour la laïcisation.

Mais le paysan Gombert intervint encore et demanda l'ajournement, qui fut adopté « après plusieurs épreuves et beaucoup de bruit » (2).

Le 27 août 1791, la Constituante ajouta à la Constitution l'article suivant : « La loi ne considère le mariage que comme contrat civil. — Le pouvoir législatif établira, pour tous les habitants sans distinction, le mode par lequel les naissances, mariages et décès seront constatés, et il désignera les officiers publics qui en recevront et conserveront les actes (3). »

Ainsi la Constituante décréta finalement le principe de la laïcisation de l'état civil (4), mais elle

(1) Le Hodey, t. XXVI, p. 182.
(2) *Ibid.*, p. 184.
(3) C'est l'article 7 du titre II de la Constitution de 1791.
(4) M. Edme Champion n'est pas de cet avis, parce que Lanjuinais fut applaudi quand, le 27 août 1791, il dit à la tribune, répondant à l'évêque constitutionnel Charrier de la Roche, que rien n'empêcherait de décider que les « officiers publics » seraient les curés eux-mêmes. Cependant l'article de la Constitution est formel pour faire du mariage un contrat civil, ce qui est un grand point, et ce qui infirme l'assertion de M. Champion disant que les Constituants ne

laissa à l'Assemblée législative le soin de la responsabilité de la réaliser, — « un beau legs de gloire », dira Vergniaud (1).

III

Dès le 9 octobre 1791, l'Assemblée législative se trouva saisie de la proposition de laïciser l'état civil. Cette proposition est en effet exprimée dans le rapport de Gallois et de Gensonné sur les troubles de la Vendée, rapport qui fut lu ce jour-là à l'Assemblée, mais incidemment et comme étant le vœu des catholiques non-conformistes de la région de l'Ouest.

Quand eut lieu le premier débat sur les prêtres réfractaires, la laïcisation de l'état civil fut demandée par plusieurs orateurs, par Baert et Hilaire le 21 octobre 1792, par Ducos le 26 octobre, par Gensonné le 3 novembre.

Les paroles de Ducos sont à citer :

... L'existence civile du citoyen, dit-il, ne peut plus être constatée. D'ou naît cet abus dangereux ? Des vices de votre législation, du défaut d'officiers publics qui

décidaient rien et laissaient leurs successeurs complètement libres. D'autre part, Lanjuinais fut seul à dire, dans ce débat, que les officiers publics pourraient être des ecclésiastiques.

(1) Dans son discours du 10 avril 1792 (*Moniteur*, réimp., t. XII, p. 92).

constatent l'existence civile indépendamment de tout culte et de toute religion. Comment résister à la justesse et à l'évidence de ce raisonnement ? La société reconnaît qu'elle n'a pas le droit de savoir comment il vous plaît de faire adopter votre fils dans le sein d'une église, de resserrer les liens du mariage par les engagements sacrés de la conscience, et de rendre à vos morts les derniers devoirs religieux ; mais il lui importe d'apprendre qu'il est né un nouveau citoyen, qu'il a contracté avec une compagne un engagement solennel qui change et étend ses rapports sociaux, qui suppose de nouveaux droits et de nouveaux devoirs civils et politiques ; enfin, qu'un de ses membres a payé, en la quittant, le dernier tribut à la nature. Il vous importe à vous-même de faire connaître votre existence à la loi, qui vous protège, qui garantit votre personne, vos propriétés et vos contrats. Il faut une publicité, une uniformité et une garantie, qui ne pourraient s'obtenir, s'il fallait s'adresser aux ministres de chaque secte. Faites donc baptiser ou circoncire vos enfants, faites bénir vos mariages, faites célébrer les obsèques de vos morts, mais venez ensuite en avertir l'officier public que la loi vous désigne. Si vous avez besoin de la protection de la loi, c'est à lui qu'il faudra recourir ; peu nous importe quelle idée vous attachez à la validité de ces actes (1).

En dehors de l'Assemblée, il y eut quelques manifestations dans la presse. Ainsi, dans la lettre d'André Chénier que publia le *Moniteur* du 22 octobre 1791, le vœu de laïcisation est exprimé ainsi : « On dit que, beaucoup de citoyens ayant obstinément recours à des prêtres non assermentés pour

(1) *Moniteur*, réimp., t. X, p. 217.

tous les actes civils auxquels le ministère ecclésiastique est nécessaire, il en résulte des incertitudes embarrassantes, soit pour les sociétés, soit pour les familles. Cet inconvénient, qui est très grave, ne sert qu'à prouver combien il est urgent de faire une loi par laquelle aucun acte civil n'ait rien de commun avec le ministère ecclésiastique (1). »

En province, l'expédient conseillé par l'évêque de Langres inspira la pétition des catholiques non-conformistes de Verclause (Drôme), qui demandèrent que, pour l'état civil, on leur appliquât l'édit de 1787 (2). Le même vœu fut recommandé au gouvernement par le directoire du département de Rhône-et-Loire (3) et par le district de Lyon (4), comme étant propre à pacifier les esprits.

Le directoire du département de l'Ardèche alla plus loin.

Le 2 novembre 1791, sur la réquisition du procureur général-syndic Boissy-d'Anglas, et considérant qu'un certain nombre de citoyens non-conformistes s'abstenaient de déclarer les naissances, il arrêta que l'Assemblée nationale serait suppliée « de porter une loi qui prescrive les formes civiles nécessaires pour constater la naissance et le décès des citoyens », et, en attendant, par une mesure illégale et révolu-

---

(1) André Chénier, *Œuvres en prose*, p. 104. Voir plus haut, p. 129.
(2) Sciout, *Histoire de la Constitution civile*, t. II, p. 307.
(3) Sciout, t. III, p. 86 et 87.
(4) *Ibid.*, p. 98.

tionnaire, il ordonna « que les municipalités tien-
draient un registre dans lequel elles constateraient
l'époque de la naissance des enfants dont elles sau-
raient que l'enregistrement sur les registres curiaux
aurait été différé ».

Publié dans le journal le *Moniteur* (1), alors si
répandu, cet arrêté ne passa pas inaperçu.

Mais la Législative n'attendit pas d'en avoir
connaissance pour se mettre en mesure de préparer
cette loi sur la tenue des registres de l'état civil que
la Constitution avait promise.

Le 3 novembre 1791, elle chargea de ce soin son
Comité de législation (2). Ce Comité ne mit aucun
empressement à préparer une mesure qui, en donnant satisfaction aux catholiques non-conformistes,
perpétuait le schisme et faisait échec à la Constitution civile du clergé. C'est seulement le 13 février 1792
que son rapporteur, Muraire, donne lecture de son
rapport à l'Assemblée législative (3). Le 20 février
eut lieu la première lecture du projet de décret (4),
qui ressemblait fort au projet que Durand-Maillane
avait présenté à la Constituante. L'urgence ne fut
pas décrétée, et la seconde lecture ne commença
que le 17 mars (5). Muraire n'obtint même cette
seconde lecture qu'à l'occasion d'un discours de

---

(1) Réimpression, t. X, p. 453.
(2) *Procès-verbal de l'Assemblée législative*, t. II, p. 311.
(3) *Ibid.*, t. V, p. 203.
(4) *Ibid.*, p. 245.
(5) *Ibid.*, t. VI, p. 238.

François de Neufchâteau, qui, parlant des prêtres
réfractaires, avait proposé d'appliquer provisoirement, selon le vœu de l'évêque de Langres, l'édit
de 1787 aux non-conformistes. Dans le débat qui
s'ouvrit aussitôt, Hérault de Séchelles, parlant à peu
près comme avait parlé Lanjuinais sous la Constituante (1), proposa que, dans les communes où il
n'y aurait que le curé de capable, on fît appel à ce
curé pour la tenue du registre, qui ne serait déposé
ni à l'église ni au presbytère, mais à la mairie, où
le curé irait y faire l'inscription, non comme curé,
mais comme officier de l'état civil. Cette motion fut
renvoyée au Comité, et on ajourna la suite du
débat.

Il fut repris le 10 avril 1792. Vergniaud demanda
qu'on ajournât les articles du projet qui étaient
relatifs au mariage, et qu'on se bornât à décréter
tout de suite « le mode matériel de constater l'état
des personnes ». Jollivet proposa d'établir des officiers spéciaux pour l'état civil. Lemontey proposa
un article préliminaire pour bien dire qu'on ne
faisait rien contre la religion.

Puis il y eut un nouvel ajournement de plus de
deux mois, et la discussion ne fut reprise que le
19 juin 1792. Ce jour-là, Gohier, député d'Ille-et-
Vilaine (c'est le futur membre du Directoire exécutif) prononça une opinion et déposa un contre-
projet où nos idées laïques d'aujourd'hui sont

(1) Voir plus haut, p. 182, note 4.

formulées avec plus de précision, plus d'ampleur
que dans aucun des projets précédents, et qui est
un peu comme le programme de cette République
laïque telle qu'elle existera pendant les deux premières phases du régime de la séparation, c'est-à-
dire sous la Convention thermidorienne et sous le
Directoire (1).

Voici comment le principe de la laïcisation est
d'abord exposé par Gohier, avec une nouveauté
presque originale :

Loin que le projet de loi si longtemps désiré de toute
la France tende à favoriser une usurpation des fonctions
ecclésiastiques, son objet au contraire est d'isoler ces
fonctions des fonctions purement séculières, de les
séparer de celles qui ne sont pas essentiellement religieuses, de celles qui, tenant uniquement à l'ordre civil,
ne peuvent jusqu'à présent avoir été exercées par les
prêtres qu'à titre de fonctionnaires publics de la société,
et non en vertu des pouvoirs que leur confère le sacer-
doce. L'objet de la loi est, non de dégrader les ministres
des autels, mais de les restituer à leur destination
première, de les rendre tout entiers à leurs occupations
saintes, de les débarrasser de celles qui leur sont étrangères, et qui ne peuvent que les distraire au préjudice
de la société et de la religion ; on ne veut pas leur ravir
le droit précieux de prier pour les citoyens, ni celui plus
doux encore de les bénir. Mais s'agit-il de conférer un
droit civil ? Ce n'est plus d'une main sacerdotale que
cette faculté doit être déléguée ; cette main pieuse ne doit
avoir que des grâces spirituelles à répandre.

(1) On trouvera l'opinion et le projet de Gohier dans le
Journal logographique, t. XXII, p. 42 à 55.

Veut-on acquérir un droit dans la société? Veut-on former un contrat qui oblige l'une et l'autre des parties sous l'autorité et la protection de la loi? C'est au magistrat civil à interposer son pouvoir, à présider à la formation de ce lien ; ee n'est plus le rite ecclésiastique qu'il faut consulter, mais la forme établie par le législateur qu'il faut suivre : dès lors, il ne doit plus être question de prêtre, encore moins de l'évêque de Rome, qui ne peut lier et délier que spirituellement, et non pas civilement, les citoyens mêmes qui veulent demeurer unis à sa communion. S'il est un scandale pour la société et pour la religion, c'est celui qu'a trop longtemps donné la domination d'un prêtre étranger, qui, trafiquant de la simplicité des fidèles, ne parlait au nom du ciel que pour s'emparer des biens de la terre, n'établissait des empêchements de mariages que pour se créer le droit d'en dispenser à prix d'argent, que pour apprendre aux riches qu'il n'est point de lois pour celui qui peut acheter le droit de les enfreindre. S'il est un scandale pour la société et la religion, c'est celui de voir un prêtre de Rome former ou dissoudre à son gré, dans divers États d'Europe, le premier contrat de l'homme en société, d'interdire despotiquement à celui-ci ce qu'il permet à celui-là, et s'établit ainsi (sic) chez différents peuples une magistrature civile au nom d'une religion qui lui interdit toute entreprise sur les autorités séculières.

A ces considérations générales succède une critique de plusieurs parties du projet de Muraire.

Ce projet confiait les actes de l'état civil aux officiers municipaux : Gohier craint que, pour un travail absorbant et délicat, on n'en puisse trouver partout qui soient capables et de bonne volonté. D'autres orateurs, faisant la même objection, avaient

proposé de confier ces fonctions à des fonctionnaires
déjà salariés par l'État, comme les juges de paix,
ou à des hommes publics à qui serait attribué un
salaire, comme les notaires. Gohier les confie aux
instituteurs, non aux médiocres maîtres d'écoles qui
existent, mais à ceux que l'on créera, si les plans
du Comité d'instruction publique sont adoptés, si
l'on établit partout des écoles primaires.

Ce point une fois réglé, accepté, vous avez alors des
greffiers pour toutes les municipalités de vos campagnes ;
vous avez des officiers civils capables de recevoir des
actes relatifs aux naissances, mariages et décès des
citoyens, des officiers civils sujets à la résidence, comme
les ministres du culte catholique, et que la nature de
leurs fonctions obligera encore d'être plus sédentaires
qu'eux ; des officiers civils dont les connaissances ne
seront pas bornées à quelques misérables principes de
théologie ou de philosophie scolastique, plus propres à
obscurcir l'esprit qu'à l'éclairer ; des officiers civils aussi
distingués par leur patriotisme que la caste sacerdotale
l'est par son égoïsme ; des officiers civils, en un mot, dont
le cœur, comme le sort, sera attaché à la Constitution.
Combien de citoyens estimables, combien de pères de
familles que la Révolution a laissés sans état brigueraient
l'honneur d'être choisis pour les instituteurs de leurs
concitoyens ! C'est ainsi, et ainsi seulement, que vous
pourrez rompre la dernière chaîne du gouvernement
théocratique.

Mais il ne suffit pas à Gohier que l'état civil soit
ainsi laïcisé et confié à l'instituteur. Il voudrait que
la naissance, le mariage, la mort fussent entourés

par la nation d'un éclat aussi intéressant que celui dont l'entoure l'Église catholique.

Et d'abord, au rapporteur qui propose de placer les registres de l'état civil dans les mairies, il objecte qu'il s'en faut de beaucoup qu'il y ait des maisons communes « dans toutes les municipalités de l'empire ». « Tous les citoyens, les membres des communes eux-mêmes, se réunissent dans les églises lorsqu'ils sont obligés de s'assembler ; vous ne choisirez pas les temples pour préparer l'exécution d'un décret destiné principalement à séparer les fonctions civiles des fonctions religieuses ». On se passera donc de l'église, mais sur la principale place publique de la commune on érigera un autel de la patrie, autour duquel auront lieu les cérémonies, et alors interviendront les officiers municipaux, qui présideront à ces fêtes ou à ces deuils.

Ces cérémonies serviront surtout, dans la pensée de Gohier, à l'éducation civique des Français :

Le spectacle d'un enfant intéresse l'âme la moins sensible ; celui qu'offre l'union de deux époux qui se jurent mutuellement amour et fidélité n'inspire pas moins d'intérêt, et le plus barbare s'attendrit à la vue d'un ennemi qui expire. La cérémonie lugubre d'un convoi, en rappelant à l'homme sa fin dernière, l'associe pour ainsi dire au deuil de la famille du décédé. Ennoblissons toutes les sensations que le cœur éprouve dans ces positions diverses ; imprégnons-les, s'il est permis de s'exprimer ainsi, d'une teinte civique ; profitons de l'instant où l'âme est ainsi agitée pour la pénétrer des vertus qui doivent l'agrandir, qui doivent l'élever au-dessus d'elle-même.

Gohier était d'avis que ces cérémonies civiques
« devaient parler au cœur encore plus qu'aux
yeux » :

S'agit-il de constater la naissance d'un citoyen français ? Que l'enfant soit porté sur l'autel de la patrie, et
présenté aux magistrats du peuple ; que, dans ce premier acte, relatif à la vie humaine, soit consigné le
principe sacré que tous les hommes naissent et demeu-
rent libres et égaux en droits. Qu'en inscrivant le nom
du nouveau-né sur le registre des enfants de la patrie,
les magistrats du peuple lui garantissent, au nom de la
nation, liberté, justice, égalité ; qu'ils lui annoncent que la
nation, sa seconde mère, ne veut pas même qu'il soit
l'esclave de l'erreur, qu'elle s'engage à lui procurer une
instruction digne d'un citoyen libre. Qu'à son tour le
père, le parent ou le citoyen qui le remplace dans cette
cérémonie touchante promette, au nom de l'enfant, fidélité à la nation, soumission à la loi, et respect aux autorités constituées, et que cette inauguration civique soit
terminée par le cri de *Vivre libre ou mourir !* Que
désormais enfin l'acte de naissance d'un Français ne se
borne pas à annoncer que l'enfant est le fils de tel ou tel
citoyen, mais qu'il contienne l'engagement synallagma-
tique qui lie le citoyen à la patrie, et la patrie au
citoyen ; et voilà le titre vraiment digne de passer à la
postérité ; voilà le titre dont pourra s'enorgueillir
l'homme qui connaît le prix de la liberté et de l'égalité.

Je n'entrerai pas dans le détail des cérémonies
que Gohier propose pour les mariages et les décès.
Mais voici son projet de loi :

Art. 1ᵉʳ. Dans toutes les communes de l'empire il sera
élevé un autel à la patrie, sur lequel sera gravée la Déclaration des Droits, avec cette épigraphe : *Le citoyen naît,
vit et meurt pour la patrie.*

2. Devant ce monument se fera la promulgation des
lois.

3. Il en sera de même des publications de mariage, et
de toutes celles qui intéressent l'ordre public, comme
aussi de l'inscription des jeunes citoyens, à dix-sept
ans, sur le rôle des gardes nationales, et, à vingt ans,
sur le tableau des citoyens actifs.

4. Devant l'autel de la patrie seront également constatés les naissances, mariages et décès.

5. Tous ces actes se feront avec les solennités les plus
propres à rappeler la dignité de l'homme, les droits et
les devoirs d'un citoyen libre.

6. Les instituteurs choisis pour tenir les écoles primaires seront chargés des registres des naissances,
mariages et décès.

7. Pourront néanmoins, dès le jour de la publication
du présent décret, les officiers municipaux et membres
des Conseils des communes, en attendant que les écoles
primaires soient établies, provisoirement charger l'un
d'eux desdits registres, ou nommer tel autre citoyen
qu'ils jugeront capable de les tenir.

8. Les Comités d'instruction publique, de division et
de législation, réunis, proposeront, dans la huitaine, un
projet de décret sur le nombre des instituteurs à établir,
leur emplacement, le mode de leur élection, et le traitement qu'il convient de [leur] faire.

9. Les Comités de législation et d'instruction publique,
réunis, détermineront, dans les mêmes délais, quelles
cérémonies civiques doivent accompagner l'inscription
des jeunes citoyens tant sur le rôle des gardes nationales que sur le tableau des citoyens actifs, et avec

quelles solennités seront reçus les actes relatifs aux naissances, mariages et décès.

10. L'Assemblée nationale déclare qu'en établissant des cérémonies civiques, elle n'entend nullement les substituer aux cérémonies religieuses, dont le libre exercice est une conséquence de la liberté des cultes, garantie à tous les citoyens par l'acte constitutionnel.

Déja Français (de Nantes), dans son rapport du 26 avril 1792, avait proposé d'établir des fêtes. Mais le projet de Gobier, plus ample et plus systématique, formule tout un régime de république laïque, comme nous dirions aujourd'hui, le régime même (je le répète) que le Directoire essaiera d'établir par des fêtes civiles dont la pompe tendait à rivaliser avec celle de l'Église catholique.

L'Assemblée législative ne discuta pas le projet de Gohier. Le 22 juin, elle décida que l'état civil serait confié aux municipalités. Le débat se continua du 25 au 29, sans autre incident intéressant que l'adoption de la motion de Sédillez (26 juin), tendant à supprimer l'expression de *nom de baptême* et à la remplacer par celle de *prénom*.

Interrompue, la discussion fut reprise les 16 et 30 avril, puis le 3 septembre, et on acheva de voter la loi le 20 septembre 1792 (1).

De cette loi bien connue nous ne dirons rien, si

(1) Nous avons déjà dit que l'urgence ne fut pas décrétée. Il y eut donc trois lectures, selon le règlement de la Législative. On a vu plus haut, p. 186, que la première lecture eut lieu le 20 février 1792, et que la seconde commença

ce n'est qu'à quelques détails près, elle établit le régime actuel, avec le divorce. Citons seulement l'article final, destiné à rassurer les catholiques :

L'Assemblée nationale, après avoir déterminé le mode de constater désormais l'état civil des citoyens, déclare qu'elle n'entend ni innover ni nuire à la liberté qu'ils ont tous de consacrer les naissances, mariages et décès par les cérémonies du culte auquel ils sont attachés, et par l'intervention du ministre de ce culte.

Appliquée d'abord avec les retards et les diversités dont l'ancien régime avait donné l'habitude aux Français, cette loi finit par être exécutée dans toute la France, surtout à l'époque où les curés constitutionnels durent renoncer presque tous à leurs fonctions, c'est-à-dire quand à peu près toutes les paroisses se trouvèrent, sous la Terreur, supprimées.

IV

L'importance de la loi de la laïcisation de l'état civil au point de vue de l'histoire des origines de la séparation des Églises et de l'État, cette importance est trop évidente pour qu'il ait lieu d'y insister.

Cette loi marque en réalité la première phase de cette séparation.

le 17 mars suivant. Quand commença la troisième lecture ? Ni le procès-verbal, ni les comptes rendus des journaux ne l'indiquent avec précision.

Celles des fonctions publiques dont l'exercice frappe le plus l'imagination du peuple, les voilà aux mains de l'État, et l'Église catholique, aux événements les plus émouvants de la vie de chaque famille, ne joue plus un rôle officiel, obligatoire pour tous. A ces grands jours de la vie privée, l'Église et l'État, s'ils sont encore unis dans la plupart des imaginations, se trouvent séparés dans la pratique des devoirs légaux.

Sur cette importance, on est d'accord. On l'est moins sur les raisons qui retardèrent pendant un si long temps le vote de la loi de laïcisation. Jusqu'ici l'opinion a semblé prévaloir que c'est à la timidité des hommes d'alors qu'il faut attribuer ces retards : ils auraient eu peur « d'aller si à gauche », comme on dirait aujourd'hui, ils auraient craint de s'émanciper si vite de la tutelle de l'Église catholique ; leur raison, leurs principes, leur politique les auraient portés à laïciser au plus tôt : ils auraient trouvé des motifs d'hésitation dans leurs souvenirs d'enfance, dans leurs habitudes héréditaires, dans leurs cœurs.

Les textes et les faits que nous avons produits ne justifient pas cette opinion.

Il n'est point vrai, comme on semble le croire, qu'alors les hommes de gauche en général aient demandé la laïcisation, et que les hommes de droite en général s'y soient opposés.

Au contraire, ce sont des catholiques, des évêques réfractaires qui, au début et pour éviter de recourir à leurs rivaux détestés, les prêtres constitutionnels, demandèrent que les registres de l'état civil fussent confiés à des officiers civils. Ce sont des patriotes, des révolutionnaires, des hommes « avancés » qui s'y opposèrent et qui voulurent maintenir ces registres aux mains du clergé officiel, moins, par piété ou par déférence pour l'Église catholique que pour éviter de fortifier ou de consacrer le schisme en accordant des facilités, ou plutôt des possibilités de vivre, aux catholiques papistes

Si donc les hommes de la Révolution hésitèrent si longtemps à laïciser l'état civil, c'est parce que leur politique était de n'avoir qu'une religion nationale, religion mêlée à l'État et en faisant partie intégrante. Ils ne se décidèrent à cette laïcisation que quand, éclairés par l'échec de la Constitution civile, ils virent que leur rêve d'unité religieuse était irréalisable, et ils ne s'y décidèrent qu'à regret, comme s'ils s'avouaient vaincus par leurs adversaires.

Oui, le vote de cette loi du 20 septembre 1792 fut une victoire de la philosophie, mais plus en réalité qu'en apparence, et plutôt par des conséquences non immédiates que par l'impression qu'en reçurent les contemporains. A l'exception de quelques citoyens éclairés, il est probable que la plupart des hommes de ce temps-là y virent moins une victoire du véritable esprit révolutionnaire qu'une concession arrachée aux patriotes par les catholiques papistes.

Ou plutôt du silence des journaux, qui ne com-

mentèrent pas ce grand acte de la Législative ou ne
le mentionnèrent même pas, du silence des premiers
historiens de la Révolution, qui parurent n'en avoir
connu ni les circonstances ni même la date, on peut
presque inférer qu'au milieu du bruit des armes et
dans l'émoi causé par l'invasion austro-prussienne,
la loi qui laïcisa l état civil laissa l'opinion indiffé-
rente, et passa même inaperçue.

14 octobre 1905.

V

LES ORIGINES DE LA SÉPARATION DES ÉGLISES ET DE L'ÉTAT : LA CONVENTION NATIONALE

I

Nous avons tâché de mettre en lumière les incidents les plus significatifs qui, à propos de l'application de la Constitution civile du clergé, avaient pu préparer les esprits à l'idée de la Séparation des Églises et de l'État. Au début de la Convention, Cambon crut que l'opinion était mûre pour cette réforme, et il fit une démarche qui se trouva être aussi prématurée que celle par laquelle, dès le mois de juillet 1791, il avait, comme président du club des Jacobins de Montpellier, demandé la République (1). Le 13 novembre 1792, il dit à la tribune de la Convention que le Comité des finances, dont il était le rapporteur, préparait un projet de suppression du budget des cultes. Ni les journaux, ni le club des

(1) Voir mon *Histoire politique de la Révolution*, p. 142.

Jacobins, ni la Convention elle-même ne suivirent Cambon, dont le projet causa tant d'inquiétude dans les campagnes qu'il y eut à ce propos, en Eure-et-Loir, une émeute de paysans. Le 30 novembre, sur la motion de Danton, la Convention déclara « qu'elle n'avait jamais eu l'intention de priver les citoyens des ministres du culte que la Constitution civile du clergé leur avait donnés » (1). Elle renouvela la même déclaration le 11 janvier 1793, et le 27 juin suivant, sur la motion de Barère, elle décréta que « le traitement des ecclésiastiques fait partie de la dette publique ». Le 10 décembre 1792, elle avait passé à l'ordre du jour sur la motion d'un de ses membres, qui avait demandé que les ministres du culte ne fussent plus qualifiés de *fonctionnaires publics*.

Dans la première année de sa carrière, la Convention saisissait donc toute occasion de complaire à l'opinion publique en affirmant son attachement à la politique d'union de l'Église catholique et de l'État.

Mais l'idée de la séparation, étrangère encore à la masse des Français et bruyamment désavouée par le gouvernement, n'en faisait pas moins des progrès.

On peut dire que la logique des choses continuait

---

(1) J'ai raconté en détail toute cette affaire de la motion de Cambon dans mon étude sur *Danton à la Convention nationale*, étude qui a d'abord paru dans la *Révolution française* t. XXV, p. 126 et suivantes, et que j'ai reproduite dans la 4e série de ces *Études et Leçons sur la Révolution*.

à la favoriser, surtout par cet affaiblissement général du sentiment religieux que provoqua l'application, même restreinte et incomplète, des principes de la Déclaration des Droits.

Il arriva aussi que le sanctuaire perdit une partie de son prestige depuis que le peuple y était entré pour l'exécution des décrets de la Constituante et de la Législative (29 septembre 1789, 10-12 septembre 1792), qui envoyaient à la Monnaie l'argenterie des églises non indispensable à la célébration du culte, et aussi pour l'exécution du décret de la Convention du 22 juillet 1793, qui ordonnait de fondre en canons les cloches, en n'en laissant qu'une dans chaque paroisse.

D'autres décrets violèrent encore le prestige du sanctuaire. Ainsi, le 9 décembre 1792, la Convention décréta « qu'un jour par semaine, le magistrat lirait, dans tous les lieux où le peuple se rassemble, les écrits dont elle aurait ordonné l'impression et l'envoi aux départements » (1).

C'est Manuel qui avait proposé ce décret, déclarant qu'il s'agissait surtout « des lieux de rassemblement de tous les cultes », des églises, dont il s'étonnait que les curés osassent interdire l'entrée « aux magistrats civils ». En vain, Jeanbon Saint-André objecta qu'on tendrait ainsi à donner « un air de légalité aux cultes ». « Vous n'en reconnaissez, dit-il, vous n'en devez reconnaître

_____

(1) *Procès-verbal de la Convention*, t. IV, p. 122.

aucun. » Treilhard et l'évêque Massieu soutinrent et firent voter la motion de Manuel (1).

Sans doute ce décret, qui introduisait des magistrats civils dans les temples, pouvait être considéré comme un des effets ou des moyens de la politique d'union de l'Église et de l'État. En fait, on y vit et ce fut surtout une mesure antireligieuse, puisque les fidèles étaient ainsi obligés de subir, à l'occasion, la lecture d'une pétition ou d'une adresse « philosophique », reçue et envoyée par la Convention. Ce fut même, si on veut, une sorte d'atteinte à la liberté des cultes.

Pendant que tant de mesures ou de circonstances discréditaient la religion, il arrivait une chose remarquable, et qui a une grande importance pour l'histoire des origines de la Séparation : c'est que les prêtres papistes n'étaient plus seuls en butte à l'animadversion du peuple des « patriotes », du peuple des clubs ou des sections : les prêtres constitutionnels aussi devenaient impopulaires.

Élu en 1791, en plein régime monarchique et bourgeois, le clergé constitutionnel ne vit pas avec sympathie le triomphe de la politique républicaine et démocratique. Ainsi le maire de Paris, Petion, rendant compte à la Convention, dans la séance du 5 janvier 1792, de l'état de la capitale, parla en ces termes du clergé parisien : « Les prêtres nous tra-

(1) *Moniteur*, réimp., t. XIV, p. 700.

vaillent sourdement ; ils intimident les uns, égarent les autres, réveillent dans le cœur de ceux-ci des inimitiés perfides, arment ceux-là d'une fureur qu'on croit sainte. Il faut dire la vérité, législateurs : plusieurs de ceux qui ont d'abord annoncé le plus de patriotisme n'ont voulu que des places lucratives ; et puisque dans un récit où la franchise et la loyauté doivent se montrer tout entières, il n'est pas permis de taire aucune pensée utile à la République, nous ajouterons sans balancer que nous avons moins craint les prêtres réfractaires que les menées de ces pontifes qui, dans les assemblées publiques, profèrent des serments démentis par leur conscience. »

Ainsi, en janvier 1793, le girondin Petion se défie du clergé constitutionnel, le trouve tiède pour la République et la démocratie.

Alors le girondinisme de Petion n'est pas encore violemment antimontagnard, et, d'ailleurs, pour le clergé constitutionnel, les Girondins ne sont encore que des Jacobins. Mais plus tard, quand les Girondins furent en lutte ouverte contre la Montagne, quand ils firent la guerre civile dite du fédéralisme, la plupart des éléments modérés se rallièrent à eux, et une partie des évêques et des curés constitutionnels parut favoriser leur insurrection (1). Les Montagnards, les sans-culottes, une fois vainqueurs,

---

(1) Dans son rapport du 11 juillet 1793, Cambon dénonça même le clergé calviniste comme faisant cause commune dans le Gard avec les fédéralistes (p. 22 de ce rapport). Bibl. nat. Le 38/331, in-8.

prirent en haine ce clergé qui, croyaient-ils, avait pactisé avec leurs ennemis.

Jusqu'alors, les lois contre les prêtres n'avaient visé que les papistes. Voilà maintenant que les constitutionnels, à leur tour et assimilés aux papistes, sont mis en état de suspicion légale par la loi des 29 et 30 vendémiaire an II, qui ne frappe pas seulement les insermentés, mais aussi tout assermenté qui serait dénoncé par six citoyens du canton (1).

C'est à partir de ce moment-là, c'est depuis que les Montagnards virent ou crurent voir les prêtres constitutionnels pactiser avec les fédéralistes et conspirer contre la Montagne, tandis que les prêtres papistes conspiraient contre toute la Révolution, c'est alors qu'aux yeux des révolutionnaires tous les prêtres furent considérés comme des ennemis, comme les ennemis de la patrie.

D'ou le mouvement de déchristianisation, mouvement plus patriotique encore que philosophique (2).

Il semble que, logiquement, ce mouvement de déchristianisation eût dû aboutir tout de suite à la séparation des Églises et de l'État (3).

(1) Voir mon *Histoire politique de la Révolution*, p. 468.

(2) Je l'ai raconté en détail dans mon livre sur *le Culte de la Raison et le Culte de l'Être suprême*, et j'en ai parlé aussi dans mon *Histoire politique*.

(3) D'autant plus que l'État prenait chaque jour des formes plus laïques. Ainsi la loi du 7 brumaire an II laïcisa en principe le personnel de l'enseignement primaire. Les lois des 5 octobre 1793 et 4 frimaire an II substituèrent au calendrier grégorien un calendrier républicain et laïque.

Il aboutit au contraire à la création d'une nouvelle religion d'État, et cette religion, ce fut le
robespierriste culte de l'Être suprême.

Sans doute, la tyrannie de cette religion d'État
fut tempérée. en principe, par une nouvelle proclamation de la liberté des cultes, d'abord dans la
Constitution de 1793, puis dans le décret des 16 et
18 frimaire an II.

Le culte de l Être suprême n'en fut pas moins une
véritable religion d'État, plus religion d'État même
que ne l'avait été la religion qu'organisait la Constitution civile, puisque les ministres du culte de
l'Être suprême n'étaient autres que les fonctionnaires laïques, à savoir le président de la Convention nationale, la Convention elle-même, les officiers municipaux, les représentants en mission.

Ce n'est qu'après l'échec de cette nouvelle religion d'État que l'on se résignera enfin à séparer
les Églises de l'État, tout en maintenant, avec le
culte décadaire, une sorte de vestige de religion
d'État, mais presque entièrement laïcisée, si on peut
dire.

II

Cependant, sous le régime qu'on appelle terroriste, au temps du culte de la Raison et du culte
de l'Être suprême, la Constitution civile du clergé
n'avait pas été formellement abolie, et le régime

d'union de l'État avec l'Église catholique nationa-
lisée subsistait encore légalement, ou plutôt nomi-
nalement.

Mais des mesures particulières avaient rompu
plusieurs des liens qui formaient cette union.

Ainsi, le 16 brumaire an II, la Convention accueil-
lit avec mention honorable une députation d'habitants de Seine-et-Oise qui demandaient que leur
évêque, récemment décédé, ne fût pas remplacé. Le
même jour, sur la motion de Barère, au nom du
Comité de salut public, la Convention reconnut
aux communes le droit de supprimer leur paroisse.
Le 2 frimaire an II, elle accorda des secours aux
ecclésiastiques abdicataires (1).

Bientôt, il arriva qu'il n'y eut plus de budget du
culte. En effet, les pensions de toute nature cessèrent d'être payées, vu les embarras du Trésor, à
partir du 6 germinal an II, et, d'autre part, les
traitements des ecclésiastiques cessèrent en général
d'être payés, puisque le culte fut supprimé presque
partout.

Il y eut donc, sous le gouvernement révolutionnaire, un régime de fait qui était un régime de
séparation de l'Église catholique constitutionnelle
d'avec l'État.

(1) Le même jour, la Convention décréta que l'inscription:
Religio et justitia æterna, urbis fata, qui se trouvait sur plusieurs édifices dans la ville de Dol, serait effacée et rem-
placée par des légendes civiques. (*Procès-verbal,* t. XXVI,
p. 35).

Cependant on n'osa pas, à cette époque, légaliser ce régime de fait, proclamer la séparation.

Ce n'est pas que personne n'en fît la motion.

Le 16 brumaire an II, Léonard Bourdon dit au club des Jacobins : « Quant à la Convention, puisque sa volonté est d'assurer la liberté des cultes, puisqu'il faut encore pardonner cette faiblesse au reste de la génération (*sic*), sans doute il n'entrera jamais dans ses principes de donner à une secte quelconque une prééminence sur toutes les autres. Je demande qu'on fasse de ceci le sujet d'une pétition à la Convention ; que tous ceux qui se trouvent catholiques dans l'arrondissement d'une section se réunissent, louent un emplacement où, pour leurs deux sous, ils puissent se procurer toutes les cérémonies qui leur seront agréables ; mais que l'État cesse de payer des hommes inutiles et dangereux (1). » Le club applaudit l'orateur, mais ne prit aucune décision.

Toutefois, il y eut dès lors à Paris un mouvement populaire en faveur de la Séparation, et, dans cette même séance, les Jacobins reçurent une députation du « Comité central de 56 Sociétés populaires de Paris », qui venait leur lire une pétition qu'elle se proposait de faire à la Convention pour demander la suppression du salaire des prêtres.

Cette pétition fut lue à la Convention dans sa séance du 21 brumaire an II : « Nous vous deman-

(1) *La Société des Jacobins*, t. V, p. 498.

dons, y était-il dit, une loi par laquelle nul citoyen ne soit tenu de contribuer au salaire de cultes auxquels il ne croit pas. Que ceux qui croient encore aux augures les paient. Le républicain ne connaît d'autre culte que celui de la liberté, de la vérité, de la raison. Il est temps de cesser de salarier le mensonge et la fainéantise (1). »

On applaudit, puis on discuta.

Sans nier que les pétitionnaires n'eussent raison en principe, Chabot et Thuriot objectèrent que l'opinion n'était pas mûre, et qu'il fallait la préparer.

La Convention décréta l'insertion de la pétition au *Bulletin* et la mention honorable (2). Quant à la question du salaire des prêtres, elle ne fit pas du tout ce que lui demandait la pétition; loin de supprimer ce salaire, elle chargea ses Comités des finances et de législation de préparer un projet de décret accordant des secours aux prêtres abdicataires.

Rédigé et lu par Forestier le 27 brumaire, ce projet fut voté, avec des amendements (3), le 2 fri-

---

(1) *Moniteur*, réimpr., t. XVIII, p. 402.

(2) *Procès-verbal*, t. XXV, p. 152. — J'ai vainement cherché cette pétition dans le *Bulletin de la Convention*, Bibl. nat., Lc 2/716, in-folio.

(3) Si on compare le projet de Forestier tel qu'il fut publié par ordre de la Convention (Bibl. nat , Lc 38/569, in-8) avec le texte qui fut voté (*Procès-verbal*, t. XXVI, p. 35 et 36), on remarque les changements suivants : 1º Le projet de Forestier parlait de *pensions* : la Convention subs-

maire suivant, après un débat où Danton se prononça, en ces termes, contre tout projet de ne plus
salarier les prêtres (1) :

Citoyens, l'opinion du peuple français s'est prononcée ;
la raison nationale est à son apogee ; le règne des prêtres
est passé, mais le règne politique vous appartient. C'est
à vous d'adopter ce qui est utile au peuple, et de rejeter
ce qui peut le perdre ou lui nuire. Sur quelle considération fondez-vous les décrets que vous rendez (2) ? Sur
l'économie du sang des hommes. Sachez, citoyens, que
vos ennemis ont mis à profit, pour vous perdre, jusqu'à
la philosophie qui vous dirige : ils ont cru qu'en accueil-
lant les prêtres que la raison porte à abandonner leur état,
vous persécuteriez ceux qui sont aveuglés par le bandeau
de l'erreur (3). Le peuple est aussi juste qu'éclairé (4).

titua le mot de *secours* ; 2° le projet comprenait 8 articles :
la Convention ne vota que les 3 premiers. Dans les articles
supprimés, il était dit, entre autres choses, que si les
abdicataires étaient appelés à d'autres places ou emplois
non ecclésiastiques, ils ne pourraient ni les refuser ni
cumuler deux traitements, et que ceux qui se marieraient
pourraient, au bout de trois ans, être employés dans l'instruction publique.

(1) Nous suivons, pour ce discours de Danton, le texte du
Moniteur (réimpr., t. XVIII, p. 493), en y ajoutant quelques
variantes empruntées au *Journal des Débats et des Décrets*
et au *Mercure universel*.

(2) *Journal des Débats* : « Sur quelles considérations est
fondé le projet de loi qu'on vous propose ? »

(3) *Journal des Débats* : « Vos ennemis ont espéré un moment qu'ils pourraient employer, pour vous perdre, la philosophie que vous servez avec tant de zèle ; ils ont cru que
les Français deviendraient des persécuteurs pour ceux de
leurs concitoyens qui sont faibles : il faut donc les déjouer. »

(4) *Mercure universel* : « Le peuple est juste autant qu'il est
terrible. »

L'Assemblée ne veut salarier aucun culte, mais elle exècre
la persécution. et ne ferme point l'oreille aux cris de
l'humanité (1). Citoyens, accordez des secours à tous les
prêtres; mais que ceux qui sont encore dans l'âge de
prendre un état ne puissent prétendre aux secours de la
nation, après s'être procuré les moyens de subsister. Si
Pitt a pensé que l'abolition du fanatisme serait un obstacle
à votre rentrée dans la Belgique par la persécution que
vous ferez éprouver aux prêtres, qu'il soit détrompé, et
qu'il apprenne à respecter une nation généreuse qu'il n'a
cessé de calomnier.

Citoyens, il faut concilier la politique avec la saine
raison : apprenez que, si vous ôtez aux prêtres les moyens
de subsister, vous les réduirez à l'alternative ou de mourir
de faim ou de se réunir avec les rebelles de la Vendée.
Soyez persuadés que tout prêtre observant le cours de la
raison se hâtera d'alléger les charges de la République en
devenant utile à lui-même, et que ceux qui voudront
encore secouer les torches de la discorde seront arrêtés
par le peuple, qui écrase tous ses ennemis sous le char de
la Révolution (2).

Je demande l'économie du sang des hommes; je demande que la Convention soit juste envers ceux qui

(1) Ici le *Journal des Débats* ajoute ceci : « Quiconque ido-
lâtre la liberté sera sous la protection des lois. »

(2) *Journal des Débats* : « Sans prodigalité, sans indulgence
envers la masse des prêtres, qui est justement suspecte,
vous pouvez remplir les vues de la saine politique. Si un
prêtre n'a pas de quoi exister, que voulez-vous qu'il devienne ? Il faut qu'il meure, qu'il aille à la Vendée ou qu'il
se déclare au dedans votre irréconciliable ennemi. Tout
prêtre qui sera raisonnable cherchera, n'en doutez point, les
ressources de son existence dans l'industrie qu'il aura
acquise; et s'il en était qui voulussent encore secouer les
torches du fanatisme, la raison du peuple en ferait une
justice éclatante. »

ne se sont pas signalés comme les ennemis du peuple. Citoyens, n'y eût-il qu'un seul prêtre qui, privé de son état, se trouve sans ressources, vous lui devez de quoi vivre (1). Soyez justes, politiques, grands comme le peuple. Au milieu de sa fureur vengeresse, il ne s'écarte jamais de la justice; il la veut (2) Proclamez-la en son nom, et vous recevrez ses applaudissements.

Telles sont les raisons politiques, les raisons d'opportunité, pour lesquelles la Convention se refusa, alors, à cesser de salarier les prêtres.

Cependant l'idée de la Séparation continuait à être soutenue, et le prudent *Moniteur*, dans son numéro du 12 frimaire an II, n'hésitait pas à faire l'éloge d'une brochure, où était exposé tout un plan de Séparation (3). L'auteur, le citoyen Bert (un inconnu), s'y élevait contre le régime de tolérance établi par la Constitution civile du clergé, régime qui mettait les autres sectes religieuses dans un état d'infériorité. Et, d'autre part, c'était, disait-il, forcer

(1) *Mercure universel* : « N y eût-il qu'un seul prêtre qui fût honnête homme, vous seriez injustes de ne pas lui offrir les moyens de subsister. »

(2) *Journal des Débats* : « Il veut la justice, il la veut imperturbable. »

(3) *Des prêtres salariés par la nation considérés dans leurs rapports avec le gouvernement républicain*, par P.-C.-F. Bert (du département de la Nièvre). Paris, impr. Patris, 1793, in-8 de 105 pages. Bibl. nat., Ld 4/7762. — Écrite avant l'adoption du calendrier républicain, peut-être même dès les premiers mois de l'année 1793, cette brochure ne parut, ou ne fut signalée, qu'après le commencement du mouvement de déchristianisation.

les gens pauvres à rester catholiques constitutionnels. Autrement il leur faudrait payer deux fois :
1° pour le curé officiel; 2° pour leur propre curé. Si,
disait-il encore, la Constituante a établi un tel
régime politico-religieux, c'est parce qu'elle colla-
borait avec le clergé, dont les représentants formaient le quart de ses membres. Mais à la Convention, il n'y a plus de représentants du clergé, il n'y
a que des citoyens.

Il blâmait les persécutions contre les non-conformistes : « On est parvenu, disait-il, à en faire des
rebelles. »

Il racontait avoir causé, à Paris, avec plus de
six cents personnes, de la question religieuse.
Toutes disaient : « Moi, je n'ai pas de religion pour
être honnête; ma conscience me suffit, mais le
peuple n'est pas assez éclairé pour cette mesure. »
C'est, remarquait Bert, « une hypocrisie dont personne ne rougit, parce qu'elle est générale ».

Il demandait qu'on ne laissât plus aux prêtres le
soin de mûrir la nation ; il demandait que l'État
cessât de les payer. « Non, leur disait-il, vos salaires
ne sont point une propriété. » Il n'y a que les ignorants qui emploient les prêtres : « L'homme aisé, la
grande majorité des citoyens instruits ne se sert pas
des prêtres. »

Est-il bien vrai que le peuple ne puisse s'habituer
à ce que l'État ne salarie plus les prêtres ?

« Aujourd'hui, répondait Bert, le peuple se passe
fort aisément de comédie, et, s'il veut quelquefois

s'en donner le plaisir, il n'exige pas que la loi mette
une imposition sur le riche pour lui procurer ce
petit délassement.

« Au pis aller, il en sera de même des églises
catholiques : on se cotisera d'abord pour payer
un prêtre, et peut-être finira-t-on par s'ennuyer
de cet usage. Mais les femmes tiendront bon et
n'abandonneront jamais leurs prêtres ; car il est
dit :

> Tant que femme portera béguin,
> Jamais prêtre ne mourra de faim.

Alors ce sera votre affaire de conserver en France la
mode des béguins. »

Cependant le plan de séparation du citoyen Bert
ménageait les transitions. Les intérêts d'aucun ecclésiastique ne s'y trouvaient lésés : c'est seulement
à la mort ou la démission du curé actuel que nul
citoyen ne serait plus tenu, dans la commune, de
payer un prêtre.

Bert se disait « du département de la Nièvre »,
mais il ne se targuait aucunement de parler au nom
de ses concitoyens de ce département, où lui-même
n'habitait peut-être plus. Sa brochure n'est donc, à
aucun degré, l'indice qu'il y eût un mouvement
provincial en faveur de la Séparation, et je ne vois
guère de trace d'un tel mouvement, ou du moins il
n'y eut que quelques manifestations dans ce sens,
comme celle des Jacobins de Pontarlier qui, le

30 pluviôse an II, votèrent une adresse à la Convention contre le salaire des prêtres (1).

Dans son *Histoire du mariage des prêtres* (2), Grégoire mentionne aussi une pétition « des républicains de la ville d'Auxerre » contre le salaire des prêtres ; mais il n'en donne pas la date, et je n'ai pu en trouver le texte.

D'autre part, les cinquante-six Sociétés populaires qui, le 21 brumaire an II, avaient pétitionné contre le salaire des prêtres ne renouvelèrent pas leur pétition.

En somme, pendant la Terreur, il s'établit donc une sorte d'accord tacite, et presque unanime, pour ajourner l'établissement légal d'un régime politico-religieux à l'époque où le succès de la défense nationale rendrait possible une organisation normale.

En fait, l'État était laïcisé, on ne voyait plus aucune cérémonie du culte, aucun vêtement ecclésiastique, presque toutes les églises étaient fermées, la religion semblait avoir disparu, les traitements et pensions du clergé n'étaient plus payés. Quand la victoire de Fleurus et la chute de Robespierre eurent marqué la fin de la période violente et dictatoriale, le régime de la Séparation s'imposa et devint sans difficulté le régime légal.

14 novembre 1905.

---

(1) Sauzay, *Histoire de la persécution révolutionnaire dans le Doubs*, t. VI, p. 72.
(2) P. 78.

VI

NOTES SUR L'HISTOIRE DU CONCORDAT

§ 1. — L'Église dans l'État

Nous ne nous proposons ni de développer, ni
même de résumer l'histoire des négociations d'où
sortit le Concordat de 1801, et dont toutes les pièces
ont été publiées dans l'excellent recueil de M. Boulay (de la Meurthe).

Nous voudrions seulement indiquer dans quel
esprit et après quels débats furent arrêtés les plus
importants articles du Concordat, ceux dont on
parle davantage dans les journaux et à la tribune,
ceux qu'il importe le plus de bien connaître au
moment où la dénonciation de ce Concordat est à
l'ordre du jour du Parlement et de l'opinion.

*
* *

Rappelons d'abord que l'ancien Concordat, celui
de 1516, avait été aboli en fait par la Constitution
civile du clergé en 1790, et que, depuis la fin de
septembre 1794, le régime de la séparation des
Églises et de l'État existait en France.

Ce régime, d'abord troublé par les circonstances de guerre civile et étrangère, avait fini par fonctionner très normalement, au grand profit de l'État, sans aucun détriment pour les consciences individuelles. La liberté avait maintenu le schisme entre catholiques non papistes et catholiques papistes; ceux-ci se subdivisaient, politiquement, en ralliés et en non ralliés, les uns ayant prêté le serment ou la promesse de fidélité à la République, les autres restés fidèles à Louis XVIII. Ainsi divisée, l'Église catholique n'était plus assez forte pour opprimer les autres groupes : réformés, calvinistes, israélites, libres-penseurs, théophilanthropes. Entre les groupes religieux, il y avait concurrence et équilibre : au-dessus, l'État semblait neutre, laïque, libre, maître. Le Premier Consul avait présidé, avec son habileté et son bonheur habituels, à ce régime qu'il avait reçu de la Convention et du Directoire et qui procurait à la France la paix religieuse dans la liberté, quand il se décida à le détruire.

Et pourquoi se décida-t-il à cette destruction? Nous avons essayé de le démontrer ailleurs (1) : ce ne fut point par piété (il était indifférent en matière religieuse), mais dans la vue de commander par le pape aux consciences, pour réaliser par le pape ses rêves d'empire et d'empire universel. Dans la *délaïcisation* de l'État, dans la conclusion d'un Concor-

(1) Voir mon *Histoire politique de la Révolution*, p. 733 et 734.

Jat, il voyait aussi, accessoirement, l'avantage de se
Jébarrasser de l'Église ci-devant constitutionnelle,
restée démocratique par le régime électoral qui en
faisait la base, d'ôter à Louis XVIII et l'appui du
pape Pie VII (par lequel il avait été reconnu) et ses
moyens d'action sur la France par les évêques
d'ancien régime; enfin, il y voyait l'avantage de
pacifier définitivement la Vendée et la Bretagne,
dont les populations, si catholiques, ne manque-
raient pas de se rallier au gouvernement consulaire,
si le gouvernement consulaire se réconciliait avec
le pape.

C'est après la victoire de Marengo que se précisèrent, en Bonaparte, les rêves d'ambition impé-
riale, et c'est après cette victoire qu'il fit faire à
Pie VII des ouvertures par le cardinal Martiniana,
évêque de Verceil (fin juin 1800). Le pape accepta
ces ouvertures, et envoya à Paris un négociateur
sans pouvoirs, Mgr Spina, archevêque de Corinthe.
Les négociations commencèrent en novembre 1800.
Le négociateur français ne fut pas le ministre des
relations extérieures, Talleyrand, qui, avec tout
l'entourage de Bonaparte, était hostile au Concordat : ce fut l'abbé Bernier, un Vendéen qui avait
plus ou moins trahi les royalistes et qui était un
habile homme. On n'aboutissait pas. Le pape se
décida à envoyer un négociateur avec pleins pouvoirs (juin 1801) : ce fut son propre secrétaire
d'État, le cardinal Consalvi. La convention (qu'on
n'osa pas appeler Concordat, à cause de l'ancienne

impopularité de ce nom) fut signée le 14 juillet 1801. Si la négociation avait traîné ainsi pendant six mois, ce n'est pas que les deux parties ne fussent d'accord sur le point essentiel, à savoir que les évêques, nommes par le Premier Consul, seraient institués par le pape et qu'ainsi le schisme du clergé « constitutionnel » prendrait fin. C'est qu'au début le pape ne se trouvait pas encore, comme souverain temporel, à la merci de Bonaparte, la victoire de Marengo n'ayant point été décisive. A Rome, on n'était pas bien sûr que le Premier Consul vaincrait définitivement la coalition. La victoire de Moreau à Hohenlinden, Louis XVIII chassé de Russie, la paix de Lunéville avec l'Autriche, la paix avec Naples, voilà les faits qui firent cesser les hésitations du Pape, en même temps qu'ils accrurent les exigences de Bonaparte.

.˙.

Maintenant que nous avons remis sous les yeux du lecteur les principales circonstances de la négociation du Concordat, étudions, avec les pièces si bien réunies par M. Boulay (de la Meurthe), l'historique de la rédaction des plus importants articles.

Le préambule de la « Convention entre le Gouvernement français et Sa Sainteté Pie VII » n'est pas ce qu'il y a de moins important dans cet acte diplomatique. Il est ainsi conçu :

Le Gouvernement de la République reconnaît que la

religion catholique, apostolique et romaine est la religion de la grande majorité des citoyens français.

Sa Sainteté reconnaît également que cette même religion a retiré et attend encore en ce moment le plus grand bien et le plus grand éclat de l établissement du culte catholique en France, et de la profession particulière qu'en font les Consuls de la République.

En conséquence, d'après cette reconnaissance mutuelle, tant pour le bien de la religion que pour le maintien de la tranquillité intérieure, ils sont convenus de ce qui suit.

L'article 17 et dernier du Concordat précise et complète ainsi le second paragraphe de ce préambule :

Il est convenu entre les parties contractantes que, dans le cas où quelqu'un des successeurs du Premier Consul actuel ne serait pas catholique, les droits et prérogatives mentionnés dans l'article ci-dessus et la nomination aux évêchés seront réglés, par rapport à lui, par une nouvelle Convention.

On le voit : ce préambule et cet article 17 règlent les conditions générales de la religion catholique en France.

Par quelles vicissitudes passa-t-on pour aboutir a ce règlement et a cette formule ?

Au début, Bonaparte avait offert à la religion catholique de bien plus grands avantages, la place même qu'elle occupait en France sous l'ancien regime.

Le premier projet de Concordat qu'il proposa

au pape, dès que Mgr Spina fut arrivé à Paris (novembre 1800), contenait, vers la fin, un article ainsi conçu :

Aux conditions ci-dessus, et vu leur acceptation par le Saint-Siège, le Gouvernement français déclare que la religion catholique, apostolique et romaine est la religion de l'État.

Qu'ainsi, de gaîté de cœur, sans que le pape le lui demandât, et en somme à son propre détriment, Bonaparte sacrifiât un des principes essentiels de la Révolution française, le principe de la laïcité de l'État, comme nous dirions, c'est ce qui serait incroyable, si cette clause ne se trouvait dans le plus officiel des documents, avec cette formule finale ; *Pour copie conforme* : BERNIER, et s'il y avait le moindre doute sur l'authenticité d'un document qui se trouve aux Archives du Vatican, et sur le dos duquel Spina a écrit, en italien : *Sixième note de l'abbé Bernier, reçue le 7 novembre.*

Ainsi, en novembre 1800, Bonaparte offrait au pape de proclamer la religion catholique religion d'État !

Mais déjà il négociait sans bonne foi, retirant ses offres ou ses concessions premières, selon que des succès militaires, remportés pendant les négociations, fortifiaient sa position en Europe.

Survient la victoire de Hohenlinden. La coalition est décidément vaincue. Le pape n'a plus aucun secours à espérer. Aussitôt Bonaparte rétracte son offre de faire du catholicisme la religion de l'État. Il ne veut plus consentir qu'à reconnaître le fait que la religion catholique est celle de la majorité des Français.

Le pape, alléché par l'offre première, si inespérée, essaya d'obtenir que, si le mot de religion d'État était repoussé comme trop impopulaire, la religion catholique fût déclarée *dominante*. Qu'entendait-il par religion dominante ? Il entendait une religion qui serait à la fois celle de la nation et celle du Gouvernement. Au fond c'était, sous un autre vocable, la religion d'État. Le négociateur pontifical insista. Bonaparte refusa. Le pape dut se résigner. Les contre-projets romains adoptèrent et consacrèrent la formule de la « grande majorité ».

Le catholicisme ne sera donc pas religion d'État, ni religion dominante. Mais il ne sera pas non plus une religion confondue avec les autres dans la promiscuité du droit commun : il sera une religion protégée, privilégiée, très privilégiée.

*
* *

C'est une religion privilégiée, non seulement à cause des avantages qui vont lui être faits aux dépens des autres cultes, mais aussi et surtout parce que les Consuls en font « profession particulière ».

Ce fut là une très grosse difficulté dans la négociation, et le pape faisait de cette « profession » la condition absolue sans laquelle il ne reconnaîtrait

pas au Gouvernement français le droit de nommer
les évêques, comme dans le Concordat de 1516.

Les instructions de Spina lui recommandaient de
faire remarquer au Premier Consul que les gouvernements hérétiques ou schismatiques n'ont pas ce
droit. Ainsi en Russie et en Prusse, le pape nomme
les évêques. Mais c'est surtout l'exemple de la
Grande-Bretagne qui est concluant : « En Angleterre
et en Écosse, où il n'y a plus d'évêques, le Saint-
Siège nomme des vicaires apostoliques. En Écosse,
il y en a deux. Tout le royaume d'Angleterre est
divisé en quatre régions : orientale, occidentale,
septentrionale, méridionale, et à la tête de chacune
de ces régions est un vicaire apostolique. En Irlande,
il en va autrement : il y a quatre métropolitains, et
dix-sept évêques gouvernant librement les diocèses
qui leur sont confiés, sans que le roi se mêle en rien
de la nomination de ces personnes, ni réclame en
rien le droit de les nommer, qu'avaient avant le
schisme les rois catholiques ses prédécesseurs. Un
exemple encore plus décisif est celui de la province
du Canada, en Amérique. Quand cette province était
sous la domination française, le roi très chrétien y
avait la nomination des évêques. Le traité de 1763
la mit sous la domination de l'Angleterre : la religion
catholique continua à y être dominante comme
avant ; on y conserva les établissements ecclésiastiques, les réguliers, les sièges épiscopaux dans le
même état que sous les rois de France. Mais la
nomination des évêques, ne pouvant être attribuée

au roi d'Angleterre, prince hétérodoxe, est restée à la libre disposition du pape, qui désigne les sujets qu'il croit les plus capables de gouverner les diocèses. »

Donc, au cas où le gouvernement français ne se déclarerait pas catholique, le pape nommerait les évêques en France ou administrerait les diocèses par les vicaires. Mais le pape pourrait prendre l'habitude gracieuse de ne nommer que des personnes *accette alla podestà secolare*, comme il le fait en Russie et en Prusse.

Cela ne faisait pas l'affaire de Bonaparte, lui qui tenait à nommer les évêques, pour gouverner l'Église de France. Et pourquoi lui demandait on une déclaration qu'on n'exigeait pas du roi d'Espagne? Il était catholique, c'était un fait, on le savait : à quoi bon le déclarer? Oui, mais il était suspect, suspect d'indifférence et de philosophie, lui qui ne pratiquait pas, qui ne s'était pas marié à l'Église, qui avait fait en Égypte des proclamations en faveur de l'islamisme. Cela, le négociateur pontifical ne le lui disait pas nettement, mais il le lui laissait entendre.

D'autre part, l'entourage du Premier Consul (et en particulier le second Consul Cambacérès) l'excitait contre ces prétentions de la Cour de Rome.

Bonaparte hésite, oscille ; il accorde, puis il reprend. Il ne veut pas engager toute le Gouvernement (Sénat, Conseil d'État, Corps législatif, Tribunat), ni même les trois Consuls. Qu'on se contente d'une

profession de foi personnelle du Premier Consul.
Ou plutôt non. C'est encore trop ; il admet l'article
qui porte que si, plus tard, le chef du Gouvernement
n'est pas catholique, il faudra négocier un nouveau
mode de nomination des évêques : cet article ne
suffit-il pas ? Y a-t-il besoin d'y ajouter une déclaration formelle ?

Et, en l'absence de Talleyrand, un des chefs de
division du ministère des relations extérieures,
M. d'Hauterive, objectait, dans un rapport au Premier Consul : « S'il y a quelque chose de nécessaire,
c'est qu'un gouvernement qui, dans tous ses actes,
agit, parle et dirige au nom de la nation qu'il gouverne, ne se serve pas de l'éminence de sa situation
pour donner à des opinions purement théoriques et
sans aucun rapport avec les motifs de son institution
un caractère de délégation et de représentation
nationale, que certainement ces opinions ne peuvent
avoir... Quand une loi porte la profession de foi du
gouvernement, il est évident qu'il s'élève tout à coup
une énorme disparité morale entre les diverses
communions religieuses des gouvernés. L'une
devient, par le fait, religion dominante ; les autres
ne sont plus que des religions subordonnées. »

Ce fut là l'écueil des négociations suprêmes
(14 juillet 1801), à la veille de la conclusion définitive et de la signature. Consalvi voulait que le
« Gouvernement » se déclarât catholique. Il dut
renoncer à cette prétention. On supprima le mot de
Gouvernement, et on ne parla que des trois Consuls.

De plus, la phrase fut libellée de façon que c'était le pape qui faisait la déclaration.

En somme, le pape obtint moins qu'on lui avait promis d'abord et moins qu'il n'avait demandé ensuite, puisque la religion catholique ne fut déclarée ni religion d'État, ni religion dominante. Mais il obtint plus qu'il n'avait pu l'espérer dans les circonstances, puisqu'on lui accorda la déclaration qu'il jugeait indispensable pour conclure un Concordat.

Le principe laïque de la Révolution ne fut pas complètement aboli ; mais il fut violé, ainsi que le principe de l'accessibilité de tous les Français aux emplois, en ceci qu'il y eut en France un emploi, celui de chef de l'État, qui se trouva, tant que durerait le Concordat, réservé aux seuls catholiques.

Ne dites pas : Cela n'a gêné personne. Demandez plutôt à M. de Freycinet, qui est protestant, ce qu'il en pense.

**

Ainsi constituée en dignité dans l'État et incorporée à l'État, selon l'antique gallicanisme, la religion catholique, selon le même gallicanisme, sera à la fois libre et réglementée. C'est l'article 1ᵉʳ du Concordat :

La religion catholique, apostolique et romaine sera librement exercée en France. Son culte sera public, en se conformant aux règlements de police que le gouvernement jugera nécessaires pour la tranquillité publique.

C'est là l'origine des fameux articles organiques. Bonaparte, au lieu de cela, voulait restreindre la publicité du culte dans les seules églises. Consalvi s'y refusa. Il proposa de ne point parler de cette restriction. L'Église la souffrirait en fait ; au besoin le pape ferait un bref pour engager le clergé à s'y soumettre, vu les circonstances ; mais l'Église ne peut déclarer elle même, dans une convention diplomatique, qu'elle s'oblige à renfermer le culte dans les temples.

Mais, disait Bonaparte, comment permettre que le pape, avec un tel bref, exerçât en France une autorité, même indirecte ?

Impatienté, il proposa ceci : « La religion sera librement et publiquement exercée, en se conformant toutefois aux règlements de police que le Gouvernement jugera nécessaires. »

Consalvi craignit que ces règlements ne concernassent pas seulement la publicité, mais aussi la liberté, c'est-à-dire l'existence même du culte. Il obtint du plénipotentiaire français un changement de rédaction, et le retour à une phrase antérieurement admise, qui portait qu'on lèverait tous les obstacles qui pourraient s'opposer au libre exercice du culte. Et, par ces obstacles, il entendait, sans le dire, plusieurs des lois civiles de la Révolution (comme celle du divorce), peut-être la Révolution elle-même, les Droits de l'homme.

C'est là le texte admis dans la pénultième conférence, celle du 14 juillet 1801, et c'est ce texte que

Bonaparte, désavouant ses plénippotentiaires, n'hésita pas à repousser.

·Tout ce qu'obtint Consalvi, ce fut d'ajouter aux
mots : *règlements de police que le gouvernement jugera
nécessaires*, ceux-ci : *pour la tranquillité publique.*

Dans le texte latin. il s'ingénia à faire admettre
des expressions atténuantes.

Ainsi il y a là un *quoad politiam* dont il se réjouit
puérilement. Et, au lieu de traduire *en se conformant*
par *sese conformando,* il fut tout fier d'être arrivé à
ménager à la fois la syntaxe et l'amour-propre du
Saint-Père en mettant : *habita ratione.*

Est-il dupe de ces niaiseries ? Non certes, puisque
le texte francais, accepté par lui, fait foi au même
degré que le texte latin, a la même autorité. Mais,
ainsi, il colore sa défaite aux yeux du pape. Il sait
bien que ni son *quoad politiam* ni son *habita ratione*
n'empêcheront Bonaparte d'imposer à l'Église les
articles organiques.

* .

Toute la police du culte ne fut cependant pas renvoyée à un règlement ultérieur, et il y a dans le
Concordat deux articles au moins qui touchent à
cette police, celui qui établit le serment à la République, et celui qui établit les prières pour la République.

L'article sur les prières, c'est l'article 8 :

La formule de prière suivante sera récitée à la fin de
l'office divin, dans toutes les églises catholiques de

France : *Domine, salvam fac rempublicam ; domine, salvos fac Consules.*

Sous l'ancienne monarchie, on chantait : *Domine, salvum fac regem.*

Bonaparte demanda au négociateur romain et obtint sans difficulté que l'on reprît cette coutume.

Il donna d'abord le choix entre ces deux formules : *Domine, salvam fac rem gallicam* (1) ou *Galliam*, et *Domine salvos fac Consules.* On remarquera qu'il n'y a pas *rempublicam* : les premiers projets de Concordat sont bien plus réactionnaires que les derniers. C'est dans la pénultième conférence que la formule définitive fut proposée et admise sans difficulté.

Quant au serment, ce sont les articles 6 et 7 :

Les évêques, avant d'entrer en fonctions, prêteront directement entre les mains du Premier Consul, le serment de fidélité qui était en usage avant le changement de gouvernement, exprimé dans les termes suivants : « Je jure et promets à Dieu, sur les saints Évangiles, de garder obéissance et fidélité au gouvernement établi par la Constitution de la République française. Je promets aussi de n'avoir aucune intelligence, de n'assister à aucun conseil, de n'entretenir aucune ligue, soit au dedans, soit au dehors, qui soit contraire à la tranquillité publique ; et si, dans mon diocèse ou ailleurs, j'apprends qu'il se trame quelque chose au préjudice de l'État, je le ferai savoir au Gouvernement. »

Les ecclésiastiques du second ordre prêteront le même

(1) Plus tard, au lieu de : *ren gallicam*, on mit : *rem gallicanam*, pour éviter, disait-on, un jeu de mot badin.

serment entre les mains des autorités civiles désignées par le Gouvernement,

Voici comment le pape en vint à accepter une clause qui faisait des évêques comme les mouchards du Gouvernement. Le 7 nivôse an VIII, Bonaparte avait substitué au *serment* civique exigé des ministres du culte une simple *promesse* de fidélité à la Constitution. Cette promesse avait été refusée par la majeure partie du clergé papiste. Irrité, Bonaparte exigea, dans le nouvel ordre de choses, plus qu'une simple promesse. Après des pourparlers, il proposa et fit accepter par le pape cette formule : « Je promets obéissance et fidélité au gouvernement établi par la Constitution de la République française. » Puis les « philosophes » décidèrent Bonaparte à demander une soumission expresse aux lois civiles et politiques. Ce qui est peu connu, quoique grave et intéressant, c'est que, dans ses instructions secrètes, Spina avait été autorisé par le pape à accepter cette formule, si on l'exigeait absolument, de sorte que si Bonaparte avait résisté, le pape eût ainsi consacré indirectement même la loi sur le divorce. Les négociateurs romains eurent l'habileté d'éviter ce sacrifice, en faisant croire à Bonaparte qu'ils ne céderaient jamais là-dessus. L'idée fut émise (je ne sais par qui) de rétablir l'ancien serment prêté par les évêques au roi de France. C'était flatter l'amour-propre de Bonaparte, qui accepta aussitôt. C'était aussi éviter par là la soumission aux lois civiles.

Quel était cet ancien serment ? Y avait-il en 1789 une formule uniforme ? La chose est au moins douteuse.

L'abbé Bernier eut à chercher la formule la plus récente. Il consulta le *Dictionnaire de Droit canonique* de Durand de Maillane, et il n'y trouva qu'une formule de 1720, qui avait servi à M. de Hénin-Liétard, archevêque d'Embrun, et qui est ainsi conçue.

SIRE.

Je... évèque (ou archevêque) de... jure le très saint et sacré nom de Dieu et promets à Votre Majesté que je lui serai, tant que je vivrai, fidèle sujet et serviteur ; que je procurerai son service et le bien de son État de tout mon pouvoir ; que je ne me trouverai en aucun conseil, dessein ni entreprise au préjudice d'iceux ; et, s'il en vient quelque chose à ma connaissance, je le ferai savoir à Votre Majesté. Ainsi Dieu me soit en aide et ses saints évangiles par moi touchés. *Signé...*

Durand-Maillane renvoie, pour les formules plus anciennes, au livre de Pierre Pithou, *Preuves des liberlés de l'Église gallicane.* Le plus vieux serment que Pithou cite est ainsi conçu :

Extraict d'un vieil livre escrit à la main, qui est en la Bibliothèque du Roy, institulé *le Coustumier de France.*

« Le Prélat ayant une estolle au col, met la main dextre sur le Livre, et la senestre sur le Pis et le Chambellan qui est Cler luy dit tels mots : Sire, vous jurez sur les saincts Évangiles et autres sainctes paroles qui sont cy escrites, par les Ordres que vous avez, que vous serez feaux et loyaux au Roy de France nostre Sire qui cy est,

et à ses successeurs Roys de France, que son corps et ses
meubles, sa vie et ses honneurs terriennes vers lui gar-
derez contre toutes personnes qui peuvent venir, vivre
et mourir. Se il vous dit son conseil, vous le tendrez
secret; se il vous demande le vostre, vous luy donrez
bon et loyal, et ainsi vous le jurez. Et il doit dire ouy, et
puis baiser le livre. »

On voit que l'engagement de se faire dénonciateurs n'était pas d'abord imposé aux évêques. C'est
en 1482 que cette clause apparaît. A cette date,
l'évêque de Saint-Flour, qui avait conspiré contre
le roi, renouvelle son serment, et il ajoute ceci :

« Et si je sçavois que l'on pourchassât quelconque
chose qui fust contre lui, ou à son dommage préjudice ou
deshonneur, ou de ses dis successeurs, je mettray peine de
l'empescher de tonte ma puissance et le luy reveleray, ou
feray sçavoir à qui que il touche, ou puisse toucher, sans
rien receler... »

En 1600, l'évêque de Vannes dit :

« Et si aucunes pratiques il entendoit contre Sa
Majesté ou son Estat, l'en advertir incontinent... »

En 1613, l'évêque d'Evreux :

« Je jure aussi et promets à Dieu et au Roi de ne faire
jamais aucune ligue et n'avoir même aucune intelligence
dedans, ni dehors le royaume avec les ennemis du Roy,
et que si, dans l'étendue de mon diocèse ou ailleurs, je
découvre chose qui importe à son service, j'en donnerai
promptement avis à Sa Majesté... »

Il semble que les négociateurs français aient combiné toutes ces formules de manière à conserver ce qu'il y avait de plus humiliant pour les évêques.

Consalvi ne protesta pas, au contraire : il était trop heureux d'éviter ainsi la soumission aux lois civiles. C'est le gouvernement consulaire qui eut honte, après coup, d'avoir tant obtenu. Dans un rapport du· 29 août 1801, Tallevrand dit à Bonaparte : « Quant à la forme du serment, comme elle ne pèche que par excès, rien ne s'oppose à ce qu'on supprime, dans la pratique de la prestation, quelques-unes des clauses qui peuvent, en effet, porter ombrage et donner de l'inquiétude sur l'usage que, dans l'avenir, des gouvernements moins amis de la liberté que celui du Premier Consul pourraient faire de la subordination entière du clergé français à leurs vues. » D'ailleurs, Talleyrand ne fut pas écouté ; le serment fut strictement exigé des évêques par Napoléon Iᵉʳ, Louis XVIII et Charles X. Louis-Philippe le laissa tomber en désuétude. Napoléon III le rétablit, en 1855, avec toutes ses clauses. La troisième République le supprima.

.·.

Mais qu'importaient ces misères, ces petits ennuis à l'Église romaine, habituée à souffrir bien d'autres disgrâces pour sa cause ? Au prix de ces concessions de détail, de ces humiliations imposées individuellement à ses ministres, elle avait obtenu que la religion catholique rentrât dans l'État, y tînt le premier rang, une place illustre, privilégiée, prépondérante ;

surtout elle avait obtenu que l'État renonçât à cette
figure laïque que la Convention lui avait donnée, et
que l'ancien pacte entre le trône et l'autel fût renouvelé dans la mesure où les circonstances le per-
mettaient.

5 novembre 1904.

§ 2. — L'Unité de l'Église

Sous le régime de la séparation de l'Église et de
l'État, on avait vu persister le schisme commencé
en 1791, l'Église de France étant scindée en deux
groupes, celui des catholiques qui avaient adhéré à
la Constitution civile du clergé et celui des catholiques restés fidèles au pape. La grande affaire pour
la cour de Rome, c'était de faire cesser ce schisme.
Et, d'autre part, si le schisme était avantageux à l'État
républicain, il ne convenait guère aux projets d'ambition dictatoriale de Napoléon Bonaparte. Celui-ci
ne voulait qu'une Église catholique, qu'il s'imaginait
pouvoir tenir dans sa main. Il ne voulait plus de ces
évêques gentilshommes restés fidèles à Louis XVIII
et qui, même émigrés, continuaient à s'occuper de
leurs diocèses et à maintenir en France un esprit
d'opposition royaliste au gouvernement consulaire.
Le pape et le Consul étaient donc d'accord pour rétablir l'unité dans l'Église gallicane : à vrai dire ce fut
là le but même du Concordat.

*
* *

Pour atteindre ce but, il fallait commencer par
faire table rase de tout le personnel épiscopal
existant.

Ce fut l'objet de l'article 3 :

Sa Sainteté déclarera aux titulaires des évêchés français qu'elle attend d'eux avec une ferme confiance, pour
le bien de la paix et de l'unité, toute espèce de sacrifices,
même celui de leurs sièges.

D'après cette exhortation, s'ils se refusaient à ce sacrifice commandé par le bien de l'Église (refus néanmoins
auquel Sa Sainteté ne s'attend pas), il sera pourvu, par
de nouveaux titulaires, au gouvernement des évêchés de
la circonscription nouvelle, de la manière suivante...

Cet article avait été particulièrement douloureux
pour le pape.

Quand Bonaparte demanda que le pape exigeât
lui-même la démission des évêques qui étaient restés fidèles au Saint-Siège, Pie VII se récria, gémit,
se débattit longtemps.

Eh quoi ! c'est précisément parce que ces évêques
n'avaient pas voulu faire schisme que le pape les
frapperait !

Cette démarche lui répugnait, lui semblait désho-
norante, et, le 12 mai 1801, il écrivait à Bonaparte :
« De quel front et avec quel cœur pourrions-nous alors
abandonner leur cause et ne pas chercher à intéresser
en leur faveur votre magnanimité et votre justice (que
notre cœur paternel s'épanche avec la plus grande

confiance et loyauté !) lorsqu'ils se trouvent réduits à cet état déplorable pour avoir pris la défense de cette religion dont nous sommes sur la terre le défenseur et le vengeur ! Permettez-nous d'interroger votre cœur : que répondrait-il, si quelqu'un lui proposait d'abandonner la cause et la défense de ces braves généraux qui ont combattu à vos idées pour vous donner la victoire ? »

Et cependant le pape ne proférait pas un *Non possumus* formel; il se contentait de gémir; Bonaparte voyait bien qu'il céderait.

Il commence par ne céder qu'à demi : il ne demandera, dit-il, leur démission qu'aux plus compromis. Non, Bonaparte veut une mesure générale. Pie VII s'y décide enfin.

Mais s'il y a des évêques qui se refusent à démissionner, que devra faire le pape ? Les déposer, dit Bonaparte.

Les déposer ! C'est grave. Le pape offre une combinaison plus douce : il leur retirera la juridiction, qui sera confiée, leur vie durant, à des administrateurs nommés par le Saint-Siège d'accord avec le Premier Consul. Le négociateur français, abbé Bernier, accepte cette proposition. Bonaparte la repousse : il craint que les évêques ainsi suspendus n'en continuent pas moins à servir d'agents à Louis XVIII dans leurs diocèses.

Finalement, le pape est mis en demeure de retirer à ces évêques à la fois la juridiction et le titre, c'est-à-dire de les déposer.

Il cède, mais avec un biais de casuiste.

Il ne se sent pas le droit de déposer arbitrairement, sans grief, des évêques dont le seul crime est de lui avoir été fidèles.

Il lui faut absolument un grief.

Le voici :

Il les exhortera paternellement. S'ils refusent d'obéir à son exhortation, ce refus constituera une faute grave : c'est pour cette faute grave qu'il les déposera.

Et il en vient à batailler seulement pour obtenir que, dans le Concordat, tout cela soit dit d'une manière enveloppée, par allusions, par périphrases : d'où la rédaction finale.

Le pape a donc sacrifié, comme il le dit lui-même, son honneur d'homme. Mais il a la consolation de se dire qu'il le sacrifie à l'intérêt supérieur de l'Église.

Et, d'autre part, si c'est un sacrifice, c'est aussi une victoire et une conquête sur le gallicanisme. Ç'avait été une maxime constante de l'Église gallicane, que le pape n'a pas le droit de déposer les évêques, et voilà que le Premier Consul lui offre ce droit, lui fait don spontanément de cet accroissement d'autorité. Les négociateurs français, tout en obéissant à Bonaparte, s'inquiétaient pour l'avenir : « Obtenons du souverain pontife ce que nous désirons, disait l'abbé Bernier, mais ne préparons pas à ses successeurs les moyens d'abuser d'un droit qui ne lui est momentanément déféré que pour le bien de la paix ». Aussi, du côté français, n'eut-on garde de s'opposer à la périphrase du texte définitif, qui, si elle voilait l'odieux de ce qu'allait faire le pape, voilait aussi et atténuait pour l'avenir l'atteinte portée aux libertés gallicanes.

Mais on peut dire que les conflits d'aujourd'hui et l'affaire des évêques Geay et Le Nordez étaient déjà en germe dans cet article 3 du Concordat.

Quant aux évêques ci-devant constitutionnels, ou, comme disaient les Romains, « intrus », il n'en est pas question dans le Concordat. Ce fut un des points sur lesquels il n'y eut qu'un accord oral : on convint que le pape leur demanderait leur démission par un bref.

∴

La « table rase » ainsi décidée en principe, le mode de nomination aux évêchés fut réglé par les articles 4 et 5 du Concordat :

Le Premier Consul de la République nommera, dans les trois mois qui suivront la publication de la bulle de Sa Sainteté, aux archevêchés et aux évêchés de la circonscription nouvelle. Sa Sainteté conférera l'institution canonique suivant les formes établies par rapport à la France avant le changement de Gouvernement.

Les nominations aux évêchés qui vaqueront dans la suite seront également faites par le Premier Consul; et l'institution canonique sera donnée par le Saint-Siège, en conformité de l'article précédent.

C'étaient là les articles essentiels du Concordat,

ceux qui faisaient cesser le schisme; c'était le Concordat même.

La Constitution civile du clergé avait établi, en 1790, l'élection des évêques par le peuple; ils étaient confirmés par un autre évêque (l'évêque métropolitain), sans aucune intervention du pape, auquel le nouvel évêque se contentait d'écrire pour lui notifier sa nomination et reconnaître sa primauté spirituelle.

Désormais, c'est le pape qui institue, comme sous le Concordat précédent.

Désormais, c'est le Gouvernement français qui nomme.

Le pape y gagnait le rétablissement de la hiérarchie dont il était le chef, c'est-à-dire ce qu'il désirait par-dessus tout.

Bonaparte y gagnait la destruction de cette république démocratique que l'Église ci-devant constitutionnelle formait dans l'État césarien, c'est-à-dire ce qu'il désirait par-dessus tout.

Quant aux formes de l'institution canonique, si le Concordat de Léon X n'est pas expressément remis en vigueur pour cela, c'est toujours à cause des souvenirs impopulaires qu'avait laissés ce Concordat : mais ce sont bien les formes de 1516 qui sont rétablies.

Pour ce qui est de la querelle actuelle du *Nominavit nobis* et de la prétention du pape à soutenir que le Gouvernement français n'a pas un véritable droit de nomination des évêques et qu'il peut seu-

lement prononcer des noms, soumettre des noms
au Saint-Siège, j'ai beau lire et relire les pièces de
la négociation, dans le recueil de M. Boulay (de la
Meurthe), je n'y vois aucune tentative des négociateurs romains pour atténuer le sens du mot de
nomination et pour contester au Premier Consul la
plénitude de son droit. Il y a plus : au lendemain du
Concordat, le Saint-Siège fut amené à déclarer officiellement qu'il ne se reconnaissait pas le droit de
refuser l'institution canonique à un sujet nommé
par le Premier Consul, à moins qu'il n'y eût erreur
sur la personne ou indignité évidente et constatée.

La nomination aux cures est réglée par l'article 10 :

Les évêques nommeront aux cures.
Leur choix ne pourra tomber que sur des personnes
agréées par le Gouvernement.

Bonaparte avait d'abord proposé : « Les évêques
nommeront aux cures avec approbation du Gouvernement. » Rome avait rejeté cela, ne voulant pas
que l'approbation fût obligatoire après nomination.
Bernier et Consalvi s'étaient alors mis d'accord sur
cette formule : « Les évêques nommeront aux cures ;
ils ne choisiront les pasteurs qu'après s'être assurés
qu'ils sont doués des qualités requises par les lois de
l'Église et qu'ils jouissent de la confiance du Gouvernement. »

Au dernier moment, après la pénultième conférence, Bonaparte substitua de sa main : « Leurs no-

minations ne seront valides qu'après avoir été agréées par le gouvernement. »

Dans la dernière conférence, Consalvi fit admettre la formule définitive, c'est-à-dire qu'il obtint que l'agrément fût demandé pour les curés avant leur nomination, et non après, faisant admettre, selon son mot, qu'il s'agissait *de eligendis*, et non *de electis*.

On ne décida pas comment l'évêque s'y prendrait pour s'assurer que le candidat était agréé par le gouvernement, *gubernio acceptus* (1). Ce serait son affaire. Par exemple, il pourrait aller voir le préfet; mais le pape ne voulait pas le forcer lui-même à cette démarche.

Les articles organiques précisèrent et aggravèrent, sur ce point comme sur d'autres : « Les évêques, y est-il dit, nommeront et institueront les curés; néanmoins ils ne manifesteront leur nomination, et ils ne donneront l'institution canonique qu'après que cette nomination aura été agréée par le Premier Consul. »

Dans sa dépêche à sa cour du 16 juillet 1801, Consalvi dit que, pour cette question de la nomination des curés, il ne céda que sur la menace d'une rupture. Il s'excusa ainsi auprès du pape (je traduis litté-

---

(1) Il avait d'abord été question d'exprimer cela en français par ces mots : *agréables au gouvernement*. A la réflexion, on écarta le mot *agréables* pour ne pas prêter à la plaisanterie Les jeunes gens à la mode s'appelaient alors, à Paris, *les agréables*, comme on les appellera, à la fin du second Empire, *petits crevés*.

ralement) : « Du moment qu'un gouvernement qui
n'est pas constitutionnellement catholique ne veut
admettre qu'il y ait des curés qu'à cette condition,
qui peut avoir le courage de rompre un traité, et, à
cause de cela, de ne pas rendre la religion à la
France. Le Premier Consul dit à ce propos qu'il
faut considérer la France comme au deuxième ou au
troisième siècle, pour y rétablir une religion presque
entièrement banuie et qui va s'éteignant à vue d'œil
(chose en soi très vraie). Il faut donc sacrifier quelque droit et quelque liberté pour des circonstances
réellement extraordinaires et très graves. »

*
* *

Ces articles du Concordat, relatifs à l'institution
d'un personnel ecclésiastique nouveau, on ne peut
comprendre comment ils firent cesser le schisme et
rétablirent l'unité de l'Église catholique en France,
que si on a une idée de la manière dont ils furent
appliqués.

Du côté des évêques ci-devant constitutionnels, il
y eut peu de difficultés. A la nouvelle de la conclusion du Concordat, ils avaient décidé de donner leur
démission. C'était évidemment la condition de la
nomination de quelques-uns d'entre eux aux nouveaux sièges.

Certes, il eût été de leur part plus héroïque de
ne pas démissionner et de continuer l'Église constitutionnelle. Mais l'opinion ne les soutenait pas, ou
plutôt il n'y avait pour ainsi dire pas d'opinion, les

journaux n'étant plus libres. Déjà la rentrée d'un
grand nombre de prêtres réfractaires, au début du
Consulat, avait fait perdre aux constitutionnels une
partie de leur clientèle. Qu'eût-ce été apres le Concordat ? D'ailleurs, ils savaient bien que Bonaparte
n'eût pas souffert leur rassemblement, puisque
l'extinction du schisme était un des buts, une des
condition du Concordat.

Leurs lettres de démission ne furent pas toutes ce
que le pape aurait voulu qu'elles fussent. Un d eux,
Grégoire, refusa même de l'adresser au pape, et
l'adressa à son métropolitain. Mais enfin tous démissionnèrent.

L'Église constitutionnelle disparut donc complètement, et je n'ai pas trouvé de trace de subsistance
partielle. Aucun des membres de ce clergé ne refusa
(à ma connaissance) d'entrer dans l'Église concordataire.

Il n'en fut pas de même des évêques ci-devant réfractaires, pour la plupart émigrés.

Dans le bref du 15 août 1801, par lequel il leur
demanda leur démission, Pie VII fit ce qu'il put pour
leur dorer la pilule : « Si grands et si glorieux
qu'aient été les services que vous avez déjà rendus
à l'Église et aux fidèles, cependant les circonstances
nous forcent à vous faire savoir que vous n'avez pas
encore achevé de parcourir la carrière de mérite et
de gloire à laquelle les conseils de la divine Provi
dence ont réservé votre vertu pour ces temps-ci.
Il vous faut renoncer spontanément à vos sièges

épiscopaux, et les résigner librement entre nos mains. » — Ils devaient répondre dans un délai de dix jours au plus.

Il s'en faut de beaucoup que ces évêques aient été unanimes à obéir.

Les quinze restés en France démissionnèrent, M. de Belloy en tête.

Quatre évêques résidant en Italie firent de même. Mais un cinquième, l'évêque de Béziers, envoya sa démission à Louis XVIII.

Sur les dix-huit évêques réfugiés à Londres, cinq démissionnèrent, dont M. de Cicé, archevêque de Bordeaux.

Les treize autres refusèrent, par une lettre de protestation, où ils déniaient au pape le droit qu'il s'était arrogé de leur demander leur démission.

D'autres suivirent leur exemple.

Sur quatre-vingt-un évêques de l'ancien clergé, quarante-cinq démissionnèrent, trente-six refusèrent leur démission. En 1806, ces trente-six renouvelèrent et publièrent leur protestation.

Quelques-uns cédèrent plus tard; mais presque tous moururent dans une attitude intransigeante.

Le dernier survivant de ces évêques d'ancien régime, M. de Thémines, évêque de Blois, se disait, en 1828, évêque de toute la France.

C'est par fidélité à Louis XVIII, c'est plutôt comme gentilshommes que comme évêques, qu'ils désobéirent ainsi au pape Mais ils donnèrent surtout comme motifs les libertés de l'Église gallicane foulées aux

pieds par Pie VII et par Bonaparte. Le pape révo-
quant les évêques ! C'était, selon eux, une monstruosité. Et ces évêques qui, en 1789, étaient presque
tous ultramontains, ces évêques à qui le gallicanisme de la Constitution civile avait fait horreur, ils
enrichirent à cette époque la littérature gallicane
d'une foule de pamphlets.

Partout courait alors la pasquinade romaine
contre le pape :

> Pie VI, pour conserver la foi, perdit son siège;
> Pie VII, pour conserver son siège, perdit la foi.

Mais ces épigrammes ne suffirent pas aux néo-
phytes du gallicanisme : ils traitèrent le pape de
juif, de païen, de publicain. Toutes les aménités
ecclésiastiques furent par eux déversées sur le chef
de l'Église catholique.

Ils reprochèrent amèrement aux autres évêques
leur défection. Et il faut avouer que ces défections
étaient parfois scandaleuses. Ainsi M. de Boisgelin,
récemment, à Londres même, s'était écrié dans un
sermon : « Nous ne prononcerons pas de serments
violateurs de nos premiers serments; plutôt mourir
que de violer le pacte de la religion et de la monarchie ! » Non seulement il accepta le Concordat,
mais il le glorifia dans un discours à Notre-Dame,
le jour du *Te Deum* solennel, et mourut archevêque
concordataire de Tours.

*
* *

Les émigrés et surtout les femmes excitèrent cette révolte, dont l'avocat, parmi les Français réfugiés en Angleterre, fut un certain Blanchard, ancien professeur de théologie et curé de Saint-Hippolyte, diocèse de Lisieux. Il écrivit beaucoup contre le Concordat : d'ou le nom de *blanchardisme* donné parfois à ce mouvement.

On dit plus souvent : *la Petite Église*. Elle subsista en Angleterre, en Allemagne, en France, surtout dans les Deux-Sèvres et la Vendée : elle alla s'affaiblissant; elle compte encore aujourd'hui quelques fidèles. On ne peut pas dire que ce schisme ait eu aucune conséquence grave. Je ne mentionne ici la Petite Église que parce que sa faiblesse et son insignifiance historique constatent la généralité de l'obéissance au Concordat, une victoire de la puissance pontificale sur l'Église, la préparation du dogme de l'infaillibilité.

*
* *

On a vu que, si l'Église constitutionnelle disparut volontairement, c'est parce que Bonaparte avait promis d'appeler quelques-uns de ses évêques aux nouveaux sièges.

Il n'aimait certes pas ces républicains; mais au Tribunat, au Corps législatif, on n'aurait pas compris qu'il les eût absolument sacrifiés, et on n'aurait peut-être pas voté le Concordat.

Il y avait eu, à cet égard, une manifestation très nette.

Quand une place de sénateur se trouvait vacante, c'est le Sénat qui nommait à cette place sur une liste de trois candidats, présentés le premier par le Corps législatif, le second par le Tribunat, le troisième par le Premier Consul. Eh bien, le 13 mars 1801, le Corps législatif désigna l'évêque constitutionnel Grégoire comme candidat, et le Sénat le nomma sénateur le 6 décembre suivant, au moment même où Rome s'opposait le plus à la nomination de constitutionnels aux nouveaux sièges épiscopaux.

Bonaparte comprit l'avertissement : il nomma douze évêques constitutionnels ; Grégoire ne se trouvait pas au nombre de ces douze, mais il y avait un de leurs chefs, Le Coz.

Ses instructions avaient autorisé Caprara, le cardinal légat, à les admettre sans rétractation solennelle, puisque Bonaparte ne voulait pas de rétractation, mais à condition qu'ils signassent une formule où on lisait : « Je déclare adhérer et me soumettre d'un esprit sincère et obéissant aux jugements émanés du Siège apostolique sur les affaires de France ; et, en conséquence, reconnaissant comme illégitimes et schismatiques la convocation et la célébration des soi-disant conciles diocésains, provinciaux et nationaux tenus par les constitutionnels, je déteste toute coopération que j y ai eue. »

Sept des évêques constitutionnels se refusèrent à signer cette formule. Caprara leur en présenta d'autres analogues ; ils les repoussèrent avec indignation, disant qu'ils préféraient « le séjour de la Guyane à l'avilissement d'une rétractation ».

On était au 15 avril 1802, trois jours avant la cérémonie annoncée à Notre-Dame pour la promulgation du Concordat. Ce contre-temps était assez grave et pouvait tout faire manquer.

Les sept évêques se rendirent chez Portalis, le conseiller d'État chargé des affaires du culte, qui leur donna raison, et, sur son conseil, dans une lettre au pape rédigée de concert avec l'abbé Bernier, ils renoncèrent à la Constitution civile et affirmèrent leur adhésion au Concordat.

Cette renonciation n'était pas une rétractation : la Constitution civile du clergé n'existait plus légalement, les deux conciles des ex-constitutionnels avaient constaté cette disparition, et, sans désavouer la Constitution civile, l'avaient proclamée abolie.

Le légat refusa de se contenter d'une telle renonciation.

Puis, et malgré ses instructions, il trouva un tempérament : on se contenterait publiquement de la lettre écrite au pape par les sept évêques ; mais ils feraient une rétractation secrète et verbale, devant deux témoins, les évêques d'Orléans et de Vannes, Bernier et de Pancemont.

On était au samedi. La cérémonie de Notre-Dame devait avoir lieu le lendemain dimanche. Il fallait en finir. Le légat ne vit qu'un moyen : c'était d'avoir deux faux témoignages. Pancemont se refusa-t il à cette supercherie ? Toujours est-il que Bernier dé clara n'avoir pu le rencontrer. Il rapporta au légat un « décret d'absolution », signé de lui seul. Il affirma que chaque évêque constitutionnel avait donné une lettre pour le Saint-Père (ce que l'on constata en effet), avait satisfait « à ce qui était exigé », et avait reçu l'absolution.

La farce était jouée. Les évêques prêtèrent serment entre les mains du Premier Consul, avant d'avoir reçu leurs bulles de Rome.

L'affaire de la prétendue rétractation des évêques constitutionnels devait rester secrète : c'était convenu entre Caprara et Bernier. Mais le pape fit, le 24 mai 1802, une allocution qui fut publiée avec des pièces relatives à la ratification et à la publication du Concordat. Parmi ces pièces se trouvait, pour chaque évêque constitutionnel, un décret d'absolution avec l'attestation de Bernier.

Les évêques ainsi mystifiés s'indignèrent, et l'un d'eux, Lacombe, évêque d'Angoulême, publia une lettre où il protestait contre la supercherie et niait qu'aucun évêque constitutionnel se fût rétracté. Au contraire, disait-il, quand le décret d'absolution leur avait été présenté, ils l'avaient jeté au feu, « en présence de celui de qui ils l'avaient reçu, sous les yeux du citoyen Portalis ».

Bernier ne souffla mot.

A Rome, les évêques protestataires furent considérés comme relaps.

Pie VII décida que les bulles confirmant l'institution donnée par le légat ne seraient expédiées qu'à deux évêques constitutionnels sur douze, c'est-à-dire à Montault et à Charrier, qui avaient antérieurement fait soumission complète.

Les choses restèrent en cet état jusqu'au voyage du pape à Paris pour le sacre. Alors il donna audience aux dix évêques, les endoctrina, leur fit signer (même à Le Coz, qui se débattit) une formule de « soumission aux jugements du Saint-Siège et de l'Église catholique, apostolique et romaine sur les affaires ecclésiastiques de France ». La réconciliation fut ainsi et définitivement opérée : en mai 1805, tous les évêques reçurent leur bulle.

Voilà comment le Concordat de 1801 rétablit l'unité dans l'Église catholique de France.

12 novembre 1904.

§ 3. — Le Budget des cultes

L'actuel budget des cultes est sorti, si je puis dire, des articles 13 et 14 du Concordat, relatifs aux biens nationaux et au traitement du clergé. Ces articles sont ainsi conçus :

Sa Sainteté, pour le bien de la paix et l'heureux rétablissement de la religion catholique, déclare que ni elle, ni ses successeurs ne troubleront en aucune manière les acquéreurs des biens ecclésiastiques aliénés, et qu'en conséquence la propriété de ces mêmes biens, les droits et revenus y attachés, demeureront incommutables entre leurs mains ou celles de leurs ayants cause.

Le gouvernement assurera un traitement convenable aux évêques et aux curés dont les diocèses et les paroisses seront compris dans la circonscription nouvelle.

Bonaparte avait exigé que cette question des biens nationaux fût réglée de manière à en tranquilliser les possesseurs, et il avait fait de ce règlement la condition *sine qua non* du Concordat.

Mais le pape se refusa absolument à ratifier ou à reconnaître les aliénations, pour ne pas avoir l'air de mettre en doute le droit ou le prétendu droit de propriété de l'Église.

Bonaparte demandait que, du moins, la propriété de ces biens fût déclarée incommutable entre les mains des détenteurs actuels.

Alors Consalvi, le négociateur romain, trouva l'ingénieuse formule définitive, dont il était très fier, surtout du *en conséquence*, « qui, dit-il, sauve notre maxime, parce qu'il ne constitue pas une véritable et originaire concession aux acquéreurs (dont quelques-uns ne sont pas catholiques), mais présente le maintien de la propriété de ces biens entre leurs mains comme une simple conséquence du fait de ne pas les molester ».

On remarquera qu'il n'est question que des biens aliénés. Au dernier moment, Bonaparte voulait

absolument supprimer ce mot : *aliénés*. Consalvi
s'y opposait, cherchait une combinaison, la trouvait,
la proposait. Puis Bonaparte ne s'en souciait plus
(c'est ainsi qu'il négociait), et laissait le mot con-
testé, à l'étonnement de Consalvi.

Quant au traitement des ecclésiastiques, dans le
premier projet de Concordat proposé par Bona
parte, il était dit que « les biens nationaux appartenant aux métropoles, évêchés et cures, non encore
aliénés, seraient affectés à la subsistance et entretien
des ministres de la religion conservés, déduction
faite de la valeur des dits biens sur le traitement
qui leur est alloué ».

Puis Bonaparte retira cette proposition. D'ailleurs,
les biens des cures non aliénés furent en grande
partie rendus aux fabriques par une série d'arrêtés consulaires et de décrets impériaux.

Il fut admis que les évêques et les curés seraient
salariés par l'État.

Rome y répugna d'abord : cela lui semblait un
peu honteux. Puis elle admit que l'on pourrait
laisser les évêques libres de refuser ou d'accepter.
Enfin elle se résigna, et en vint même à demander
que Bonaparte « assurât » le salaire. — Le chiffre
d'ailleurs n'en fut fixé que par les articles organiques.

Mais on remarquera que ni dans les négociations,
ni dans le texte du Concordat, le traitement des
ecclésiastiques n'est représenté comme étant le
rachat ou la conséquence de l'aliénation des biens

de l'Église, ce que pourrait faire supposer le rappro-
chement des deux articles relatifs à cette aliénation
et à ce traitement.

*
* *

Cela mérite quelques explications.

Sans vouloir traiter de l'aliénation des biens
ecclésiastiques sous la Révolution (1), il faut rappeler les faits qui peuvent éclairer cette question
du salaire concordataire du clergé.

D'autant plus que la doctrine de la Révolution à
cet égard n'est pas limpide, tant s'en faut.

Ce salaire est-il en quelque sorte l'intérêt des
biens pris par la nation ? Par l'octroi de ce salaire,
a-t-on reconnu le droit de propriété du clergé ? Supprimer ce salaire, serait-ce *voler* le clergé, comme
quelques personnes le croient ou le disent aujour-
d'hui ?

Le 2 novembre 1789, l'Assemblée constituante
avait décrété : « 1° que tous les biens ecclésiastiques
sont à la disposition de la nation, à la charge de
pourvoir d'une manière convenable aux frais du
culte, à l'entretien de ses ministres, et au soulage-
ment des pauvres, sous la surveillance et d'après les
instructions des provinces ; 2° que, dans les dispositions à faire pour subvenir à l'entretien des ministres de la religion, il ne pourra être assuré à la

(1) On trouvera, sur cette question, une remarquable étude
de M. Edme Champion, dans la *Revue bleue* du 26 juillet 1890.

dotation d'aucune cure moins de 1.200 livres par année, non compris le logement et les jardins en dépendant ».

On a épilogué sur ces mots : *à la charge*, et on a dit qu'ils ne constituaient pas un engagement. C'était bien un engagement et un engagement solennel. Mais toute la question est de savoir envers qui la nation s'engageait. Était-ce envers le clergé ? Impossible : le clergé n'était pas propriétaire des biens ecclésiastiques ; il n'en était, disait-il lui-même, que le dispensateur ; il répétait que ces biens n'étaient ceux de personne ou que c'étaient ceux des pauvres, *res nullius, res pauperum* ; ils étaient seulement à la disposition de l'Église. Or la nation, qui était vraiment l'Église, *l'Ecclesia*, avait légitimement repris ces biens, qui n'avaient jamais cessé d'être à elle. Elle disait donc ne rien devoir au clergé, d'autant plus que le clergé avait été supprimé par elle en tant que corps.

Je sais bien que Talleyrand, dans son rapport du 10 octobre 1789, avait reconnu que la partie de ces biens nécessaire à la subsistance des bénéficiers leur appartenait, appartenait vraiment au clergé, et qu'il avait ajouté que, si la nation assurait la subsistance des ministres du culte, elle pouvait disposer de leurs biens sans attenter à leur droit de propriété. Barnave avait parlé dans le même sens, un peu étourdiment.

Mais ces vues n'avaient pas été consacrées par l'Assemblée : c'est Mirabeau qui rédigea et fit voter

la formule adoptée, et il prouva que la nation était
absolument propriétaire de tous les biens ecclésiastiques. Cela fut chose entendue pour la généralité
de ceux qui votèrent le décret.

Que veulent donc dire ces mots : *à la charge* ?

Ils veulent dire que la nation considérait le culte
comme un indispensable service public, et que, du
moment qu'elle reprenait les biens ecclésiastiques,
elle se croyait tenue d'assurer la subsistance du
ministre et les frais du culte.

Tenue envers qui ? Envers elle-même ; c'est un
devoir envers l'opinion et les besoins de la majorité
des Français.

Que cette opinion change, que ces besoins dis-
paraissent, la nation sera libre ou plutôt aura le
devoir d'appliquer à d'autres besoins le salaire du
clergé.

C'est ce que fera la Convention, quand, séparant
l'Église de l'État, elle déclara que la nation ne sala-
riait plus les frais d'aucun culte.

Elle le fit avec des égards pour les personnes, en
assurant leur subsistance aux ex-ministres du culte,
leur vie durant.

Mais elle le fit avec le sentiment qu'elle ne violait
aucun droit, qu'elle ne manquait à aucun engage-
gement.

.˙.

Il faut avouer cependant que, tant que la religion
catholique resta soutenue par le vœu de la majo-

rité, on employa officiellement des expressions propres à créer dans l'avenir une confusion.

Ainsi on lit dans la Constitution de 1791, titre V, article 2 : « Le traitement des ministres du culte catholique fait partie de la dette nationale. » Et, le 27 juin 1793, la Convention nationale rendit ce décret : « Le traitement des ecclésiastiques fait partie de la dette publique. »

Littéralement, cela semblait signifier : Nous avons emprunté leurs biens aux ecclésiastiques et nous leur en payons les intérêts.

Et cependant la Constituante avait implicitement reconnu que le clergé n'était pas propriétaire.

Voici l'explication :

Du moment qu'elle reprenait les biens, qui n'appartenaient pas au clergé, mais dont le clergé vivait, et du moment, d'autre part, qu'elle reconnaissait dans le culte un des premiers services de l'État, la nation *devait* aux ministres du culte un traitement, elle le leur devait comme à des fonctionnaires.

Cela est bien exprimé par cet article du titre Ier de la Constitution de 1791 : « Les biens destinés aux dépenses du culte et à tous les services d'utilité publique appartiennent à la nation, et sont dans tous les temps à sa disposition. »

La nation abolit le culte comme service public : elle ne doit plus rien, elle n'a que des devoirs d'humanité envers les personnes, et elle remplit ces devoirs.

Je reconnais que, dans les textes officiels cités

plus haut, ce mot de *dette* était un peu détourné de
son sens.

Et cependant, dans les négociations du Concordat,
jamais ni Spina, ni Consalvi, ne réclamèrent un
traitement pour le clergé comme une dette ; au contraire : ils s'en offusquèrent au début, trouvèrent
l'idée injurieuse. Je n'ignore pas que c'est parce
qu'ils préféraient la restitution des biens ; mais ils
ne firent pas de cette restitution une condition essentielle ; le premier Consul s'y refusant, ils ne dirent
jamais, et le premier Consul ne dit jamais : Le
salaire du clergé lui sera payé comme une dette
contractée par le fait de la reprise des biens ecclésiastiques.

Ainsi l'article sur le salaire du clergé n'est pas la
conséquence logique de celui sur *la tranquillisation*
des acquéreurs de biens nationaux. Il ne signifie
pas que, si on cessait de payer le clergé, il faudrait
lui rendre les biens. Il signifie seulement que,
puisque le clergé ne dispose plus d'aucuns biens,
l'État le salariera.

Il le salariera, à condition que le Concordat soit
exécuté.

Et, dans la pratique, quand un ministre du culte
viole le Concordat, il arrive que l'État lui supprime
son traitement, parce que ce traitement est chose,
non d Église, mais d'État. C'est justement pour cela
qu'au début le pape trouvait ce salaire un peu
déshonorant et très dangereux.

*
* *

Pour bien comprendre ce que fut ce salaire à l'origine et comment se forma le budget des cultes, il faut indiquer le nombre des ecclésiastiques qui eurent droit à un traitement.

Ce traitement, d'après le Concordat, était dû aux évêques et aux curés.

Et d'abord, le nombre des évêques tel qu'il existait soit sous l'ancien régime, soit sous la Constitution civile du clergé, fut considérablement réduit. La Constitution civile établissait 83 diocèses, soit un diocèse par département.

Sous l'ancien régime, sans parler des évêques étrangers ayant juridiction sur divers points du territoire français, il y avait en France 133 diocèses.

Selon l'article 2 du Concordat, il devait être fait par le Saint-Siège, de concert avec le gouvernement français, une nouvelle circonscription des diocèses français. En réalité, c'est Bonaparte qui fit cette circonscription et qui l'imposa toute faite au Saint-Siège. Il n'y eut plus que 60 diocèses (Bonaparte, d'abord, ne voulait même en établir que 50).

Le pape aurait pu espérer que le traitement des évêques concordataires serait au moins égal à celui des évêques établis par la Constitution civile, c'est-à-dire de 20.000 francs dans les villes d'au moins 50.000 âmes, et de 12.000 francs dans les villes moins peuplées. Le traitement des évêques fut uni-

formément de 10.000 francs. Il est vrai qu'on rétablit des archevêques (il n'y en avait pas dans le
régime de la Constitution civile), et leur traitement
fut de 15.000 francs.

Quant aux cures et aux curés, le Concordat n'en
avait pas fixé le nombre ; il ne fut pas question de
ce nombre dans les négociations. La Constitution
civile n'avait guère diminué le nombre total des
paroisses d'ancien régime qu'en ceci : elle avait
édicté qu'il n'y aurait qu'une seule paroisse dans
les villes et bourgs qui ne comprendraient pas plus
de 6.000 âmes. Il semblait implicitement entendu
qu'il y aurait, en régime concordataire, au moins
une paroisse et un curé par commune.

Mais le Concordat déplaisait si fort à la France
révolutionnaire, que le premier Consul s'ingénia à
toutes les économies possibles pour qu'on ne pût
pas lui reprocher de dépenser trop d'argent pour
les prêtres, d'autant plus que les finances étaient en
fort mauvais état. Si on payait 30.000 ou 40.000 curés, le déficit s'aggraverait singulièrement, et il y
aurait du mécontentement au Tribunat et au Corps
législatif.

D'où la résolution — à laquelle le Saint-Siège ne
s'attendait pas — de ne point établir de curé dans
toutes les communes.

Le recueil de M. Boulay (de la Meurthe) nous
apprend qu'un premier projet établissait 8.000 cures,
dites « paroisses », avec des annexes, ou temples
auxiliaires, ne formant pas circonscription ecclé-

siastique, et où le culte serait célébré par de simples vicaires.

Puis Bonaparte trouva que 8.000, c'était encore trop, et finalement les articles organiques n'établirent de cures qu'aux chefs-lieux de canton, c'est-à-dire qu'il n'y en eut qu'environ 3.000. Dans les autres communes, il devait y avoir des succursales dont les desservants seraient nommés par l'évêque.

Tout cela par raison d'économie, et aussi pour diminuer le nombre des prêtres inamovibles et indépendants. Dans une note de Bonaparte que M. Boulay (de la Meurthe) a trouvée parmi les papiers de Bigot de Préameneu, on lit : « La différence que le gouvernement fait des succursaux et des curés, c'est que les uns sont inamovibles, et que les autres, s'ils se conduisent mal, peuvent être ôtés. »

Rome avait pu espérer que le « traitement convenable » promis aux curés par le Concordat serait à peu près le même que celui dont la Constitution civile du clergé les avait gratifiés, soit 6.000 livres à Paris, 4.000 livres dans les villes de 50.000 âmes et au-dessus, 3.000 livres dans les villes de 10.000 à 50.000 âmes, 2.400 livres dans les villes et bourgs de moins de 10.000 âmes et de plus de 3.000 âmes; 2.000 livres, dans les paroisses de 2.500 à 3.000 âmes ; 1.800 livres dans les paroisses de 2.000 à 2.500 âmes; 1.500 livres dans les paroisses de 1.000 à 2.000 âmes ; et enfin 1.200 livres dans les paroisses de 1.000 âmes et au-dessous. Les articles organiques n'accordèrent aux curés que 1.500 francs de traitement pour la première classe, et 1.000 francs pour la seconde classe.

Les desservants, ainsi que les vicaires, ne devaient avoir d'autre traitement que le montant de leurs *pensions* et le produit des oblations, lesquelles oblations seraient réglementées par les évêques avec approbation du Gouvernement. Mais lesdits desservants avaient droit, en outre, à un logement avec jardin.

Les vicaires et les desservants devaient être choisis parmi les *pensionnés*, et s'ils refusaient des fonctions dans le régime concordataire, on leur ôterait leur pension.

*
* *

Qu'était-ce donc que ces pensions ?

L'Assemblée constituante avait accordé, en raison de bénéfices supprimés, des pensions aux ecclésiastiques réguliers ou séculiers des deux sexes non employés dans la nouvelle organisation ecclésiastique, pensions proportionnelles aux revenus des bénéfices, mais de 6.000 livres au maximum (24 juillet 1790).

La Convention réduisit ce maximum à 1.000 livres (27 septembre 1792).

Le 6 germinal an II, le paiement fut suspendu, vu les embarras du Trésor.

Le 18 thermidor an II, il fut décrété que les pensionnaires toucheraient sans délai l'arriéré qui leur était dû.

Mais, de tout temps, à condition de prêter le serment civique.

Or, une quantité d'ecclésiastiques ex-bénéficiers ne touchaient aucune pension, puisqu'ils avaient refusé le serment.

Le premier grand service pécuniaire en sus du Concordat que le premier Consul rendit à l'Église, ce fut de décider (3 prairial an X) que tous les insermentés toucheraient leur pension, « en justifiant qu'ils sont réunis à leur évêque, conformément à la loi du 18 germinal dernier ». Même faveur pour les ex-religieuses, sans condition aucune.

Conséquence financière : presque tout le clergé ci-devant réfractaire toucha pension.

Conséquence morale : les évêques purent confier le ministère ecclésiastique aux réfractaires, sans quoi ils auraient dû garder presque tous les prêtres constitutionnels, puisqu'il fallait choisir les desservants et les vicaires parmi les pensionnés.

En 1805, il y avait 96.500 pensionnés ecclésiastiques des deux sexes, touchant 23.018.996 francs. En 1817, ils n'étaient plus que 54.357 touchant 12.682.720 francs. En 1856, ils n'étaient plus que 261, touchant 58.089 francs.

On voit que la moyennne de la pension, au moment du Concordat, était de 222 fr. 53.

Pour beaucoup de desservants, la pension était faible, le produit des oblations médiocre.

Afin de compléter ce traitement, et pour régler la question du presbytère et du jardin, le premier

Consul s'adressa aux départements et aux municipalités. Les articles organiques rendaient aux curés et aux desservants les presbytères et jardins non aliénés. S'ils étaient aliénés, les Conseils municipaux étaient « autorisés » à leur en procurer. L'arrêté consulaire du 7 ventôse an XI convoqua les Conseils municipaux à cet effet, ainsi que pour délibérer sur les réparations des églises ou presbytères, pour acquérir ou louer des temples. L'arrêté du 18 germinal an XI convoqua les Conseils généraux pour délibérer, entre autres objets, s'ils accorderaient une augmentation de traitement aux archevêques et évêques, un traitement aux vicaires généraux et aux chanoines. Le même arrêté convoqua aussi les Conseils municipaux pour qu'ils délibérassent sur les augmentations de traitement des desservants, curés, vicaires. Les Conseils généraux accordèrent, pour la plupart, ce qu'on leur demandait. Mais beaucoup de Conseils municipaux n'accordèrent rien ou presque rien, si bien que la situation des desservants était fort précaire à la fin du Consulat.

Cependant, dès le Consulat, on vit s'accroître les dépenses d'État en faveur du culte. Le 6 nivôse an XI. un arrêté accorda aux évêques qui avaient démissionné au lendemain du Concordat le tiers du traitement attribué aux évêques en fonctions. Le 14 ventôse de la même année, un traitement fut accordé aux chanoines et aux vicaires généraux. La même année, les cardinaux français eurent un traitement de 30.000 francs, plus 45.000 d'indemnités pour frais d'installation. En outre, les traitements ecclésiastiques furent déclarés « insaisissables dans leur totalité » (arrêté du 18 nivôse an XI).

Une fois empereur, Napoléon accorda à l'Église, comme don de joyeux avènement, que les desservants seraient payés par l'État. Le décret du 11 prairial an XII leur assura un traitement de 500 francs, sur lequel le montant de leurs pensions serait décompté.

Tous les desservants ne furent pas d'abord payés par l'État. Il y avait, en l'an XII, 32.000 succursales. L'arrêté du 5 nivôse an XIII fixa à 24.000 le nombre des succursales dont les desservants seraient payés par l'État : le traitement des autres demeurerait à la charge des communes. Le décret du 30 septembre 1807 éleva à 30.000 le nombre des desservants salariés.

Ce fut là le grand, l'immense bienfait de Napoléon envers le clergé catholique, et c'est grâce à cet acte de générosité si spontané, nullement sollicité, que l'Église catholique put redevenir si puissante chez nous, ainsi délivrée des soucis d'argent.

.*.

Un mot maintenant sur la formation et la progression du budget des cultes.

En l'an X, pendant les quelques mois qui suivirent la promulgation de la loi du 18 germinal,

qui contenait le Concordat et les articles organiques,
nous ne savons pas bien ce qu'on dépensa. Mais les
documents publiés par M. Boulay (de la Meurthe)
nous apprennent qu'en ces débuts du régime concordataire, Bonaparte fit en sorte que les Français
n'eussent pas un sou à payer.

En effet, les premières dépenses de l'État pour le
culte furent prises sur le « fonds de Batavie ».

Voilà ce que c'était.

Par la convention du 9 thermidor an III, la République batave était tenue à entretenir un corps
français de 25.000 hommes. Après la paix de Lunéville, le premier Consul avait consenti à réduire ce
corps à 10.000 hommes, au prix d'une indemnité de
5 millions de florins, dont le premier million fut
versé aussitôt.

C'est cet argent hollandais qui paya les premières
dépenses du culte.

Pour l'an XI, Bonaparte assura les dépenses du
culte par une sorte de coup d'État ; c'est-à-dire qu'au
lieu d'incorporer ces dépenses dans le budget, et
de les soumettre au vote du Tribunat et du Corps
législatif, il les ordonnança illégalement par des
arrêtés consulaires secrets des 1ᵉʳ ventôse, 4 et
14 fructidor an XI. Au total, ce premier budget
des cultes, strictement concordataire, s'élevait à
3.800.000 francs.

Pour l'an XII, le budget des cultes est fixé (toujours illégalement) par un arrêté du 3 vendémiaire
an XII, et, rétrospectivement, par un décret du

30 brumaire an XIII, au chiffre de 7.500.000. C'est
que maintenant, il y a des dépenses non concordataires, puisque l'État commence à payer les desservants.

Pour l'an XIII, le décret du 17 pluviôse an XIII
fixe le budget du ministère des Cultes à la somme
de 35 millions, dont 22 millions pour le paiement
des pensions ecclésiastiques, et 13 millions pour le
service du ministère. Ce décret fut légalisé par la
loi du 2 ventôse an XIII.

Pour l'an XIV et 1806, par la loi du 24 avril 1806,
le budget des cultes est fixé à 36.600.000 francs,
dont 24.000.000 pour les pensions, 12.600.000 francs
pour les traitements.

Pour les années 1807 à 1814, voici ce que fut ce
budget :

Année	Pensions	Traitement
1807	24.000.000	12.500.000 francs
1808	27.000.000	14.000.000 —
1809	29.600.000	14.900.000 —
1810	29.600.000	15.528.240 —
1811	28.900.000	16.650.000 —
1812	30.000.000	18.235.000 —
1813	31 millions	17.000.000 —
1814	. . . : . . . (1)	16.934.000 —

On remarquera que le nombre des pensionnés,

(1) Je n'ai pas retrouvé le chiffre des pensions pour
l'année 1814. J'ai utilisé, pour établir les chiffres ci-dessus,
les registres des dépenses du culte, de l'an XI à 1814, conservés aux Archives nationales, sous la cote F¹⁹, 38 à 49.

que les lois de la mortalité auraient dû diminuer,
progresse; c'est à cause des annexions de terri-
toires, et aussi parce qu'à mesure que l'Empire se
consolidait, presque tous les prêtres émigrés ren-
traient en France, et y obtenaient la pension.

Plus tard, quand les lois de la mortalité eurent
produit leurs effets, le chiffre des pensions tomba à
rien, et cependant la masse du budget des cultes ne
cessa de grossir.

Je n'ai point à expliquer ici comment et pourquoi
ce phénomène se produisit. J'ai voulu dire seulement de quelle manière le budget des cultes se
forma, et montrer à quelle époque les dépenses
non-concordataires s'y ajoutèrent aux dépenses concordataires.

19 novembre 1904.

VII

LE TEXTE DES DISCOURS DE DANTON

I

On sait que Robespierre lisait presque tous ses discours et n'improvisait que forcé par l'occasion. Vergniaud ne parlait, d'ordinaire, que d'après des notes étendues, qui lui servaient à la tribune de point de repère, de fil conducteur. Les autres, Girondins et Montagnards, ne se hasardaient guère sans manuscrit ou sans une forte préparation écrite, récitant quand ils ne lisaient pas. Danton, qui n'écrivait jamais, qui n'avait pas même de correspondance privée (1), disait-il, se livrait entièrement à

(1) Le 21 août 1793, démentant à la tribune de la Convention une lettre inepte qu'on lui attribue, il dit : « Je n'ai pas de correspondance, » et plus loin : « Si j'écris jamais... » On lit aussi dans les Mémoires de Garat (p. 190) : « Jamais Danton n'a écrit et n'a imprimé un discours. Il disait : *Je n'écris point.* » Vergniaud avait la même prétention (voir le *Moniteur*, séance du 3 avril 1793), mais peu justifiée, puisque nous avons une partie de sa correspondance.

l'inspiration de l'heure présente. Ni ses phrases ni
même l'ordre de ses idées n'étaient fixés dans son
esprit, quand il se mettait à parler, comme le prouve
la soudaineté imprévue de presque toutes ses appa-
ritions à la tribune et le perpétuel défi que ses plus
belles harangues semblent porter à ces règles de la
rhétorique classique auxquelles Robespierre se
piquait d'obéir et dont Vergniaud ne savait pas
toujours s'affranchir. Danton était improvisateur
dans toute la force du terme, pour le fond comme
pour la forme, jusqu'à ne prendre aucun soin de
sa réputation auprès de la postérité. Avec Cazalès,
il est peut-être le seul orateur de l'époque révolutionnaire qui n'ait jamais publié ses discours politiques, et je ne crois même pas qu'il existe une seule
« opinion » de lui imprimée par ordre de la Convention. Quant à la manière dont les journaux repro-
duisaient ses paroles, il ne s'en inquiétait point et
ne daignait pas rectifier : toute son attention était
réservée à la politique active, et ses rares loisirs
absorbés par la vie de famille. Nul ne fut plus indifférent à cette gloire littéraire si fort prisée par ses
contemporains, depuis Garat jusqu'à Robespierre.

Il en résulte que nous souffrons aujourd hui de
cette négligence de Danton. Ses paroles, aux Jacobins notamment, furent longtemps résumées en
quelques lignes sèches ou obscures et le plus souvent en style indirect, par le *Journal des Débats de
la société des amis de la Constitution*, le plus indi-
gent et le plus infidèle des comptes rendus. Plus

tard, le *Journal de la Montagne*, qui reproduit si complaisamment les moindres paroles de Robespierre, affecte d'abréger les plus importantes harangues de son fougueux rival. Voici, par exemple, en quels termes vagues ce journal rend compte d'un grand discours de Danton, du 14 juin 1793, dont le sujet et l'occasion paraissent avoir été également mémorables :

« Danton monte à la tribune des Jacobins, parle avec son énergie ordinaire, et déclare que, s'il ne vient pas plus souvent aux séances de la Société, c'est qu'il est occupé dans les Comités, à la Convention et partout où il y a des intrigants à combattre. Il promet d'égaler toujours les Jacobins en énergie et en audace révolutionnaire, et de mourir Jacobin. Si quelquefois, dit-il, je suis obligé d'user de certains ménagements pour ramener des esprits faibles, mais d'ailleurs excellents, soyez persuadés que mon énergie n'en est pas moindre, et je vous présage d'avance que nous serons vainqueurs. Les convulsions d'une faction expirante ne doivent pas vous intimider. Il n'existe rien de commun entre le peuple et les administrateurs : je suis instruit de bonne part que le peuple se dispose à en faire justice. Soyez assurés qu'on fera un exemple des contre-révolutionnaires (1). »

___

(1) *Journal de la Montagne*, n° 15. Le *Journal des Jacobins*, n'est pas beaucoup plus explicite. Voir mon recueil, *la Société des Jacobins*, t. V, p. 253.

II

Je ne me propose de parler ici ni des plaidoyers de Danton avocat, ni de sa défense devant le Tribunal révolutionnaire. On sait que ceux de ses plaidoyers qui furent imprimés sont aujourd'hui introuvables et que sa défense fut altérée dans le bulletin du Tribunal. Les notes de Topino-Lebrun, qui ont fait paraître ces altérations et rectifié certains points, sont trop informes pour nous permettre de restituer le vrai texte des paroles de Danton dans cette lutte suprême.

Ses discours à la Convention ont été plus fidèlement reproduits, notamment par le *Moniteur*. Mais, ici encore, que de négligences, que d'erreurs grossières, que de mutilations plus ou moins volontaires! Avec quel soin munitieux il faut comparer au *Moniteur* les trop rares journaux qui lui firent concurrence! On a beau savoir qu'il n'y avait pas de compte rendu officiel ni de sténographie régulière; on cite aveuglément le *Moniteur*, et les plus graves, Thiers, Michelet, Mignet, ne doutent pas assez de la fidélité littérale de ce journal qui, pour être le moins inexact de l'époque, n'en reste pas moins très éloigné de la véracité à peu près parfaite de notre *Journal officiel* actuel. Ce titre même de *Journal officiel*, M. Bougeart, dans son étude sur Danton, n'hésite pas à l'accorder au *Moniteur*, dont pourtant un des rédacteurs, Grandville, se vantait naïvement, auprès de Robespierre, de la partialité avec laquelle il avait, en 1793, défiguré les paroles des Girondins (1), et en particulier la première philippique de Louvet.

Faute de mieux, c'est cependant au *Moniteur* qu'il nous faudra recourir le plus souvent pour connaître l'éloquence de Danton. Le *Logographe*, si précieux pour les discours des Constituants en 1791 et des orateurs de l'Assemblée législative, avait disparu peu après le 10 août, supprimé par décret, et les inventeurs des procédés logographiques, suspects de modérantisme, n'avaient pu obtenir de la Convention l'autorisation et le local nécessaires.

Toutefois, au commencement de 1793, le *Moniteur* vit surgir une concurrence assez redoutable, le *Logotachygraphe*, « journal de la Convention nationale de France, par le citoyen F. E. Guiraut, et d'après ses procédés. » Le citoyen Guiraut, de Bordeaux, qui semble avoir eu plus d'une fois maille à partir avec Le Hodey de Saultchevreuil au sujet de la priorité de l'invention de la logographie, fonda, avec ses propres ressources, un journal qui avait la prétention de reproduire *in-extenso* les débats de la Convention. Après avoir lancé deux numéros d'essai où il reproduisait avec étendue les séances du 10 et du 26 décembre 1792, il fit paraître, le

(1) Voir la lettre de Grandville à Robespierre (18 juin 1793) dans le *Rapport* de Courtois, p. 113. Cf. *Moniteur*, réimpr. t. XXIII, p. 488 et 496. La protestation ne prouve rien et le désaveu est intéressé.

2 janvier 1793, le premier numéro du *Logotachy-graphe*, dont la publication quotidienne dura ou plutôt se traîna jusqu'au mois de mai 1793. Le citoyen Guiraut, qui semble avoir été à peu près seul pour cette lourde besogne de logographe et de rédacteur, avait promis plus qu'il ne pouvait tenir. L'exécution typographique de son journal est déplorable : les fautes d'impression abondent, le papier est grossier, les caractères confus. Mais le plus grave, c'est que Guiraut ne reproduit en entier que quelques discours : il résume les autres en quelques lignes et en style indirect. En vain, il promet, à la fin de chaque numéro, *de faire mieux la prochaine fois*. Il ne se sent pas soutenu par la curiosité du public, qu'il décourage définitivement dans une occasion mémorable. Le 17 janvier en effet, il avait annoncé que sa reproduction des appels nominaux dans le procès de Louis XVI « serait un vrai monument pour l'histoire ». Mais ses forces ne purent suffire à cette tâche surhumaine. La plume lui tomba des mains et il imprima, en tête du numéro si pompeusement annoncé, cet aveu naïf : « Cela est devenu si long qu'il a été impossible de ne pas céder aux besoins de la nature, trop faible pour tenir à un travail aussi forcé. » Et il se borne à donner les votes par *oui* ou par *non*, en plaçant en tête de cette liste les opinions de Mailhe et de Vergniaud, auxquelles beaucoup de membres se référèrent (1).

(1) Je ne vois à relever que deux ou trois indications sur

Il ne faut donc pas prendre au sérieux, comme l'a fait M. Hatin (1), les promesses gasconnes du citoyen Guiraut. Mais il ne faut pas non plus négliger son journal, qui, tout informe qu'il est, ne laisse pas de renfermer des renseignements précieux. Ainsi, Guiraut reproduit assez régulièrement les ordres du jour de la Convention. On sait que cette assemblée laborieuse siégeait deux fois par jour. La petite séance commençait vers dix heures du matin, et la grande, vers trois heures. Il y avait le petit et le grand ordre du jour. Voici, d'après Guiraut, un de ces *feuilletons* de séance que l'on chercherait vainement dans les autres journaux de l'époque (2) :

l'attitude de l'Assemblée qui aient échappé au rédacteur du *Moniteur*. Ainsi, sur la question du sursis : « DANTON : *Non*. (Du côté droit : *ho ! ho !*) » Ce qui semble indiquer que la droite attendait de Danton un vote plus favorable à Louis XVI. Notons aussi le vote du duc d'Orléans sur la même question : « L. J. EGALITÉ : *Non*, doucement (Le côté droit : *On n'a pas entendu !* — Murmures.) »

(1) Une note manuscrite, en tête de l'exemplaire de la bibliothèque de la Chambre, confirme étourdiment les promesses du nº 17 : « C'est le journal, dit cette note, qui donne le plus de détails sur le procès du roi; il a surtout recueilli toutes les paroles échappées pendant les appels nominaux. » M. Hatin, après Deschiens, s'est approprié cette note sans vérifier : l'exemplaire dont nous parlons n'était même pas coupé quand nous l'avons eu entre les mains.

(2) Quand j'écrivis ces lignes, en 1882, j'ignorais l'existence du *Feuilleton* quotidien de la Convention, journal imprimé dont il y a un exemplaire aux Archives nationales, AD xviiiᵉ, 193 à 229.

SÉANCE DU DIMANCHE 13 JANVIER 1793

PETIT ORDRE DU JOUR

Rapport sur la falsification des vins.
Id. sur les îles Saint-Pierre et Miquelon.
Id. sur la conservation des bâtiments destinés aux écoles d'instruction publique.
Rapport sur la pêche de la morue.
Id. sur la demande d'un traitement pour les juges du tribunal correctionnel de la ville de Paris.

GRAND ORDRE DU JOUR

Rapport sur le complément de la loi sur les émigrés.
Suite de la discussion sur les bases de l'instruction publique.

III

Mais le citoyen Guiraut nous donne mieux et plus que ces menus détails. Quand il reproduit en entier un discours important d'un grand orateur, il le fait avec un zèle et une abondance qui nous donnent l'idée d'une exactitude scrupuleuse. Il s'est attaché notamment à ne rien omettre des paroles de Danton, qu'il traite mieux que ses rivaux en éloquence, que Saint-Just, par exemple, dont il résume en quelques lignes l'opinion du 28 janvier 1793. Il est évident qu'il admirait Danton et qu'il veillait sur sa gloire avec amour, quand, le 21 janvier 1793, il fit le tour de force merveilleux de reproduire intégralement une longue improvisation dont le *Moniteur* ne put ou ne voulut donner qu'un abrégé. Il y a de telles différences entre le texte des deux journaux (1), le *Moniteur* a si visiblement mutilé la pensée de Danton, que ce discours du 21 janvier 1793, enfoui dans les colonnes d'un journal inconnu, se trouve véritablement inédit. Voici, en regard l'un de l'autre, ces deux textes si importants pour l'histoire de l'éloquence parlementaire :

TEXTE DU *Logotachygraphe*

C'est dans ce moment le plus terrible que je remarque avec satisfaction que le peuple, dont on semble craindre les excès, a respecté la liberté de ses représentants qui ont le plus instamment trahi ses intérêts. Où en serions-nous, si un de ceux qui n'ont pas voulu voter la mort du tyran eût péri sous le couteau d'un patriote

TEXTE DU *Moniteur*.

Ce qui honore le plus les Français, c'est que, dans des moments de vengeance, le peuple ait surtout respecté ses représentants. Que deviendrions-nous, si, au milieu des doutes que l'on jette sur une partie de cette assemblée, l'homme qui a péri victime des assassins n'était pas un patriote? O Le Peletier, ta mort servira la Ré-

(1) Le texte du *Journal des Débats et des Décrets* (alors rédigé par Louvet) est identique à celui du *Moniteur*, ce qui semble indiquer entre ces deux journaux des échanges de renseignements, échanges assez inattendus pour qui a lu la lettre où Grandville se vante d'avoir défiguré les discours de Louvet (cf. plus haut, p. 271.) — Le texte du *Républicain français* est presque aussi étendu que celui de Guiraut Mais la correction élégante des phrases fait craindre que l'exactitude ne soit pas littérale.

égaré ? Certes, la calomnie, depuis si longtemps préparée, ferait de grands ravages contre nous. Mais, citoyens, soyons généreux : la vie de Le Peletier fut belle, sa mort servira encore la République. Citoyen généreux, je t'envie ta mort ; elle va prouver à la France qu'il n'y avait du danger parmi nous que pour ceux qui brûlaient du saint amour de la liberté.

On a demandé pour lui le Panthéon ; certes, il a déjà recueilli la palme immortelle du martyr de la liberté. Oui, je le vote aussi, le Panthéon ; oui, je le veux aussi. — C'est sur sa tombe que nous jurerons de servir la liberté, de ne quitter notre poste qu'après avoir donné au peuple une constitution, ou de mourir sous le poignard des assassins.

Il me sera doux de vous prouver, en m'expliquant dans cette assemblée, que je suis étranger à toutes passions : que je sais allier à l'impétuosité du caractère le flegme qui convient à un homme choisi par le peuple pour faire ses lois.

publique ! Je l'envie, ta mort. Vous demandez pour lui les honneurs du Panthéon ; mais il a déjà recueilli les palmes du martyre de la liberté.

Le moyen d'honorer sa mémoire, c'est de jurer que nous ne nous quitterons pas sans avoir donné une constitution à la République.

Qu'il me sera doux de vous prouver que je suis étranger à toutes les passions !

Je m'honore de faire partie de ces citoyens (*il désigne la Montagne*) qu'on a sans cesse présentés comme des ennemis de toute espèce de gouvernement. Mais je les conjure de ne pas s'exaspérer d'avoir été méconnus pour les vrais amis de la liberté. Petion eut à mon sens des torts, Petion fut faible : je l'ai toujours cru tel ; il peut s'expliquer sur mon compte comme il le jugera convenable. Mais, je l'avoue, je suis douloureusement affecté de voir que la France entière ne saura plus sur qui poser sa confiance (1).

Je reproche à Petion de ne pas s'être expliqué assez clairement sur le compte de ceux qui avaient servi la chose publique, plus énergiquement peut être que lui. Peut-être Petion aurait-il pu vous dire plus claire-ment que ces scènes déplorables, que ces massacres terribles, dont on a si bien pris parti pour aigrir les

Je ne suis point l'accusateur de Petion ; à mon sens, il eut des torts. Petion peut avoir été faible ; mais, je l'avoue avec douleur, bien tôt la France ne saura plus sur qui reposer sa confiance.

Quant aux attentats dont nous avons tous gémi, l'on aurait dû vous dire clairement que nulle puissance n'aurait pu les arrêter. Ils étaient la suite de cette rage révolutionnaire qui animait tous les esprits. Les hommes qui connaissent le mieux ces événements terribles furent convaincus que ces actes étaient la suite nécessaire de la fureur d'un peuple qui n'avait jamais obtenu justice.

(1) Danton se sert de la même expression dans les discours du 22 septembre 1792 et du 30 mars 1793.

départements contre Paris, peut-être eut-il dû vous dire clairement que nulle puissance humaine n'avait pu arrêter les effets de cette soif révolutionnaire, de cette rage qui embrasait tout un grand peuple; peut-être que quelques membres de la Commission extraordinaire, instruits de ces événements déplorables, auraient pu vous rappeler aussi que ces actes terribles, sur lesquels nous gémissons tous, étaient l'effet d'une révolution; et si l'on peut reprocher à des individus d'avoir professé des actes de vengeance, ce n'était jamais l'action immédiate de quelques personnes, mais bien un peuple qui n'avait jamais eu justice des plus grands coupables.

Si nous nous fussions expliqués franchement sur ces affreux événements, nous nous serions épargné sans doute respectivement bien des calomnies, et peut-être bien des maux à la République.

Je vous interpelle donc, citoyens, vous qui m'avez vu dans le ministère, de

J'adjure tous ceux qui me connaissent de dire si je suis un buveur de sang, dire si je n ai par porté l'union partout. Je vous adjure, vous Petion, vous Brissot, je vous adjure tous, car enfin je veux me faire connaître; je vous adjure tous, car enfin je veux être connu. J'ai eu le courage de me taire depuis trois mois, mais, puisque je veux parler sur d'autres individus, il faut que je me fasse connaître à fond. Eh bien ! je me soumets à votre jugement. N'ai-je pas montré de la déférence pour le vieillard qui est maintenant ministre de l'intérieur ? Ne vous ai-je pas dit à vous, n'êtes-vous pas convenus avec moi de l'acrimonie funeste de son caractère, dans un moment où, au sein de la République, il était à désirer, il était indispensable que celui qui remplissait en quelque sorte la fonction de consul, fût d'un caractère à concilier néanmoins les esprits, fût d'un caractère à chercher à faire tomber les haines dans un instant où il était impossible qu'une si grande commotion n'entraînât pas de grands débats ? Vous en êtes convenu

si je n'ai pas employé tous les moyens de conserver la paix dans le conseil exécutif. Je prends à témoin Brissot lui-même. N'ai-je pas montré une extrême déférence pour un vieillard dont le caractère est opiniâtre, et qui aurait dû au contraire épuiser tous les moyens de douceur pour rétablir le calme ? Roland, dont je n'accuse pas les intentions, répute scélérats tous ceux qui ne partagent pas ses opinions.

nus avec moi. Eh bien! je vous reproche de ne vous en être pas expliqués. Roland, dont je ne calomnie pas les intentions, mais dont je cherche à faire connaître le caractère; Roland répute pour scélérats et ennemis de la patrie quiconque ne caresse pas ses pensées et ses opinions. Je vous adjure, vous, mes chers concitoyens, vous, Lanthenas, dont les liaisons avec Roland doivent faire rechercher ce témoignage, remarquez cette phrase! Citoyens, ce n'est pas avec la calomnie que je demande qu'un homme ne remplisse plus ce poste; c'est d'après le jugement de ses *commensaux*. (*Murmures*.)

Je demande que, pour le bien de la République, Roland ne soit plus son ministre. Pesez bien mon impartialité. J'en appelle à vous, citoyens. Je n'ai répondu à aucune calomnie. Je vois que Roland était abusé sur mon compte. Je désire le salut de la République et je ne connais pas la vengence, car je

Je demande, pour le bien de la République, qu'il ne soit plus ministre; je désire le salut public, vous ne pouvez suspecter mes intentions.

n'en ai pas besoin. Je dis
donc que vous ne pouvez
pas suspecter ma déclara-
tion, lorsque j'adjure ceux
même qui font le plus de
cas du cœur de Roland.

Roland, ayant été exposé
à une poursuite, Roland,
ayant craint d'être frappé
d'un mandat d'arrêt dans
des jours trop fameux, depuis cet instant n'a vu Paris qu'en noir : il a tout
confondu alors qu'il a cru
avoir tout à crandre; il a
pensé, dans cette erreur,
que le grand arbre de la liberté, dont les racines tiennent tout le sol de la République, pouvait être renversé. Dès lors éclata son
ressentiment contre la ville
de Paris, et qui subsistera
autant que la République :
car Paris est la ville de
tous les départements; Paris est la ville de toutes les
lumières : tous les départements les y apportent, et
là est la grande erreur de
Roland et le grand tort
qu'il a eu, là est sa grande
faute : c'est d'avoir concouru par ·sa haine à ani-
mer les départements contre
Paris. Je lui rappellerai à

AULARD, Études. — V.

Roland, ayant craint
d'être frappé d'un mandat
dans des temps trop fameux,
voit partout des complots;
il s'imagine que Paris veut
s'attribuer une espèce d'autorité sur les autres communes. C'est là sa grande
erreur. Il a concouru à ani-
mer les départements con-
tre Paris, qui est la ville de
tous. On a demandé une
force départementale pour
environner la Convention.
Eh bien, cette garde n'aura
pas plus tôt séjourné dans
Paris, qu'elle y prendra
l'esprit du peuple.

16.

lui-même ce dont il m'a accusé. Lorsqu'il me parla de la garde départementale, je lui dis : Cette mesure répugne à tous les principes, mais elle passera; car c'est un vœu prononcé. Eh bien ! cette garde n'aura pas plus tôt séjourné dans Paris qu'elle aura l'esprit du peuple : car le peuple n'a d'autre passion que celle de la liberté.

Eh bien ! citoyens, avez-vous la preuve maintenant que les fédérés des départements ont d'autres sentiments que ceux des citoyens de Paris; aucun de vous n'en doute maintenant; oui, vous n'en doutez pas vous même. Combien de citoyens conviennent qu'ils ont été induits en erreur ! Cette erreur, je le dis à regret, vient de l'acrimonie de Roland ; vous pouvez en acquérir la preuve par un de vos comités. Roland a fait circuler des écrits fondés d'abord sur l'erreur où avait été jeté son esprit, c'est-à-dire que Paris voulait dominer. D'après cela, je ne donnerai pas ma conclusion ; mais En doutez-vous maintenant? Je puis attester sans acrimonie que j'ai acquis la conviction que Roland a fait circuler des écrits qui disent que Paris veut dominer la République.

en fixant votre attention sur tout ce que je viens de vous dire, je crois que vous aurez remonté à une source du mal et que, cette source tarie, vous pourrez vous occuper efficacement du salut de la patrie.

On vous a indiqué des mesures particulières, celles des visites domiciliaires. Je m'oppose à cette mesure dans son entier, c'est-à-dire que je ne crois pas que, dans l'instant où la nation française s'oppose à l'application d'un bill lancé contre les citoyens français par le parlement d'Angleterre, elle doive elle-même donner l'exemple d'une mesure contre laquelle elle s'élève et qu'elle condamne. Je dis qu'il est une manière d'arriver au même but, et voici comment je le conçois : Il faut que vous ayez un Comité de surveillance de sûreté générale digne de la plénitude de votre confiance; il faut qu'il soit assez heureux pour n'avoir rien à craindre de ses opérations. Eh bien ! renouvelez-le, si vous le jugez nécessaire, afin que vous puis-

Quant aux visites domiciliaires, je m'oppose à cette mesure dans son plein, dans un moment où la nation s'élève avec force contre le bill rendu contre les étrangers ; mais il vous faut un Comité de sûreté générale qui jouisse de la plénitude de votre confiance; lorsque les deux tiers des membres de ce conseil tiendront les fils d'un complot, qu'ils puissent se faire ouvrir les maisons.

siez lui donner une grande latitude et que, quand les deux tiers de ses membres croiront tenir le fil d'un complot, ils aient le droit de se faire ouvrir telle maison où ils pourraient penser qu'on recèle un conspi. rateur. Voilà la seule manière de remplir votre objet sans compromettre les principes.

Je passe à des objets d'un ordre supérieur. Ce n'est point assez d'avoir fait tomber la tête du tyran; il n'est pas un citoyen sur qui nous tournions les yeux qui n appelle toute notre énergie, toute notre agitation, vers la guerre. Faisons la guerre à l'Europe et ne nous la faisons pas à nous-mêmes. Saisissez ma pensée : la guerre doit être faite par un peuple comme la nation française d'une manière digne d'elle. Il faut, pour économiser le sang des hommes, leurs sueurs, il faut la prodigalité. Telle guerre, faite avec parcimonie, eût terminé une grande querelle, si elle eût été faite avec prodigalité.

Vous aurez un rapport

Maintenant que le tyran n'est plus, tournons toute notre énergie, toutes nos agitations vers la guerre. Faisons la guerre à l'Europe. Il faut, pour épargner les sueurs et le sang de nos concitoyens, développer la prodigalité nationale.

Vos armées ont fait des

par vos commissaires en-
voyés à la Belgique; vous y
acquerrez la conviction que
vos armées ont fait des prodiges, quoique dans un état
de dénûment déplorable.
Ne craignez rien du monde :
nous avons vu les sol-
dats français; il n'en est
pas un seul qui ne croie valoir plus de deux cents esclaves. Telle est l'énergie,
tel est le républicanisme de
l'armée que si l'on disait à
trois cents : il faut périr ou
marcher sur Vienne; ils
diraient : Nous allons à la
mort ou à Vienne (1).

Avec un tel peuple, il ne
faut que des législateurs
sages, qui sachent tenir les
rênes de cette sublime nation. Songez qu'elle est plus
grande que vous; songez
qu'il n'y a plus d'homme
de génie dans un grand

prodiges dans un moment
déplorable : que ne feront-
elles pas quand elles seront
bien secondées ? Chacun de
nos soldats croit qu'il vaut
deux cents esclaves. Si on
leur disait d'aller à Vienne,
ils iraient à Vienne ou à la
mort.

Citoyens, prenez les rênes
d'une grande nation; éle-
vez-vous à la hauteur; or-
ganisez le ministère; qu'il
soit immédiatement nommé
par le peuple.

(1) *Républicain français* :
« Proposez à 3.000 soldats de
la République de marcher
sur Vienne, sûrs de trouver
la mort dans cette téméraire
entreprise : ils ne compte-
ront ni leur nombre, ni celui
de leurs ennemis; ils péri-
ront, ou Vienne les verra
près de ses murs. »

peuple; que le véritable génie est tout entier dans ce
même peuple. Eh bien ! faites en sorte d'élever les
peuples à la hauteur qu'ils
doivent être. Réorganisez
vos armées; car songez,
comme moyen, qu'avant de
faire la constitution, il faut
les moyens de battre l'ennemi. Car on est déjà cons-
titué en nation, quand on
l'est déjà en vainqueurs
comme nous l'avons été
dans notre dernière cam-
pagne.

Je vous rappelle un autre
objet, c'est qu'il est un
autre ministère occupé par
un autre bon citoyen : c'est
le ministère de la guerre;
mais ce ministère passe les
forces humaines, et, si je
dois m'expliquer ouverte-
ment, je dirai que ce ci-
toyen, à qui je rends justice, n'a pas ce caractère
d'impulsion, ce coup d'œil
rapide qu'il faut à un
homme chargé d'aussi grandes opérations et d'une
aussi grande responsabi-
lité. Je ne demande pas
qu'on le ravisse à ses fonctions, mais je vous fait remarquer qu'elles doivent

Un autre ministère est
entre les mains d'un bon
citoyen, mais il passe ses
forces; je ne demande pas
qu'on le ravisse à ses fonctions, mais qu'elles soient
partagées.

être divisées pour ne pas écraser celui qui s'en charge. Quand vous aurez connaissance du rapport que nous allons vous faire, vous sentirez qu'il vous faut un même mouvement dans les armées; que, de même qu'il ne leur faut qu'un général pour faire mouvoir ces grands corps, il ne faut peut-être qu'un seul homme pour conduire l'administration qui doit fournir les moyens de subsistance à cette grande masse.

Préparez, citoyens, vos réflexions sur ces grands objets : ils vous seront soumis incessamment; faites bien attention surtout à ce que je vous ai dit sur le ministre de l'intérieur; rappelez-vous et ne perdez pas de vue ce que je vous ai représenté, que si mon devoir ne me contraignait pas de rapporter ce que j'ai vu, ce qu'ont vu les citoyens que je vous ai cités, je me serais tu : car je ne suis pas fait pour être soupçonné de ressentiment. Je n'aurai jamais qu'une passion, celle de mourir pour mon pays.

Quant à moi, je ne suis pas fait pour venger des passions personnelles; je n'ai que celle de mourir pour mon pays : je voudrais, au prix de mon sang, rendre à la patrie le défenseur qu'elle a perdu

Puisse le ciel m'accorder le
sort du citoyen dont nous
déplorons la perte !

IV

Cette exactitude du citoyen Guiraut piqua au jeu
le rédacteur du *Moniteur*, comme Maret avait été,
en 1791, stimulé par la concurrence de Le Hodey.
Les discours de Danton du 31 janvier, du 30 mars,
et du 4 avril sont presque identiques dans les deux
journaux. Cependant, je relève dans le compte-
rendu que fait Guiraut du premier de ces discours
un incident omis par le *Moniteur*. Danton fit rire la
Convention quand il s'écria : « On vous menace des
rois. Vous avez déclaré la guerre aux rois; vous leur
avez jeté le gant, et ce gant est la tête du tyran. »
Guiraut ajoute : « On rit généralement. » C'est peut-
être la seule fois que cet homme d'État ait prêté à
rire. Mais le *Moniteur* prend sa revanche dans son
compte rendu du discours du 4 avril : il l'emporte
sur le *Logotachygraphe* par l'abondance des détails
sur l'action de Danton et sur les effets immédiats de
sa parole. L'histoire profite de cette trop courte
émulation entre les deux journaux.

Voici pourtant dans le *Moniteur* une défaillance
que je crois volontaire. Le 27 mars 1793, Danton
rappelait à la tribune son rôle au 10 août et donnait
sur sa conduite à cette époque les détails les plus

précis et les plus abondants. Voici comment Guiraut reproduisait cette apologie :

« Qu'on se rappelle la terrible révolution du 10 août. Alors, tout Paris était en feu, toutes les passions se croisaient. Paris ne voulait pas sortir de ses murs, les excellents patriotes redoutaient d'abandonner leurs foyers, parce qu'ils craignaient l'ennemi et les conspirations intérieures. Tout semblait présager un déchirement. J'ai moi-même (car il faut bien se citer quelquefois), j'ai, dis-je, amené le Conseil exécutif, les conseils de section, la municipalité, les membres de la commune, les membres des comités de l'Assemblée législative, à se réunir fraternellement à la mairie. Nous étions là une assemblée très nombreuse. Nous y avons combiné, de concert, les mesures qu'il fallait prendre. Chaque commissaire de section les a apportées au peuple : le peuple les a applaudies, nous a secondés et nous avons vaincu. »

D'après le *Moniteur*, Danton aurait dit seulement :

« Qu'on se rappelle l'époque mémorable et terrible du 10 août. Toutes les passions se croisaient. Paris ne voulait pas sortir de ses murs. J'ai, moi, car il faut bien quelquefois se citer, j'ai amené le Conseil exécutif à se réunir à la mairie avec tous les magistrats du peuple. Le peuple vit notre réunion, il la seconda, et l'ennemi a été vaincu. »

Qui ne voit comme le *Moniteur* passe légèrement sur les aveux si importants de Danton? Tout le

détail de la réunion à la mairie, si mal connue des
historiens, est élagué ou laissé dans l'ombre, avec
une adresse toute robespierriste. On sait en effet de
quelle manière Robespierre, dont la conduite au
10 août ne fut pas brillante, s'acharna à dépouiller
Danton de la gloire d avoir combiné et dirigé la
suprême attaque contre la royauté. Il osa même,
dans ces notes secrètes dont Saint-Just tira un si
terrible parti pour perdre Danton, accuser cet
homme ne pour l'action d'être resté inactif au
10 août. Et longtemps après Robespierre, les historiens ont parlé des hésitations et de l'abstention
équivoque de celui qui put un jour, à la tribune,
devant les témoins oculaires des faits, parlant à
ceux-là même qui étaient dans le secret des choses,
se vanter, sans soulever une protestation, sans pro-
voquer une interruption, d'avoir fait le 10 août. Le
compte rendu du *Logotachygraphe* jette donc de la
lumière sur l'action prépondérante de Danton dans
cette grande journée, et j'y vois, pour ma part, une
confirmation irréfragable du beau plaidoyer de M.
Robinet (1), à qui la phrase insignifiante du *Moniteur*
a pu échapper, mais qui, j'en suis sûr, eût relevé
avec joie, dans le *Logotachygraphe*, les affirmations
si nettes de Danton et le silence si décisif de ses
auditeurs.

(1) Robinet, *le Procès des Dantonistes*. Paris, 1879, in-8,
pp. 224-243.

V

La nécessité de soumettre le texte de ces discours à une investigation attentive, est encore démontrée par l'erreur si fâcheuse commise par Michelet au sujet d'une manœuvre parlementaire qu'il a faussement attribuée à Danton. Michelet dit que le 14 janvier Danton monta à la tribune et proposa, à propos du jugement de Louis XVI, une triple série de questions disposées de manière à incliner les esprits vers l'idée d'un sursis. On souffre à voir alors notre grand historien apprécier à cette lumière le caractère et la politique de Danton, quand on sait qu'il a été victime d'une erreur de la *Réimpression de l'ancien Moniteur*, t. XV, p. 144. L'ancien *Moniteur* attribuait en effet ces questions à un certain *Dannon*, que les éditeurs de la *Réimpression* ont cru devoir transformer en *Danton*. Toutes les vues de Michelet sur une période importante de notre histoire se trouvent faussées par cette erreur.

M. Bougeart, qui a relevé le fait après M. Louis Blanc, a commis lui-même, au même instant, une méprise non moins forte : « Si l'historien moderne, dit-il, avait lu attentivement le discours prononcé par M. *Dannon* sur la Constitution (*Moniteur* du 28 avril 93), il serait convaincu qu'il existait un *Dannon* (1). » Je consulte la liste des députés à la

---

(1) Bougeart, *Danton*. Bruxelles, 1861, in-8, p. 175. — Livre intéressant d' illeurs.

Convention, et je n'y rencontre pas de *Dannon*. J'ouvre le *Moniteur* du 20 avril 1793 et j y vois un discours d'un M. *Daunon*, qui ne se trouve pas davantage dans la liste des députés. D'autre part, le *Logotachygraphe* prête au même *Daunon* les trois séries de questions posées à la Convention le 14 janvier. Ne faut-il pas lire *Daunou*? La *Table alphabétique du* Moniteur *de* 1787 à l'an VIII va nous tirer d'incertitude. Elle attribue en effet à Daunou « une série de questions sur le jugement de Louis XVI », et nous renvoie au n° 16 où se trouve précisément la séance du 14 janvier (1). Plus loin, la table restitue à Daunou le discours du 28 avril. Nul doute que ce *Dannon* ne soit *Daunou*, et non Danton, qui se trouve ainsi lavé de toute accusation de versatilité.

Ces erreurs typographiques à propos de noms connus étonneraient aujourd'hui. Elles pullulaient alors. Le même Daunou est aussi appelé, dans le *Moniteur*, *Danmont*. La table de la *Réimpression* relève le lapsus, et la *Réimpression* l'appelle, au même endroit, *Daumont*! Le *Logotachygraphe* imprime *Daumon* (séance du 15 janvier 1793). On a souvent dit qu'on écrivait, au début, non pas *Robespierre*, mais *Roberspierre*. En 1793, à l'apogée de la gloire de cet orateur, le citoyen Guiraut continue imperturbablement à l'appeler *Roberspierre*, et il est

(1) On lit d'ailleurs dans le *Journal des Débats et des décrets*, n° 120, séance du 14 janvier 1793 : « *Daunou* présente une série de questions : c'est le résumé des diverses opinions précédemment prononcées. »

fort possible que le peuple prononçât ainsi. Danton, dans Guiraut, est souvent *Danthon*, etc. (1). — Les noms les plus célèbres ne sont pas alors les moins défigurés par les imprimeurs.

Le lecteur excusera ces minuties : l'exemple de l'erreur énorme où est tombé Michelet (2) montre qu'il n'est pas, en histoire, de détail sans portée. D'ailleurs, quand il s'agit de constituer le texte des discours de nos grands orateurs politiques, ne nous permettra-t-on pas une partie des scrupules infinis avec lesquels l'érudition allemande pèse chaque syllabe du moindre rhéteur grec ?

14 mai 1882.

(1) Il y avait, à la Législative, un *Danthon* (de l'Isère), qui parla deux fois et ne fut pas réélu. La réimpression du *Moniteur* orthographie *Danton* (t. XII, p. 227.)

(2) L'erreur de Michelet a disparu dans la 3ᵉ édition de son livre, publiée en 1869 (t. IV, p. 339) ; mais il a fait cette correction sans dire qu'il la faisait.

VIII

DANTON ET L'AVOCAT LAVAUX

La vue de Danton, emporté sur la charrette à
l'échafaud avec ses amis, ne laissa personne indifférent et ce fut un spectacle grandiose qui émut
quiconque avait un cœur et une âme, un spectacle
dont tous ces curieux, royalistes ou républicains,
groupés sur la place de la Révolution ou éche-
lonnés dans la rue Saint-Honoré, gardèrent jusqu'au
tombeau l'impression tragique. Au coin du café de
la Régence, le peintre David attendait le passage
de l'effrayant convoi, un crayon à la main et une
feuille de papier sur son genou. Il voulait, en bon
robespierriste, faire la caricature du tribun vaincu,
et insulter à l'agonie des dantonistes. Quand la
charrette s'approcha, il put voir, sur le banc de
devant, à côté de Delacroix, inerte et affaissé, Danton droit et ferme, la tête rejetée en arrière, les yeux
plus hauts que la foule. regardant dans sa pensée. Parfois, il souriait en se tournant vers Camille Desmoulins et vers Fabre d'Églantine. Pour les ba-
dauds, pour un Des Essarts, c'était là de la fierté, de
la gaîté héroïque. Mais David perça ce masque et il

lut, sous cette contenance, un si effroyable poème
intime de douleur, d'angoisse, d'infinie désespé-
rance, qu'il renonça, quoi qu'en dise Courtois, à son
projet de caricature et d'insulte, oublia son robes-
pierrisme pour redevenir artiste, pour tracer ce cro-
quis éloquent, analogue aux esquisses les plus trou-
blantes du Vinci, et où la seule médiocrité de ce
triste Courtois pouvait voir une bouffonnerie féroce.
C'est que David, l'homme à la joue bouffie et au regard faux, déclamateur sentimental et poltron, se
sentait *vrai* en face du beau, et alors il n'était plus
que poète. Or, Danton mourant lui parut beau. Aussitôt son génie s'éveilla, son rôle tomba, il sut voir
la *passion* de cet homme avec d'autres yeux que
ceux de la foule stupidement ahurie ou puérilement
émue qui se pressait sur le passage du cortège.

I

Mais si l'attitude de Danton sur la charrette
désarma David et éveilla en lui une sorte de sympathie, au moins une émotion d'artiste qui voit
une belle chose, il y eut des âmes froides et étroites
qui restèrent fermées et aveuglément haineuses en
face de tant de grandeur et de misère. Voici un
homme à qui Danton n'avait fait nul mal, mais qui,
par manière de facétie bourgeoise, lui avait souvent
prédit que ces opinions républicaines et son dévouement à la patrie le mèneraient à la potence ; cet

homme eut la pensée de se placer au premier rang
de ceux qui regardaient le passage du vaincu et de
prendre l'attitude la plus propre à éveiller son
attention, afin qu'en le voyant la victime se rap-
pelât cette prédiction bête et en reçut une amertume
nouvelle. Mais Danton était distrait ce jour-là : il
ne vit pas l'homme, dont la malice fut perdue.
Celui-ci, vingt ans plus tard, avoua le fait dans un
factum anonyme, qu'il réédita ensuite sous son vrai
nom. Il s'appelait Lavaux et avait été collègue de
Danton, avocat comme lui aux Conseils du roi.

J'ai été curieux de savoir qui était ce Lavaux,
« féroce pour Danton » et dont les historiens
ne parlent pas, quoique son factum renferme des
traits curieux pour l'histoire. Ce n'était pas un
homme né cruel, ni même dur. Bon enfant, facile,
aimé de tous, il traversa toutes les circonstances
sans recevoir une égratignure, et mérita en 1815,
la bienveillance de *Madame Royale,* comme il avait
mérité, en 1794, celle de Fouquier-Tinville. Une
seule chose l'irritait, le rendait haineux, lui faisait
voir rouge ; c'était le spectacle du génie, du sacrifice héroïque. Voilà pourquoi il voulut insulter
l'agonie de ce collègue qui avait déserté *la carrière*
pour culbuter le trône

Il n'est pas facile, faute de documents, de reconstituer la biographie de Lavaux. Je ne sais ce qu'il
devint après la suppression des offices d'avocat aux
Conseils du roi. A l'en croire, il aurait quitté Paris
au milieu des massacres de septembre. Ce qu'il y a

de sûr c'est que Lavaux était royaliste. Quand vint
le procès Louis XVI, il eut un accès de courage et
écrivit au président de la Convention pour offrir à
Malesherbes son assistance dans la défense de l'accusé. Le souvenir de cette honorable audace l'effraya
ensuite : il ne se crut en sûreté que dans l'antre
même du lion, comme Charles de la Bussière, et il
devint *défenseur* au Tribunal révolutionnaire. Fouquier-Tinville le prit en amitié, et il traversa la
Terreur sans encombre. Sous le Directoire, il exerça
les fonctions de juré au tribunal criminel de la Seine.
Sous l'empire, il occupa des postes importants dans
la magistrature et se livra à diverses publications
juridiques.

On le voit : malgré son dévouement pour
Louis XVI, il avait beaucoup de choses à se faire
pardonner, quand vint la Restauration. C'est dans
ce dessein qu'il écrivit *les Campagnes d'un avocat ou
anecdotes pour servir à l'histoire de la Révolution*
(Paris, Panckouke, 1815, in-8 de 56 pages). Il y
affecte, au début, un enthousiasme de bon royaliste
gobeur, et commence ces courts et piquants souvenirs par le récit du dîner de Louis XVI et de
Marie Antoinette, le 12 juillet 1789, à Versailles.
Lavaux était, avec sa famille, dans l'heureux public
admis à contempler le gros appétit du monarque.
« Tous les traits de Louis XVI, dit-il, exprimaient
le calme et la sérénité d'une âme noble et pure. A
côté de lui, son auguste compagne brillait d'un air
majestueux, tempéré par les grâces. » Sur la ter-

rasse, après dîner, il eut le bonheur de voir
Madame Royale, et il remarqua « avec une vive
émotion, sa tendre jeunesse, son badinage enfantin
et pourtant réservé, la douce expression de ses
regards, ses cheveux blonds tombant en boucles
naturelles et ombrageant une figure angélique.
M. le Dauphin jouait auprès de la princesse, sa
sœur. A peine sorti du berceau, il était tel que les
peintres représentent l'Amour. »

II

Ce madrigal fut mis sous les yeux de *Madame
Royale*, qui voulut bien regretter que tant d'esprit fût
anonyme. Lavaux fit aussitôt une seconde édition
de ses *Campagnes*, qu'il signa de son nom afin d'ob-
tempérer, dit-il, à son auguste désir, il n'osa pourtant pas faire une dédicace à *Madame* elle-même.
On ne devinerait jamais à qui il dédia son opus-
cule... Il le dédia *à MM. les préfets de France* avec
l'expression de son respect dévot pour leur royalisme administratif. Le citoyen Lavaux avait beaucoup d'esprit.

Ses souvenirs sont importants par des anecdotes
sur Danton et confirment pleinement tout ce qu'a
écrit le docteur Robinet sur l'excellente tenue et sur
la décence de mœurs du tribun avant 1789. Le
témoignage d'un royaliste n'est pas suspect, n'est-ce
pas ? quand il est favorable à Danton. Eh bien,
Lavaux ne peut s'empêcher d'avouer « qu'il avait

toujours remarqué dans son confrère aux conseils
du roi *un esprit juste, un caractère doux, modeste
et silencieux.* » Cet éloge, involontairement échappé
à un ennemi, n'évoque-t-il pas un autre Danton
que celui de la légende ?

Si les détails manquent sur le rôle de Danton
avocat, sa biographie politique, pendant l'année 1789,
est encore à faire. Lavaux va nous donner, à ce
sujet, un renseignement précieux. Mais, avant de le
citer, je voudrais (puisque rien de ce qui concerne
Danton n'ennuiera nos lecteurs) signaler un passage des mémoires posthumes de Thibaudeau, mémoires publiés à Niort en 1876 et qui ont passé presque inaperçus, quoiqu'ils abondent en révélations
sur les Constituants et qu'ils soient écrits d'une plume
plus forte et plus libre que *les Mémoires sur la Convention et le Consulat.* Donc, le jeune Thibaudeau
qui avait accompagné à Paris son père, député aux
États généraux, et qui promenait partout sa curiosité passionnée, eut l'idée d'entrer à l'assemblée du
district des Cordeliers le 3 octobre 1789 au soir,
comme Paris frémissait à la nouvelle du repas donné
à Versailles aux gardes du corps, et il eut la bonne
fortune d'entendre Danton dans le début même de
sa carrière politique :

« Danton présidait, dit-il : j'en avais souvent
entendu parler, je le voyais pour la première fois. Le
portrait qu'on m'en avait fait ne m'en avait donné
qu'une idée bien imparfaite. Je fus frappé de sa
haute stature, de ses formes athlétiques, de l'irré-

gularité de ses traits labourés de petite vérole, de
sa parole âpre, brusque et retentissante, de son
geste dramatique, de la mobilité de sa physionomie,
de son regard assuré et pénétrant, de l'énergie et
de l'audace dont son attitude et tous ses mouvements
étaient empreints. Au premier abord, il me rappela Mirabeau; il y avait certainement de l'analogie,
mais aussi, en y regardant de plus près, de grandes
différences. Le député était dans ses manières,
comme dans sa diction, habituellement noble,
élégant, compassé, digne, toujours gentilhomme; il
calculait ses mouvements oratoires; l'art gouvernait
son éloquence. Chez Danton, c'était l'élan subit de
l'âme, la fougue, tout l'abandon de la nature; l'effet
en était prodigieux. Il présidait avec la décision, la
prestesse et l'autorité d'un homme qui sent sa puissance; il poussait l'assemblée du district vers son
but. On y adopta un manifeste. »

Sur cette séance des Cordeliers, on n'avait que
cette phrase de Camille (*Révolutions de France et de
Brabant*, n° 47) : « Danton, de son côté, sonne le
tocsin aux Cordeliers. » Thibaudeau nous montre
l'orateur déjà mûr et puissant, dans la première
année de la Révolution. Mais voici que nous remon-
tons encore plus haut dans l'histoire des débuts
oratoires de Danton, grâce à une anecdote assez
malveillante de Lavaux, qui, habitant du quartier
de la Comédie-Française, assista, la veille de la prise
de la Bastille, dans l'église des Cordeliers, à une
réunion où Danton électrisa les âmes :

« Quelle fut ma surprise, dit Lavaux, en le voyant, debout sur une table, déclamer du ton d'un frénétique, appelant les citoyens aux armes, pour repousser 15.000 brigands rassemblés à Montmartre, et une armée de 30.000 hommes prête à fondre sur Paris, le livrer au pillage et égorger les habitants.

« Épuisé de fatigue, Danton se calme, et cède la place à un autre énergumène. Je vais à lui et je l'interroge sur la cause de ce vacarme ; je lui parle de la tranquillité, de la sécurité que j'ai vu régner à Versailles. Il me répond que je n'y entends rien ; que *le peuple souverain* est levé contre le despotisme. *Soyez des nôtres*, me dit-il, *le trône est renversé et votre État perdu : pensez-y bien.* Je réponds que je ne vois dans ce mouvement qu'une révolte qui le conduira, lui et les siens, à la potence.

« Danton n'oublia point ma prophétie. Dans tout le cours de la Révolution jusqu'à sa mort, voulant être prophète à son tour, il ne me vit pas une seule fois sans me dire, selon les époques : *Tu seras pendu;* ou bien : *Tu seras guillotiné, aristocrate.* Je passe les adjectifs qui précédaient la qualité. Ma réponse était aussi toujours la même : *Tu le seras avant moi* ; et j'étais convaincu qu'il le serait. »

III

Tel apparut Danton à Lavaux, au club des Cordeliers, le 13 juillet 1789. Il est évident que les menaces du tribun à l'avocat n'étaient que des plaisanteries, où il y avait plus de bonté encore que de dédain. Danton aimait à railler et il le faisait avec finesse. Ainsi, un jour qu'il était au balcon de la Comédie-Française, écoutant avec sa passion pour les beaux vers, un jeune fat, placé derrière lui, l'agaça par son babillage. L'orateur se retourna brusquement, et reconnaissant le poète Arnault, il lui dit avec un sourire : « Monsieur Arnault, permettez-moi d'écouter comme si on jouait une de vos pièces ». Que Danton ne songeât nullement à faire tomber la tête de l insignifiant Lavaux. Lavaux lui-même nous en donne une preuve dans son récit des journées de septembre.

J y vois d'abord qu'à ce moment l'avocat est assidu aux séances des Cordeliers ; car, dit-il, il fallait alors se faire voir. Et il ajoute : « Le second jour, à sept heures du soir, l'on vint annoncer que tous les districts enverraient cette nuit des patrouilles pour cerner les prisons et arrêter l'effusion du sang. L'on proposa aux hommes de bonne volonté de s'inscrire pour en former une. Je donnai l'exemple ; mais il n'y eut que dix noms, le mien compris. » Ils partirent, virent tout, mais ne firent rien. Alors Lavaux, pris de peur au souvenir de son passé contre-révolutionnaire, se rendit chez son ancien confrère aux Conseils du roi :

« J'allai, dit-il, chez Danton, ministre de la justice, et l'ordonnateur principal de cette horrible fête. Je l'apostrophai d'un ton farouche : *Puisque tu n'as pas jugé à propos de me faire égorger*, lui dis-je,

*donne-moi une permission de sortir de Paris ; je veux
m'éloigner de ce lieu d'abominations.* L'on ne pouvait,
en effet, se présenter impunément aux barrières,
sans un passeport des grands *fonctionnaires* ou des
Comités révolutionnaires. La surprise de Danton
éclata sur sa monstrueuse figure ; il parut réfléchir ;
puis reprenant son ton ordinaire, il dit : *Ceci
est la justice nationale, ce qui le prouve, c'est que tu
respires, que tu es libre, et que tu y prends toi-même
confiance, puisque tu oses le présenter devant moi
dans ce moment redoutable. Tu ne t'es pas trompé .
le peuple souverain fait une guerre à mort aux
traîtres et non aux opinions.* Après avoir écrit
quelques lignes, il me les remit, en ajoutant : *Voilà
ton passeport : va...* L on devinera aisément la finale
que je laisse en blanc. »

Faut-il voir, dans cette anecdote, une preuve
nouvelle de la prétendue participation de Danton
aux massacres de septembre ? J'ai déjà tâché d'expliquer quelle fut l'attitude du ministre de la justice
dans ces journées. Il avait tout fait pour prévenir
ce malheur. Aux Parisiens en effervescence, il
avait montré du doigt la frontière. Quant aux
aristocrates du dedans il aurait voulu, pour les
juger, un tribunal plus redoutable que celui du
17 août. La vengeance populaire une fois lancée,
il ne fit rien pour l'arrêter (1), et, quand Roland et

---

(1) Mais il fit beaucoup pour empêcher l'extension des massacres hors Paris. Voir la seconde série de ces *Études et
Leçons*, p. 96 et suivantes.

Petion excusaient ouvertement les meurtriers,
Danton se croisa les bras, laissa faire *la justice
sommaire* du peuple dont il était impuissant à
arrêter le cours et ne crut pas devoir renoncer à la
Révolution à cause du meurtre de ces aristocrates.
Cette attitude, qu'on peut critiquer, mais dont on
ne peut contester le patriotisme, compromit sa
mémoire, prêta aux calomnies. Il le savait, le disait,
et haussait les épaules. Quand un Lavaux venait se
plaindre à lui, il le raillait avec de grands mots et
lui donnait un passeport. L'autre, étonné, s'en-
fuyait sans comprendre, quitte à insulter plus tard
à l'agonie de Danton et à souiller le nom de son
sauveur.

Et certes, Danton s'était fortement compromis en
donnant un passeport à un aristocrate comme
Lavaux. On sait qu'à la fin de 1789, il y avait
chez le libraire Gattey, au Palais-Royal, un club
royaliste, où allait Lavaux, et dont les séances étaient
publiques. Comme les patriotes venaient souvent y
faire du bruit, Lavaux fonda un club fermé, aussi
royaliste que l'autre, le *Salon français* qui s'établit
dans un vaste appartement de la rue Royale, Butte-
Saint-Roch. Bientôt toute la noblesse s'y porta : le
luxe et le fracas des voitures, à la porte de ce club,
ameuta le peuple qui assiégea ce nid d'aristocrates.
Ils en appelèrent à Bailly, qui se rendit chez eux,
leur fit beaucoup de compliments, leur conseilla
de se séparer, et leur envoya néanmoins un détachement de la garde nationale, qui fit chorus avec

le peuple et hua ces beaux messieurs. Ils déménagèrent et s'installèrent dans une maison du Palais-Royal. C'est de là que, le 28 février 1791, partit la célèbre manifestation des Chevaliers du Poignard. Bientôt l'émigration dispersa les membres du *Salon français*. De six cents qu'ils étaient, ils tombèrent au nombre de six. Lavaux se fit alors admettre au *Club politique* et au *Club des échecs*, situés tous deux au Palais-Royal et rendez-vous d'aristocrates déguisés, qui finirent par se faire arrêter en masse comme suspects, sauf le souple Lavaux, que personne n'inquiéta. En tout cas, c'est à un ami des émigrés, à un royaliste militant que Danton donna un passeport en septembre 1792. On a vu comment Lavaux reconnut ce service.

IV

C'est ainsi que ces commérages de l'ex-avocat aux Conseils tournent à la glorification de Danton. Il y a bien d'autres anecdotes curieuses dans ce petit livre oublié. Ainsi, le 20 juin 1792, Lavaux errait avec un ami dans le jardin des Tuileries, au moment où le peuple manifestait dans le château, quand ils furent abordés par un jeune homme à l'air étrange. « Il avait le ton soldatesque, les yeux vifs, le teint bilieux, un langage commun, un nom étrange : il s'expliqua librement sur le désordre dont nous étions occupés, et dit que, s'il était roi, *cela ne se passerait pas de même.* Je fis peu d'attention à ce propos ; mais des événements postérieurs l'ont rappelé à mon souvenir, car l'interlocuteur était *Bonaparte.* »

Sur le Tribunal révolutionnaire et sur Fouquier-Tinville, il y a aussi, dans ces mémoires de l'ex-*défenseur,* des détails caractéristiques que MM. Campardon et Wallon n'auraient pas dû négliger. Lavaux n'eut pas des causes retentissantes comme celles dont fut chargé son confrère Chauveau-Lagarde. Mais, du 10 mars 1793 au 22 prairial an II, c'est-à-dire tant que la loi permit aux accusés d'avoir un défenseur, il plaida dans 180 affaires et fut assez heureux pour faire prononcer 30 acquittements. Mais il avait peur, et l'histoire de ses transes est assez amusante. — Au commencement de chaque décade, on affichait à la porte et à l'intérieur du tribunal un placard pour interdire l'audience aux défenseurs qui n'avaient pas de certificat de civisme. Lavaux n'en avait pas, et pourtant le tribunal le désignait souvent d'office. Inquiet et n osant en demander, de crainte d'être déclaré suspect, il demanda conseil à Fouquier-Tinville, qui lui répondit : « *Moque-toi de çà* (j'adoucis le premier mot). *Va ton train. La loi veut qu'il y ait des défenseurs ; or, pour défendre des conspirateurs, il nous faut des aristocrates : les patriotes ne s'en chargeraient pas. — Mais ces placards ? — C'est pour contenter le peuple.* « J'avouerai cependant, ajoute Lavaux, et l'on n'aura pas de peine à me croire, que je n'entrai jamais dans l'auditoire sans éprouver un

frisson ; que souvent, réveillé à cinq heures du matin
par le bruit de ma sonnette, j'ai cru voir mon dernier
jour. C'était des actes d'accusation qu'un huissier
du tribunal m'apportait, sur lesquels je devais
plaider à dix heures, sans avoir encore vu l'accusé. »
J'ai dit qu'il était, ce royaliste, au mieux avec
Fouquier-Tinville. Un jour qu'il lui demandait la
permission de communiquer avec un de ses clients,
M. Boncerf, malade en prison, l'accusateur refusa
d'un ton brusque. Effroi de Lavaux, qui se voit
déjà suspect. Mais Fouquier reprend d'un ton doux :
*Je le refuse la permission, parce qu'il règne dans l'in-
firmerie une maladie contagieuse : tu es père de
famille, je veux t'en préserver.*

Pour sauver ses clients, il obtenait du même
Fouquier des remises de causes, sous prétexte qu'il
attendait des pièces justificatives. Mais ses clients
écrivaient à l'accusateur public, pour se plaindre
de leur défenseur et solliciter une prompte décision : « Tiens, lis, disait Fouquier. Pourquoi
s'obstiner à vouloir paralyser le Tribunal révolutionnaire, lorsque tes clients sont pressés de se faire
guillotiner ? — Je répondais qu'ils avaient perdu la
raison et ne pouvaient apprécier l'importance des
preuves que j'attendais ; que presser leur jugement
sans ces preuves, c'était en effet vouloir être condamné ; et, ajoutais-je : *Volenti mori non creditur.*
Fouquier aimait les citations latines ; il se rendait
à la mienne, et mettait les dossiers à part. Dès lors,
ils étaient oubliés... »

V

En somme, tous ces terroristes furent *charmants* pour le royaliste Lavaux, sauf le président Dumas, qui était inaccessible et invisible chez lui, et ne répondait aux personnes qui s'y présentaient qu'à travers une chatière, pratiquée au bas de la porte de son galetas. Lavaux était aussi dans les bonnes grâces du légendaire cordonnier Simon, qui l'autorisait à accaparer chez lui cent livres de bon tabac à priser. On a vu avec quelle bonté amicale Danton l'avait traité. Pourquoi donc, en 1815, vomit-il l'insulte sur les hommes de la Révolution ? Son égoïsme ne leur pardonnait pas leur généreux esprit de sacrifice, leur flamme héroïque. Au fond de ce souple bon garçon, camarade avec tous, il y avait une sorte de férocité bourgeoise. Mais surtout, il voulait se faire pardonner par la Restauration un rôle douteux en 1794. Y réussit-il ? A en croire Quérard, il ne se serait senti en sûreté que sous une soutane et il aurait fini par s'appeler l'abbé P.-Fr. Briquet de Lavaux.

25 janvier 1886.

12-9-6. — Tours, E. Arrault et Cⁱᵉ

Lightning Source UK Ltd.
Milton Keynes UK

175882UK00001B/6/P